师范生专业发展导论

顾馨梅 厉爱民 编著

南京大学出版社

图书在版编目(CIP)数据

师范生专业发展导论 / 顾馨梅,厉爱民编著. ——南京:南京大学出版社,2019.5
ISBN 978-7-305-21725-8

Ⅰ. ①师… Ⅱ. ①顾… ②厉… Ⅲ. ①高等师范教育—师资培养—研究—中国 Ⅳ. ①G655.2

中国版本图书馆 CIP 数据核字(2019)第 043536 号

出版发行	南京大学出版社
社　　址	南京市汉口路 22 号　邮　编　210093
出 版 人	金鑫荣

书　　名	师范生专业发展导论
编　　著	顾馨梅　厉爱民
责任编辑	丁　群　钱梦菊　　编辑热线　025-83597482
照　　排	南京南琳图文制作有限公司
印　　刷	南京人民印刷厂有限责任公司
开　　本	787×1092　1/16　印张 13.25　字数 352 千
版　　次	2019 年 5 月第 1 版　2019 年 5 月第 1 次印刷
ISBN	978-7-305-21725-8
定　　价	34.00 元

网　址:http://www.njupco.com
官方微博:http://weibo.com/njupco
微信服务号:NJUyuexue
销售咨询热线:(025) 83594756

* 版权所有,侵权必究
* 凡购买南大版图书,如有印装质量问题,请与所购
　图书销售部门联系调换

潜心做一个爱岗敬业的好教师

习近平指出,百年大计,教育为本。教师是立教之本、兴教之源,承担着让每个孩子健康成长、办好人民满意教育的时代重任。教师做的是传播知识、传播思想、传播真理的工作,是塑造灵魂、塑造生命、塑造人的工作。教师是教育发展的第一资源,是国家富强、民族振兴、人民幸福的重要基石。党和国家历来高度重视教师工作。党的十八大以来,以习近平同志为核心的党中央,将教师队伍建设摆在教育发展的突出位置,并做出一系列重大决策部署。《中共中央国务院关于全面深化新时代教师队伍建设改革的意见》中指出:"全面贯彻党的教育方针,坚持社会主义办学方向,落实立德树人根本任务,遵循教育规律和教师成长发展规律,加强师德师风建设,培养高素质教师队伍,倡导全社会尊师重教,形成优秀人才争相从教、教师人人尽展其才、好教师不断涌现的良好局面。"为此,广大教师牢记使命,不忘初衷,爱岗敬业,教书育人,为国家富强、民族振兴做出了重要贡献。

师范生是未来的教师,具有双重身份。一方面作为学生,要扮演学习者的角色;另一方面作为未来的教师,要准备好为师、从教的本领。师范生的专业发展直接与教师职业要求密切相关,其专业发展不仅关系到个人的竞争、就业,更关系到未来教育的质量和民族的未来。为此,国家对师范生的要求很高,师范生的专业发展问题,历来是各级教育行政部门和师范院校长抓不懈的问题。师范生在其成长的过程中,必然要经历一个在专业思想、专业知识、专业能力等方面的不断发展和完善的过程,要经历一个从师范生—新手型教师—合格型教师—专家型教师的成长过程。因此,师范生作为一种专业化人才类型,必须树立终身学习理念,加强专业发展规划,自觉加强专业核心素养,提高专业发展能力。专业核心素养在师范生的专业发展中,起着关键性和决定性的作用,专业核心素养的提升有助于专业发展,专业发展又可促进专业核心素养的提升。师范生专业核心素养主要包括:有强烈的职业认同感,有优良的职业道德素质,有扎实的学科综合知识,有全面的教育技能功底等。职业认同感是专业核心素养的前提,职业道德素质是专业核心素养的灵魂,扎实的学科综合知识是专业核心素养的基础,全面的教育技能功底是专业核心素养的核心要素。

要提高专业核心素养,必须加强理论学习,牢记教师的历史使命,增强教学的责任感,开展教学研究,借鉴先进教育教学经验,不断进行教学磨炼,通过参与知识竞赛、典型经验引领、案例分析反思、教学实习活动、教学基本功比赛等教学实践途径,不断提升自身的教学技能,从我做起,从现在做起,从教学的每一个环节做起,苦练教学基本功,着力提高自身的专业核心素养,把潜心做一个爱岗敬业的好教师,作为一个师范生的职业追求。

上 篇

第一章　国内外教育理论综述 / 3
　　第一节　西方主要教育家的思想 / 3
　　第二节　中国主要教育家的思想 / 12
　　第三节　现代西方的教育思潮 / 22
　　第四节　当代中国教育学说的建立与发展 / 30

第二章　教师职业认同与教师职业道德 / 46
　　第一节　教师职业认同感 / 46
　　第二节　教师职业道德概述 / 53
　　第三节　教师职业道德规范 / 60

第三章　师范生的综合素质 / 65
　　第一节　师范生初登讲台的问题诊断 / 65
　　第二节　当代师范生的综合素质要求 / 71

下 篇

第四章　教　案 / 83
　　第一节　什么是教案 / 83
　　第二节　教案的编写 / 84
　　第三节　案例分析 / 92

第五章 说　课 / 101

第一节　说课的准备工作 / 101
第二节　说课的基本要求 / 103
第三节　说课后的反思提升 / 110
第四节　说课案例 / 113

第六章 课堂教学 / 123

第一节　课堂教学艺术 / 123
第二节　教学方式 / 126
第三节　课堂教学艺术实例 / 138

第七章 评　课 / 148

第一节　评课的意义和作用 / 148
第二节　评课的要素 / 152
第三节　评课的方法 / 157
第四节　评课的注意事项 / 160
第五节　评课案例分析 / 166

附　件 / 177

附录一　中华人民共和国教育法 / 177
附录二　中华人民共和国教师法 / 187
附录三　幼儿园教师专业标准（试行）/ 192
附录四　小学教师专业标准（试行）/ 194
附录五　中学教师专业标准（试行）/ 196
附录六　教师资格条例 / 198
附录七　中小学教师资格考试暂行办法 / 201

后　记 / 205

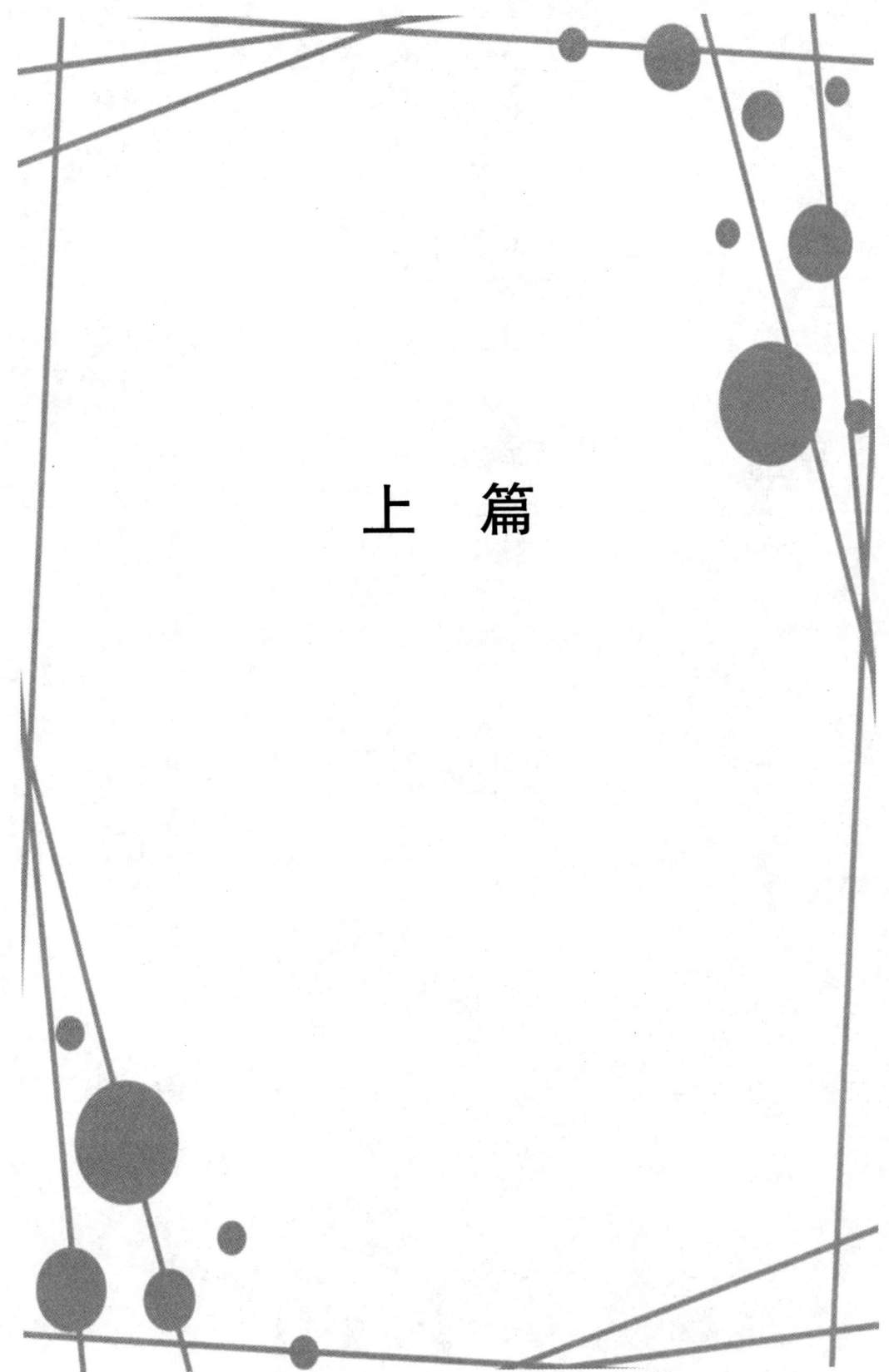

上 篇

論土

第一章 国内外教育理论综述

　　本章概述了古今中外主要教育家的教育思想和教育实践,介绍了现代欧美教育思潮的发展及其教育理念,叙述了以马克思主义为指导的社会主义教育学说的建立和发展概况。

第一节 西方主要教育家的思想

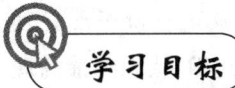

1. 了解西方古代主要教育家的教育思想。
2. 了解西方近现代主要教育家的教育思想。

一、西方古代教育家的思想

(一) 苏格拉底的教育思想

　　苏格拉底(Socrates,公元前469—公元前399),古希腊著名哲学家、教育家。苏格拉底长期从事教育活动,接受过他教诲的学生不计其数,其中既有显贵富贾,又有平民百姓,甚至还包括奴隶,而且他从不收取任何学费。苏格拉底提出了很多内涵深刻的教育见解,形成了独特的教学方法,这些成就使得他成为"在西方教育史上有长远影响的第一位教育家"。

1. 教育目的

　　苏格拉底将教育视为发展人的才能、使人道德高尚的必经途径。他从发展人的自然禀赋以及培养治国人才两个方面说明了教育的作用与目的,认为教育的任务在于培养美德、探求知识以及增进健康。他把实现培养治国人才的目的与培养美德联系起来,劝人为善,并引导人们"努力成为有德行的人"。

2. 教育的任务

在苏格拉底看来，教育的首要任务是培养道德。他提出"智慧即德行"的著名命题，认为人的道德并不是天生的，正确的行为基于正确的判断，因此，教人道德就是教人智慧，教人辨别是非、善恶，正确地行事。苏格拉底要求人们以明智的认识约束自己的行为，抑制自己的欲望。他认为自制是"一切德行的基础"。不能自制就使智慧和人远离，使人对快乐流连忘返，使本来能分辨好坏的人丧失辨别能力。

3. 教育方法

苏格拉底在教育学上的突出贡献是首创了"苏格拉底问答法"，又称"产婆术"。他对年轻人的教导不是直接将思想、观念或结论告诉他们，而是采用讨论问题的问答方式与他们谈话，在谈话过程中有针对性地、循序渐进地提出问题，引导他们依靠已有知识经验独立思考，自己得出正确结论，形成正确的认识。

（二）柏拉图的教育思想

柏拉图（Plato，公元前427—公元前347），古希腊著名的哲学家、数学家和教育家。青少年时柏拉图曾随苏格拉底学习，参加过反对民主政体的政治活动，失败后返回雅典，在他创办的学园里讲学达40年之久，其间他完成了著作《理想国》。

在《理想国》中，教育的最终目的是促使灵魂转向。教育要培养人从可见世界上升到可知世界，也就是透过变化着的感性世界、现象世界，看到真理、本质、共相，认识到最高理念——善。

柏拉图认为女子应和男子受同样的教育，从事同样的职业。各种天赋才能同样分布于男女两性，各种职务男女都可担任。因此，女子应同样受体操训练和军事训练。

柏拉图非常重视早期教育。他认为，儿童在3岁以前便要进育儿所；3—6岁要在神庙的公共游戏场接受教育；7岁以后男女分别进入文法学校和体操学校，使之获得和谐发展；18—20岁进入国立青年军事训练团接受军事教育，同时仍需要学习算术、几何、天文、音乐"四种自由艺术"（四艺）；20—30岁主要发展美德，学习"四艺"以及辩证法，使之成为哲学家以便担任政府的高级官员；30岁时再加以选拔，使少数理性出众的人继续学习5年，然后担任军事要职；50岁时，可以担任国家的最高领导——哲学王。

柏拉图是"寓学习于游戏"的最早提倡者，他认为不要强迫孩子学习，要用游戏的方法，在游戏中更好地了解孩子的天性。但并非所有游戏都适合儿童学习，只有符合法律精神的游戏才能用于儿童学习，以使儿童成为守法的公民。

（三）亚里士多德的教育思想

亚里士多德（Aristotle，公元前384—公元前322），古希腊百科全书式的学者，曾入柏拉图学园学习20年，后辗转游学、研究。他的教育思想散见于他的《政治学》和《尼各马可伦理学》等著作中。

从国家和社会的角度来看，亚里士多德非常看重教育的社会作用，认为教育对于巩固奴隶主政治的统治具有重要作用。从个体发展角度来看,亚里士多德认为人成为人的三个要素是天性、习惯和理性。他认为,要重视人的天性,在良好的环境和正当的行为中养成良好的习惯,并通过教育发展人的理性,使天性和习惯受理性的领导,人才能成为有良好德行的人。亚里士多德的这一理论也成为后世关于遗传、环境、教育三分法的理论雏形。尽管亚里士多德非常重视教育的作用,但他并不认为教育是万能的。在他看来,教育并不能使那些天性卑劣而未能在良好环境中养成良好习惯的人服从理性的领导。因此,对于那些不服从理性领导的人,强制和惩罚是必要的。

亚里士多德在西方首次提出"蜡块说"与"白板说"。他认为,感觉只是采纳被感觉的东西的形式而不要它的质料,"正如蜡块只把带印的金戒指的印记接纳到自己身上,不取黄金本身,而只纯粹取其形式"。他认为,人的灵魂(意识)正如什么也没有写上的一张白纸,或一块白板,它能接受对象的知识。这种观点肯定知识是从外面经过感觉进入意识的,与柏拉图"知识即回忆"的理论相对立,这是古希腊在认识论上的一个成就。后世的哲学家、教育家(如夸美纽斯、洛克)往往引用"蜡块说"与"白板说"的比喻来说明教育在人的形成中的巨大作用。

(四) 昆体良的教育思想

昆体良(M. F. Quintilianus,35年—96年),古罗马帝国时代著名的雄辩家、教育家。他出生在西班牙,少年时随父到古罗马求学,受过系统的雄辩术教育,其代表作为《雄辩术原理》。

昆体良的教育理论和实践都以培养雄辩家为宗旨。他指出,教育的目的是培养善良而精于雄辩术的人。善良是第一位的,雄辩术上达到完善境界则处在第二位。他认为真正的雄辩家应当是高尚的、值得尊敬的,在德行上是无可指责的。雄辩家的主要任务是宣扬正义和德行,指导人们趋善避恶,为正义与真理辩护。

昆体良倡导启发诱导和提问解答的教学方法。他指出,教师应善于回答学生提出的问题,并向那些不发问的学生提问。他认为,经常向学生提问有许多好处:① 可以借此测验学生的鉴别能力;② 可以防止学生漫不经心,防止他们对教师的讲课充耳不闻;③ 可以引导班上的学生自己发现问题,运用他们的智力,而这正是课堂提问这种教学方法的最终目的。

昆体良认为学校教育要优于家庭教育。在昆体良时代,有人反对学校教育,认为许多学生混杂在一起,儿童易染上恶德和恶习。昆体良认为,家庭和学校这两种教育场所都有可能产生善德和恶德,不能把家庭理想化。学校教育优于家庭教育在于学校教育可以起到激励学生的作用,因为在学校里,儿童每天都可以看到好的和坏的行为,每天都会听到对德行的赞扬和对错误的批评。好的行为对儿童是一种鞭策,错误的行为对儿童是一种警戒。学校能给儿童提供多方面的知识,还能养成学生适应社会公共生活的习惯和参加社会活动的能力。因此,雄辩家必须在学校中培养。

昆体良十分重视学前教育。那时的人们对7岁前的幼儿是否应进行智育看法不一,但都认为应该进行道德教育。昆体良则认为,在幼儿能说话的前后就应该对他进行智育。

但在7岁前,每次的学习量应当很少。昆体良主张教幼儿认识字母、书写和阅读。他在教育史上第一次提出了双语教育问题,希望儿童先学希腊语,然后学拉丁语,最后,两种语言的学习同时并进。在学前教育的方法上,昆体良认为,要使"最初的教育"成为一种娱乐,要特别当心不要让儿童在还不能热爱学习的时候就厌恶学习。

昆体良对教师的要求很高。他认为,教师应该:① 德才兼备。好教师既教学生学习基础知识和雄辩术,又教学生做人。因此教师要有良好的德行,才能以自己纯正的德行引导未成熟的儿童走上正道。② 对学生应宽严相济。教师应当严肃而不冷酷,和蔼而不纵容。因为冷酷会引起学生的厌恶,纵容则招致学生的轻视。教师不应当发脾气,但又不应当对应该纠正的错误视而不见。③ 对学生的教育要有耐心。教师对学生要多勉励,少斥责;在实行奖惩时要注意分寸,既不能"吝啬表扬",也不能"滥用惩罚"。④ 懂得教学艺术。教师的教学应当简明扼要,明白易懂,深入浅出。⑤ 因材施教。教师要研究儿童的天赋、倾向和才能,根据其倾向和才能进行教育和教学。教师还要了解并确定儿童在不同年龄期的接受能力,切忌给予幼弱的学生过重的负担。

二、西方近现代教育家的思想

(一)夸美纽斯的教育思想

夸美纽斯(J. A. Comenius,1592—1670),17世纪捷克伟大的爱国者、教育改革家和教育理论家。夸美纽斯的《大教学论》(1632)是近代最早的系统、完整的教育专著。他首次提出普及初等教育并论证了班级授课制度,他所确立的班级教学理论在近代教育学发展史上具有划时代的意义。

夸美纽斯主张建立适合儿童天性的学校教育制度,提出了著名的"自然适应性原则",即以儿童的生理和心理特点为依据,建立教学方法的新体系。这一教学方法新体系包括直观性原则、彻底性原则、自觉性和积极性原则、系统性原则、循序渐进原则和量力性原则。

他在《大教学论》中提出"泛智"教育思想,探讨"把一切事物教给一切人类的全部艺术",强调"教育适应自然"是教育的主导原则。夸美纽斯构筑了一个适用于一切儿童的从婴幼儿期、童年期、少年期、到青年期的四级单轨学制。每一阶段有每一阶段的教育任务和实施机构,其中婴幼儿时期是在家庭即母育学校中进行。这一时期的教育是整个学制系统的基础。这是历史上第一次把学前教育纳入具有民主色彩的单轨学制。

夸美纽斯所著的《母育学校》被认为是世界历史上的第一本学前教育专著,书中提出家庭是一所母育学校,母亲便是教师,对1—6岁儿童进行学前教育,并详细论述了学前教育的内容和方法,构建起家庭学前教育的完整体系。夸美纽斯在教育史上第一次从普及教育的角度和儿童心理发展的连续性和阶段性的角度,来考虑学前教育的重大任务。他在1658年出版的《世界图解》是世界上第一本依据直观原则编写的幼儿课本,也是一本教给儿童基本知识的带有插图的百科全书。该书出版后,由于图文并茂、生动有趣、富于启迪,盛行于西欧各国长达两个世纪之久。

(二) 卢梭的教育思想

卢梭(J. I. Rousseau，1712—1778)，法国启蒙思想家、教育家。他强烈抨击封建教育戕害轻视儿童，要求提高儿童在教育中的地位，把儿童看作教育中最积极的因素。卢梭主张教育的目的是培养自然人。他以"归于自然"的性善论为依据，认为天性的最初的冲动永远是正当的，所以要以天性为师，而不以人为师，要成为天性所造成的人，而非人所造成的人。

卢梭尊重儿童的自然发展。他将儿童的身心成长分为婴儿期(0—2岁)、儿童期(2.5—12岁)、青年期(12—15岁)和青春期(15—20岁)，主张教育要适应受教育者的身心发展特点。

卢梭教育理论体系中的一个最基本的思想就是把儿童当成儿童来看待，同时还强调指出幼儿教育应当遵循自然的原则。卢梭在其《爱弥儿》一书中，以遵循自然成长的法则为基础，设计了一个贵族出身的孩子受教育的蓝图。

卢梭的教育主张主要有：① 提倡自然教育。要保护儿童自然本性，利用各种自然因素，将教育与儿童天性的自然发展统一起来进行教育。② 教育应注重儿童精神的存在。学前儿童时期是"自我意识具备幸福或不幸的感情"的时期，也是开始重视儿童精神存在的重要时期。③ 重视感官训练。感觉是智慧、理性的基础，应训练儿童的感官，用感官来印证某一印象。

卢梭关于儿童教育的思想，表现出尊重儿童期的独特价值和儿童发展的自然规律的立场。他认为，儿童不是小大人，儿童期有独特的价值。因此，他的儿童观，被誉为"童年的发现"，对于后世的儿童教育思想的发展产生了深刻的影响。后世的许多著名教育家、儿童心理学家及教育运动都受到了卢梭的影响。

(三) 赫尔巴特的教育思想

赫尔巴特(J. F. Herbart，1776—1802)，德国哲学家、心理学家、教育家。他根据自己的教育原理创办教育研究所培养教师，训练出大批校长和督学。赫尔巴特的《普通教育学》(1806)是一部有科学理论基础、体系完整的教育理论著作。

1. 课程理论

赫尔巴特在总结前人思想的基础上，提出了自己的课程理论，其课程理论主要包括三个部分。

(1) 经验、兴趣与课程

在赫尔巴特课程理论中，经验、兴趣与课程的关联不容忽视。一方面，赫尔巴特认为，课程内容的选择必须与儿童的经验和兴趣相一致。赫尔巴特认为，儿童早期的经验并不是完美无缺的，这种经验往往是杂乱、分散的，需通过教学加以补充和整理。因此，课程内容必须与儿童的日常经验保持联系。而要做到这种联系，教材的直观性就显得十分重要。另一方面，赫尔巴特认为只有与儿童经验相联系的内容，才能引起儿童的兴趣。

（2）统觉与课程

赫尔巴特统觉理论强调新的观念与知识的形成和学习总是以原有观念和知识为基础，这就要求课程的安排应当使儿童能不断地从熟悉的材料逐渐过渡到密切相关但不熟悉的材料。

与此同时，赫尔巴特提出了课程设计的两大原则："相关"和"集中"。所谓"相关"，是指学校不同课程的安排应当相互影响、相互联系。所谓"集中"，是指在学校的所有课程中，选择一门科目作为学习的中心，使其他科目都作为学习和理解它的手段。赫尔巴特认为历史与数学是所有学科的中心。这两项原则都是为了保持课堂教学的逻辑结构和知识的系统性。

（3）儿童发展与课程

赫尔巴特的儿童发展观受到了当时影响很大的文化纪元理论的影响。该理论认为，人类历史早期，感觉在人的认识中起主导作用。以后，想象逐渐发展起来，人类的想象力在诗与神话中得到了完美的体现。当理性发展起来后，人类进入成年。儿童的认识发展重复了种族发展的过程。因此，儿童在不同阶段的学习内容应当与种族发展相应阶段上所取得的文化成果相一致。

在这一思想的基础上，赫尔巴特将儿童发展划分为四个阶段，并提出与之相应的课程的程序：婴儿期对身体的养护优先于其他一切，要大力加强儿童的感官训练，发展其感受性；幼儿期要以《荷马史诗》等为主，以发展儿童的想象力；童年期和青年期则教授数学、历史等，以发展其理性。

赫尔巴特的课程理论是西方近代教育史上最为系统的。赫尔巴特继承了前人的思想精华，提出了颇有见地的主张，但无论是理论上还是实践上并未真正解决西方近代学校课程的问题。

2. 教学理论

赫尔巴特的教学理论在世界上影响很大，主要包括教学进程论与教学阶段论。前者主要论述教学方法，后者主要论述课堂教学的完整过程。

（1）教学进程论

赫尔巴特认为统觉过程包括感官的刺激、新旧观念的分析和联合、统觉团的形成三个阶段。与之相适应，赫尔巴特提出了三种教学方法：单纯的提示教学、分析教学和综合教学。这三种方法的联系即"教学进程"。

赫尔巴特所说的提示教学法实际上就是直观教学。基于统觉理论，赫尔巴特认为，提示教学需建立在儿童已有经验基础之上，是对经验的模仿和复制，同时也是对经验的扩充。

由于统觉的第二阶段需要处理新旧观念的关系，因此首先必须对不同观念和表象进行区分，此时，分析教学就显得至关重要。赫尔巴特认为，分析教学分为两个阶段。在第一阶段，教师要求学生指出并命名当前出现的事物，然后转向尚未出现的事物；在第二阶段，要求学生"讲述某一个整体分割成的各主要部分，这些部分的相对位置、它们的联系与变动"。对于不同观念的分析是为观念的联合做好准备。

在统觉的第三个阶段,统觉团形成,新旧观念实现联合,而这种联合正是在前两个阶段的基础上,通过综合教学实现的。

(2) 教学形式阶段论

赫尔巴特的教学形式阶段论既源自他对兴趣活动的认识,也源自他对儿童在学习中思维状态的认识。赫尔巴特认为,兴趣活动包括注意、期待、要求和行动四个环节。其中,"注意"是指兴趣活动对表象产生的一种倾向;"期待"是指新引起的表象活动往往并不能立刻出现在意识中,兴趣活动因而转向对它产生期待;"要求"是指从兴趣中产生欲望;"行动"是指当人的能力为要求所使用的时候,要求便进而为行动。

赫尔巴特对儿童在学习过程中的思维状态也有自己的思考。他认为儿童在学习活动中的思维状态主要有专心和审思两种。"专心"是指集中于任何主题或对象而排斥其他的思想活动;"审思"是指追忆和调和意识内容,即对由专心而得到的知识进行同化作用。由于专心活动相互隔绝,因此,赫尔巴特认为,"专心"需与"审思"在学习中不断转化。在此基础上,赫尔巴特提出了教学形式阶段论,即明了—联想—系统—方法。

赫尔巴特的教学形式阶段论在严格按照心理过程规律的基础上,对教学过程中的诸多因素和活动进行高度的抽象,以建立一种明确的和规范化的教学模式。这一理论不仅表明了人类对教学过程及其本质的认识的发展,也具有十分重要的实践意义。

(四) 福禄培尔的教育思想

福禄培尔(F. W. Froebel,1782—1852),19世纪德国著名的教育家、幼儿园的创立者、近代学前教育理论的奠基人。他热爱儿童,把自己的毕生精力献给了幼儿教育事业。他著有《幼儿园教育学》《慈母游戏与儿歌》《人的教育》和《幼儿园书信集》等,创办世界上具有现代意义上的第一所幼儿园,建立了较完整的幼儿园教育的方法体系,被誉为"幼儿园之父"。

福禄培尔的学前教育思想主要有:① 教育应当追随儿童发展之自然;② 自我活动是儿童教育的基础;③ 游戏具有重要的教育价值。福禄培尔是历史上第一次较全面地论述了游戏教育价值的教育家。

福禄培尔还亲自探索和编制了幼儿园教育实践体系,他为幼儿园里的孩子创设了一套活动玩具材料——"恩物",以供儿童操作。在福禄培尔看来,自然界是上帝对人类的恩赐,要让儿童认识大自然,就必须以大自然为基础制作各种玩具。恩物就是成人恩赐给儿童的玩具物品,最初主要有六种。前两种是最基本的,是供3岁以前的儿童使用的,由六个不同颜色的小球和木制的立方体、球体、圆柱体组成,借此让儿童认识事物的颜色、形状及其关系。后四种为积木式的立方体,供3—7岁儿童使用,旨在训练儿童对各种几何图形的认识,发展他们的想象力和创造力。

福禄培尔重视儿童的本性,认为教育应当适应儿童本性,重视游戏对儿童的作用,这一观点被历史证明是正确的,但由于历史限制,福禄培尔的教育思想具有浓厚的宗教色彩,他的教育论述中处处可见上帝的存在,教学内容和方法等都蒙上了一层神秘主义的面纱。

（五）斯宾塞的教育思想

斯宾塞（H. Spencer，1820—1903），19世纪英国著名的哲学家、社会学家和教育家，科学教育的倡导者。他的教育思想集中体现在《教育论》(1861)这一著作中。

斯宾塞强烈抨击当时英国以培养绅士为目的的传统古典主义教育，明确提出"教育要为人的完满生活做准备"。他用实证主义方法对人类生活知识进行分类，指出"科学知识是最有价值的"，教育的根本任务就是对学生进行科学知识的教育。所以，他提出了以自然科学知识为核心的课程体系。

为保证课程教学获得较好的效果，斯宾塞提出了一些具体的教学原则与方法。① 教学应符合儿童心智发展的自然顺序，具体表现为从简单到复杂、从不准确到准确、从具体到抽象。② 儿童所接受的教育必须在方式和安排上与历史上的人类教育相一致。斯宾塞认为，儿童倾向于按照人类掌握知识的同一次序获得知识，教育应在小范围内重复人类文化。③ 教学的每个部分都应该从实验到推理。教学应从纯粹实验入门，在积累了充分观察后才开始推理。④ 引导儿童自己进行探讨和推论。⑤ 注重学生的学习兴趣。⑥ 重视实物教学。从这些具体的教学原则中我们不难发现，斯宾塞反对传统教育照本宣科、死记硬背等无视学生身心健康的教学方法，主张重视学生的兴趣与实验等，表现出鲜明的历史进步性。

（六）赫胥黎的教育思想

赫胥黎（T. H. Huxley，1825—1895），19世纪英国著名的自然科学家和教育家，近代科学教育的主要倡导者。赫胥黎致力于用科学知识来改造传统的学校课程，主张科学教育与人文教育保持和谐平衡。他的教育思想集中反映在《科学与教育》这一论文集中。

对传统教育的批判。赫胥黎对当时英国教育的弊端有着清楚的认识，他认为英国的大部分学校和所有大学所提供的教育，仅仅是一种狭窄的、片面的和实质上无教养的教育，"在它最糟糕的时候，实在是近于完全没有教育"。初等学校所传授的内容是不充分的，儿童在此难以获得有关自己国家的历史或政治体制的知识，难以获得科学知识的教育；中等学校普遍忽视近代历史、地理、语言以及科学教育，中学毕业生难以用条理清楚和符合语法规则的语言表述自己的所思所想；大学仅仅向学生提供古典语言的基础教育，不能向学生提供科学教育，也不能对学生进行科学训练。

科学教育与自由教育。赫胥黎从19世纪中期英国工业发展与现实生活的需要出发，阐述了实施科学教育的重大意义。赫胥黎提出："我们时代的显著特点是，自然科学知识已经发挥了巨大的作用，而且这种作用会越来越大。不仅我们的日常生活受到它的影响，千百万人的成功依赖于它；而且，我们的整个人生观早已不知不觉地普遍受到了这种宇宙观的影响。"因此，赫胥黎主张英国的各类学校必须实施科学教育，以培养有能力利用自然科学的人。

关于科学教育内容，赫胥黎认为应该包括自然科学，因为自然科学教育既能提供具有特殊价值的知识，又能提供科学方法的训练。为实现此目的，赫胥黎倡议在中小学首先开设地理学、植物学、物理学、化学、人体生理学等课程;其次开设道德理论、政治及社会生活理论基础等课程;最后还应尽可能讲授历史课程,着重讲授英国历史。

(七) 蒙台梭利的教育思想

蒙台梭利(M. Montessori,1870—1952),意大利著名的幼儿教育家,被誉为20世纪初的"幼儿园改革家"。1907年蒙台梭利在罗马贫民区创设"儿童之家",招收3—6岁的幼儿,在这里进行她的教育实验,逐步制定了整套的教材、教具和方法,创立了蒙台梭利教育体制,受到全世界的瞩目。她的著作主要有《蒙台梭利法》《童年的秘密》《教育人类学》等。

蒙台梭利的儿童发展观。① 儿童具有与生俱来的"内在生命力"。儿童生长的过程就是内在生命潜力发展的过程,教育的目的在于发现儿童的"生命法则"。② 儿童具有吸收性心智。儿童具有像海绵吸水一样,能持续从环境中吸收感觉信息的能力,并经历了3岁前的无意识吸收到3—6岁开始的有意识吸收的发展过程。③ 儿童具有成长的敏感期。儿童生命发展的每一个阶段都会对某种外部信息和条件特别敏感,并表现出心理倾向性,教育要利用好敏感期确保各阶段的充分发展。

蒙台梭利的教育观。① 科学的教育应当尊重儿童自由发展的权利。儿童具有自我成长的潜能,他们通过自由活动、自我控制、自我教育的方式来满足自我发展的需要。② 重视感官教育。蒙台梭利教育的内容主要包括四个方面:感官训练、体育训练、知识训练及生活训练。其中,感官训练是基础。③ 教育要提供有准备的环境。有规律、有秩序的环境,并配备合适的材料和设备,可以让儿童自由选择和操作,获得丰富的感官刺激。蒙台梭利教学法中最重要的部分是"教具",儿童的活动主要通过操作教具来进行。

蒙台梭利的教师观。教师的主要职能是为幼儿提供有准备的环境,引导幼儿自己去操作,尽量不随意干涉孩子,但孩子的自由活动也不能没有节制,教师适宜的帮助和指导也是必要的。

(八) 杜威的教育思想

杜威(J. Dewey,1859—1952),美国著名的哲学家、教育家,实用主义教育学的代表人物。他以实用主义经验论、机能心理学和民主主义社会政治论为理论基础,对教育史上各种教育理论进行了深入的分析与批判,尤其对以赫尔巴特为代表的传统教育学的弊端进行了深刻的剖析。在此基础上,他对教育各方面的问题做出了独到、系统的理论阐释。《民主主义与教育》(1916)一书是他对实用主义教育思想最系统、最集中、最深刻的阐述。

杜威实用主义教育学的基本主张可概括为以下几个方面。

(1)"教育即经验的改造和改组。""经验"是实用主义教育思想体系的核心。"经验"是有机体与环境相互作用的结果,是人的主动尝试行为与环境的反作用的统一,是行为与结果之间的连续结合,"教育是以经验为内容,通过经验,为了经验的目的"。

(2)"教育即生活""教育即生长""学校即社会"。教育要着眼于儿童的现实生活,要提供保证儿童现实生活与生长的充分条件。教育本身是一种社会生活过程,学校应该是现实社会生活的简化,只有当学校本身是个小规模的合作化社会时,教育才能使儿童为将来的社会生活做准备。

(3)"从做中学。"主张从儿童的现实社会生活经验出发来构建课程,以主动作业活动的方式,让儿童"从做中学"。

(4)思维与教学。杜威的"做中学"不是纯粹的为做而做,而是要通过做唤起儿童的思维,培养他们良好的思维习惯与能力。他将思维过程分为五个步骤:情境—问题—假设—推断—检验,并指出教学活动应该围绕这个过程来组织、展开。于是,教学过程也相应地分为五个步骤。

第二节 中国主要教育家的思想

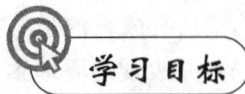

1. 了解中国古代主要教育家的教育思想。
2. 了解中国近现代主要教育家的教育思想。

一、我国古代教育家的思想

(一)孔子的教育思想

孔子(公元前551—前479),名丘,儒学创始人。他的教育思想主要体现在由其弟子及再传弟子整理编撰而成的《论语》一书中。

孔子十分重视教育在人的发展中的作用。他指出:"性相近也,习相远也。"这就是说,人的先天差异是很小的,造成个体在发展上出现差异的主要原因是由于后天的教育和环境习染的不同。他以"礼"为道德规范,以"仁"为最高道德标准,主张立志、克己、内省、力行、改过,开创了以儒学伦理为核心、以道德教育为本的教育传统;他主张教育的目的在于培养士和圣贤;他以《诗》《书》《礼》《乐》《易》《春秋》作为课程,提倡"有教无类",打破了贵族垄断教育的局面,将教育对象的范围扩大到一般平民;在教学中,他强调教师要以身作则、言传身教、学而不厌、诲人不倦,首倡启发式教学,强调学思结合、教学相长。

(二)孟子的教育思想

孟子(公元前372—前289),战国中期继孔子之后最伟大的儒家学者。孟子发展了孔子的儒家思想,在教育思想方面留下了丰富而宝贵的遗产。他的教育思想体现在其弟子对他言行记载的《孟子》一书中。

孟子提出了"性善论",论证了教育在人的发展中的作用。他认为人生来就有仁、义、礼、智各种善端,教育的作用就在于培养、扩充这些善端;他强调教育在社会发展中的作用,认为教育比政治还重要,"善政不如善教之得民也","善政得民财,善教得民心"。他提出教育的目的在于培养明人伦的君子;他是中国教育史上正式提出封建宗法"五伦"(即君臣、父子、夫妇、兄弟、朋友这五种人伦关系)的教育家,这种以明人伦为中心的儒家教育,深刻地影响着我国封建社会的教育。与孔子不同,在教学思想方面,孔子倡导学思兼顾并偏重于学,孟子则偏重于思。孟子还是中国教育史上第一个提出人才教育思想的人,认为能"得天下英才而教育之"是人生最大的乐事之一。基于明人伦的教育目的,孟子还提出了立志与持志、意志锻炼等许多有关道德教育的思想。

(三) 荀子的教育思想

荀子(公元前298—前239),先秦时期最伟大的唯物主义思想家和教育家。他的教育思想主要体现在《荀子》一书中。

荀子提出了"性恶论"。他认为人生来的本性是恶的,人与禽兽的区别以及人与人之间的区别不在于天生本性,而在于后天的学习和教育。他甚至认为人的贵贱、智愚和贫富之分都决定于教育:"我欲贱而贵、愚而智、贫而富,可乎?曰:其唯学乎。"由此,荀子非常重视教育在人的发展中的作用。值得注意的是他的"化性说":"长迁而不反其初,则化矣。"也就是说,教育的作用在于经过长期的变化不再回复其本来的面目,这种思想与孟子的"性善论"是完全对立的。

荀子不仅重视教育在人性发展中的作用,还指出了教育的政治作用,认为教育能统一人民的思想,使他们有一致的行动以巩固国家。荀子对于学、思、行三者都非常重视。他非常重视学习,提出了一个"重行"的教学过程,主张"兼陈中衡"的解蔽途径(即陈列在我们面前的许多知识,由自己加以正确衡量)和"虚一而静"的学习态度(即不先入为主,不为成见和习惯所束缚,不以各种强烈的情感来扰乱理智)。

拓展阅读

《礼记》中的教育思想

《礼记》是战国至汉初的一部儒家著作汇编,其中有许多内容与教育思想密切相关,有些篇章就是直接论述教育问题的,如《大学》《中庸》《学记》等。

1.《大学》中的教育思想

《大学》提出了儒家对于大学的教育目的、教育任务和教育途径的总结性论断,提出了一个完整而概括的进行政治教育和道德教育的程序,即"三纲领、八条目"。

"三纲领"即"大学之道,在明明德,在亲民,在止于至善",这是儒家为大学教育规定的总纲。教育的目的在于"明明德",也就是使人们的先天善德得到明复并且不断发扬光大,善德既明就要做到"亲民",并且逐渐达到"至善"的境地。"至善"就是要做到"为人君止于仁,为人臣止于敬,为人子止于孝,为人父止于慈,与国人交止于信"。

"八条目"就是"格物、致知、诚意、正心、修身、齐家、治国、平天下"这八个步骤。这是儒家培养修己治人的治术人才的完整程序和过程。

2.《中庸》中的教育思想

《中庸》开宗明义指出教育的本质:"天命之谓性,率性之谓道,修道之谓教。"也就是说,道是从性来的,而性又是天之所命,教育即遵循天命之性加以修养使之合于道的过程。

《中庸》虽以"性善论"为基础,但并不主张单纯依靠先天的善性,而是对于个人的主观努力和后天的学习都予以高度重视。它把后天的学习概括为"尊德性而道问学",并且把学习过程明确概括为五个步骤:"博学之、审问之、慎思之、明辨之、笃行之。"这是综合了孔子以来儒家重视学思结合、知行统一的思想而加以发展,使其更加系统化、条理化。

3.《学记》中的教育思想

《学记》是我国先秦时期儒家教育思想的总结性著作,是我国和世界教育史上成书最早、体系最完整的教学论专著。全文一千二百多字,对先秦时期的教育理论和教育经验做了全面的概括和总结。

《学记》简明扼要地阐明了教育的目的、作用和任务:"建国君民,教学为先""君子如欲化民成俗,其必由学乎"。

《学记》不但规定了教育的总目标,而且区分了各学习阶段并提出了各学习阶段的要求和标准:"比年入学,中年考校:一年视离经辨志,三年视敬业乐群,五年视博习亲师,七年视论学取友,谓之小成。九年知类通达,强立而不反,谓之大成。"

《学记》中最珍贵的内容是关于教学理论和教学经验的总结和概括。它提出的许多著名的教学原则和教学方法,如教学相长、启发诱导、长善救失、尊师重道等,至今仍有着重要的参考价值。

(四)董仲舒的教育思想

董仲舒(公元前179—前104),西汉时期著名的儒家学者,对汉代文教政策的确立起了重要作用,是我国教育史上有重要影响的教育家。

在教育与人性的关系问题上,董仲舒把人性分为圣人之性、中民之性和斗筲之性。他认为,圣人生而知之,不必受教育;斗筲之人则是愚昧,不能受教育,因此,教育的主要对象是对中民。董仲舒认为,性是天生的,而善是人为的,性只具有教育的可能性,只有受教育以后,这种善的可能性才变为现实性。他把性和善的关系比喻为"禾"与"米"的关系,"性比于禾,善比于米,米出禾中而禾未可全为米也;善出性中,而性未可全为善也。"在教育的社会作用上,董仲舒把教育当作防止恶性发展的工具,把国家的治乱兴衰都归于礼乐教化。

董仲舒在教育史上的最重要贡献,在于他提出的独尊儒术、兴太学、重选举三大文教政策建议,这些建议都被汉武帝采纳并付诸实施。三大文教政策建议不但对汉代的教育起着重要的推动作用,而且对后来的封建教育也产生了深远的影响。

(五)韩愈的教育思想

韩愈(768—824),唐代著名的文学家、思想家和教育家。韩愈在教育史上最突出的贡献是他关于教师的论述。

韩愈所作的《师说》一文是极其珍贵的教育文献。《师说》的基本精神是"卫道"。他认为,衡量教师的标准、从师的目的、教师的职责,都贯穿"重道"这一基本精神。他把"道"与"师"紧密联系在一起,认为师应当是"道"的化身,没有"道"就不能成为师,没有师也就无从传道,从师的目的就是学其道。因此,他认为教师的三项职责就是传道、授业、解惑。与此同时,韩愈指出:"弟子不必不如师,师不必贤于弟子",进一步发展了《学记》中"教学相长"的思想。

韩愈具有治学、教学的丰富经验,有高超的教学艺术。他在教学和治学方面提出了许多可贵的意见,如"业精于勤,荒于嬉;行成于思,毁于随"等已成为脍炙人口的名言。

(六) 朱熹的教育思想

朱熹(1130—1200),是继孔子、孟子、荀子等儒学大师之后在教育理论和教育实践中做出重大贡献的宋代著名理学家和教育家。他的教育思想对南宋以后的中国封建教育产生了深刻的影响。

朱熹把整个教育划分为小学和大学两个阶段。8—15岁是小学阶段,主要任务是打好基础,教学内容重点是突出"学其事"。15岁以后进入大学阶段,主要任务是掌握"修己治人"之道,教学内容的重点是突出"明其理"。朱熹继承了儒家的传统教育思想,认为教育的宗旨在于"明人伦",即父子有亲,君臣有义,夫妇有别,长幼有序,朋友有信。明人伦的过程也就是"复性"的过程,即变"气质之性"为"天命之性",或变"人心"为"道心"的过程。概括地说,也就是"存天理,灭人欲"的过程。朱熹为白鹿洞书院制定的学规,成为历代书院办学的指导方针,自南宋到清末的封建教育都以此为准绳。

朱熹在长期的教育实践中积累了丰富的经验,他对如何读书有许多精辟的见解。他的读书方法在他去世后被他的弟子归纳为"朱子读书法",即:循序渐进、熟读精思、虚心涵泳、切己体察、着紧用力、居敬持志。

(七) 王守仁的教育思想

王守仁(1472—1528),明代杰出教育家。他的教育思想对当时的教育起了积极作用,对后世教育的影响也是很大的。"致良知"和"知行合一"是王守仁教育思想的核心。

1. 教育的目的是"致良知"

王守仁认为,作为人心的一部分,"天理"即"良知"是"心"的本质,一切事物及其发展规律、一切道德观念和品质包含其中。良知不会丧失,但可能为私欲所蒙蔽。所以,教育的作用就是去人欲,致良知,即去掉后天与外物接触所产生的各种"昏蔽",从而使"良知"充分发挥出来,"见父自然知孝,见兄自然知弟,见孺子入井自然知恻隐;此便是良知,不假外求"。

2. "知行合一"的道德教育观

为实现"致良知"的教育目的,王守仁提倡"知行合一"的道德教育论。他反对"知行脱节"和"知而不行",认为"知"与"行"是相互渗透的,强调"知行合一"。他说"知之真切笃实处即是行,行之明觉精察处即是知","知者行之始,行者知之成"。

王守仁反对不顾儿童身心特点,束缚和压抑幼儿发展的教育。针对当时儿童教育的弊端,他提出了许多关于儿童教育的积极意见,例如,主张启发诱导,把教育儿童比作春风化雨,务使生意盎然等。

二、我国近现代教育家的思想

(一) 王夫之的教育思想

王夫之(1619—1692),明末清初进步教育思潮的代表人物。他提出了许多唯物主义的教育观点,在人性论、理欲关系、知行关系、学思关系等教育的基本理论问题上,对理学教育进行了批判,同时提出了自己的卓越见解。

1. "日生日成"的人性论和教育作用

关于人性的观点,在中国哲学史上,自先秦诸子至宋明诸儒,都局限在人性的善、恶方面,而王夫之却主张人性是后天学习而成的,是"日生则日成""继善成性"的。王夫之认为,人性是人类所具有的潜在的一种发展能力,即所谓"气禀"。这种能力在生活环境变化过程中,通过"新故相推"而发展。

王夫之认为,"习"在人性形成、发展中起重要作用。他说:"孟子言性,孔子言习。性者天道,习者人道。"因此,不良教育养成不良习惯,要改变极不容易,所以必须从幼小时就注意教育。王夫之还反对"生而知之"的观点。他认为,人的知识来源于与外界事物的接触,是通过后天的实际活动取得的,这也正是人和禽兽只有先天本能的重要区别。

2. 理与欲统一的道德观

王夫之反对理学家的"存天理,灭人欲"之说,他主张"天理"即在"人欲"之中,二者是统一的。王夫之把人们正当的物质利益要求,即"人欲",看作人类生存所不可缺少的。绝不能灭人欲以求天理。禁欲、窒欲都是阻碍人性发展的。要推己及人,要节欲而反对灭欲。他说:"推其私而私皆公,节其欲而欲皆理。"王夫之的这种道德观,是适应资本主义萌芽和新兴市民阶级需要的,有着要求解脱束缚的意义。

3. 知行观和教育过程

王夫之在知行关系问题上,既不同意朱熹的"知先行后"之说,也不同意王守仁的"知行合一"之说,他主张行先知后,知行并进,互相为用。他说:"行可兼知,而知不可兼行,……君子之学,未尝离行以为知也。"他认为,在人们的认识中知与行各有其功效,又必须相互为用,因此,只有知行并进,才能"知同而起功",这是认识事物的一条定理。可见,王夫之在知行二者中更注重"行",而认为不能离行以为知,要在行上取得知识,要在行上检验知识。他曾以下棋为例,说明下棋知识,必须通过对弈才能获得,只是终日看棋谱,是不成的。

4. 学思结合的教学思想

王夫之认为,学与思的关系,是互相结合、互相补充、互相依赖的关系。他认为,学要博学且要深入。学要尽量吸取过去的成就而不可任凭自己的主观臆测,思要注意独立思考,深入钻研,不可为过去的框子所拘牵。学习的知识面愈广阔,思考愈深远,愈贯通。深入遇到困难,感到不够深刻就会愈益了解博学的必要。二者同时并重,互相促进,这样才可使学习有进步。

5. 学习法和教学法

王夫之在著作中,除谈及以上教育理论的见解外,他还从自己研读、著述体会出发,谈到许多教与学的原则和方法。

第一,立志。王夫之和其他学者一样,主张为学要以立志为先。他说:"志立则学思从之,故才日益而聪明盛,成乎富有;志之笃,则气从其志,以不倦而日新。"他这样强调立志的重要性,在为学、力行两方面具有重大意义。

第二,"有序"和"不息"相结合。王夫之认为,教学不但要"习",还要注重"时","学而不习,习而不时"是学者的通病。他所说的"时"有两含义,一是循序渐进之义,二是有恒之义。而"有序"和"不息"又是相互联系、相互结合的。教学既要循序渐进,不躐等,不速成,又要有恒心,不间断。这样就可以使学习较易"因其序则可使之易"。那种豁然贯通之说是靠不住的。

第三,因材施教。王夫之主张教者必须了解受教育者,必须根据受教育者的特点进行教育。他认为学生是有个性的,有"刚柔敏钝之异"。教育要顺应学者的个性去施教,偏高偏低都会影响教学效果。

第四,自勉与自得。王夫之主张教师对学生的要求必须严格,绝不能降低标准去迎合苟且偷安的心理;学生对自己也应坚持高标准,不能要求教师降低要求来迁就"俯从"自己的"易为""无知",否则将使学生陷于"不知不能"的悲境。

王夫之在强调"自勉"的同时,还指出注重"自得",即学习积极性原则。他强调学生学习要有"求通之志",即要有学习心理上的准备性和努力钻研的继续性,然后再有教师的启发式教学,就会获得好的效果。

6. 论教师的作用和条件

王夫之在教学上极重视教师的作用。他认为,"师弟子者以道相交而为人伦之一。"教师和学生是一种道义的结合,教师负有"正人心"的重要任务,绝非可有可无者。正因为教师如此重要,选择教师关系到整个社会的人心道德。因此,王夫之指出,教师必须在实际行动与道德行为上,能做学生的榜样。

教师的"躬行"是陶冶学生的根本。躬行即"身教",是"不言之教"。只有以不言之化,而行感化之教,才能使学生"自生其心",达到真正的自得。教师的"躬行"在道德教育上具有极重要的意义。

王夫之还要求教师必须有丰富的、正确的知识,能够"温故知新"。欲明人者必须先自明。王夫之提出的对教师的要求,都是教师应必备的条件,不仅在当时有重要意义,而且在当前也有借鉴意义。

（二）颜元的教育思想

颜元（1635—1740），明末清初进步思潮的代表思想家之一。他年轻时博学多才、学无专攻，对接触到的传统思想都有深入的研究。他的老师贾珍崇尚"讲实话，行实事"，对他后来的"实学"思想有重要影响。颜元的思想发生过根本的转变，由开始笃信理学思想转变到理学思想的对立面，成为杰出的批判理学思想的人物。

1. "实德实才"的培养目标

"实德实才之士"是颜元的培养目标。"实德实才之士"即品德高尚，有真才实学的经世致用之才。这样的人才分为两种：一种是"上下精粗皆尽求全"的通才，另一种是"终身止精一艺"的专门人才。在颜元看来，成为无所不能的通才固然好，但是能够做一名优秀的专门人才同样值得尊重。颜元主张学校应该培养"实德实才之士"，冲破了理学教育的桎梏，具有鲜明的经世致用的特征，反映了要求发展生产的新兴市民阶层对实用人才的需求。

2. "六斋"与"实学"的教育内容

"六斋"是颜元晚年在主持漳南书院时为书院规划的设置，六斋的教育内容不同，但是都充分地体现了颜元"实学"的教育思想。

第一，文事斋：学习礼乐、书数、天文地理等。

第二，武备斋：学习兵法、射御和技击等武事。

第三，经史斋：学习"十三经"历代的法律、历史、诗文等。

第四，艺能斋：学习水利、火学、工学象数等。

第五，理学斋：学习理学思想以及修身之道。

第六，帖括斋：学习八股举业之道。

从"六斋"设置的教育内容来看，不仅包括了传统的经史礼乐，还纳入了自然科学知识和军事武备知识等，充分反映了颜元的"实学"教学思想。

3. "习行"的教学方法

颜元的教学方法基于他的唯物主义认识论。他崇尚"习行"的教学方法，认为只有通过习行才能获得真知灼见，才能实际应用所教所学的知识。他反对理学家静坐读书、空谈心性的教学方法，在他看来，静坐读书脱离了实际，不能解决实际问题。为了改变这种重视读和讲的方法，颜元强调"吾辈只向习行上做工夫，不可向语言、文字上著力"。"习行"的教学方法，实际上就是强调在教学过程中要联系实际，要坚持联系和躬行实践，才能获得真正有用的知识。

（三）蔡元培的教育思想

蔡元培（1868—1940），民国时期最重要的一位教育家之一。他一方面从思想上为近代中国教育的发展提供理论的支持；另一方面积极地投身教育实践，培育了富有改革精神的北京大学。他的思想中充满了强烈的爱国主义，贯穿着民主、自由、科学和个性的特征。

他的教育思想主要包括以下几个方面。

1. "五育"并举的教育目标观

蔡元培根据新时代的要求,旗帜鲜明地提出"养成共和国民健全之人格"的教育目标,阐述了军国民主义教育、实利主义教育、公民道德教育、世界观教育和美感教育"五育"并举的教育目标体系,成为制定民国初年教育方针的理论基础。

2. "思想自由,兼容并包"的大学教育理念

蔡元培指出,大学不仅是传授知识的地方,更是"研究高尚学问之地",要创新知识,推动学术进步,必须营造民主、自由的学术思想氛围。

3. "学""术"有别的学科观和文理沟通的课程观

蔡元培指出,"学为学理,术为应用""学""术"之别即基础学科和应用学科之别,主张分办"治学"和"治术"之校。他根据近代科学相互联系、相互渗透的发展趋势,在大学废科设系,促进文理沟通。

4. "尚自然""展个性"的教育理念

秉持这一理念,蔡元培领导北京大学改革年级制,首倡实行选科制(即学分制)。

5. 教育独立的思想

蔡元培指出,教育的使命是帮助受教育者发展自己的能力并健全人格,从而对人类文化发展做贡献;教育要交给教育家去办,以保持其独立性,不受政党或教会干涉。为实现教育的真正独立,他还设计了教育经费独立、教育行政独立、教育独立于宗教的具体方案。

蔡元培的教育思想及其锐意改革封建教育的实践,体现了对民主、科学、自由、个性的向往与追求,具有鲜明的时代特色。

(四)陶行知的教育思想

陶行知(1891—1946),现代中国伟大的人民教育家、民主活动家和大众诗人。他毕生致力于教育事业,勇于批判和改革旧教育,探索中国特色的教育发展之路。

1. "生活教育"的实践

1914年陶行知毕业于金陵大学,后留学美国哥伦比亚大学,师从实用主义教育家杜威。回国后他大力推行平民教育,特别是乡村教育,先后创办了晓庄师范学校、生活教育社及山海工学团等学校。他批评当时流行的教育方法是"死读书,读死书,读书死"。他认识到杜威教育思想的精华所在,即强调学校与社会、教育与生活的融合,但他更通过自身的实践深刻认识到了杜威"教育即生活""学校即社会"思想的理论局限性。于是,他转变了方向,创立了独树一帜的生活教育理论。

2. "生活教育"的理论体系

陶行知把生活教育定义为:"生活的教育""为生活而教育""为生活的提高、进步而教育"。生活教育理论的完整体系包括:①"生活即教育",强调教育以生活为中心。②"社会即学校",以社会为学校。③"教学做合一",教法依据学法,学法依据做法,即怎么做事便怎么学,怎么学便怎么教。陶行知倡导"敢探未发明的新理,敢入未开化的边疆",生活教育便是创造教育。生活教育理论是在我国本土生长的具有国际影响的现代教育理论。

(五) 陈鹤琴的教育思想

陈鹤琴(1892—1982),中国现代儿童心理学和幼儿教育学研究的开创者。陈鹤琴教育思想的理论主体是他的"活教育"思想。其主要思想观点如下:

1. "活教育"的目的

陈鹤琴提出,"活教育"的目的是要培养人们"做人,做中国人,做现代中国人"。每个人都生活在特定的历史社会背景中,人与人的交往是生活的重要组成部分,如何学会与人共处,改进社会,是一个"做人"的问题,所以"活教育"提出学习如何做人以求社会和人类的进步发展。其次,"做中国人"表现了"活教育"的民族特性,因为教育的对象是中国人,生长在中国,应该爱护自己的国家、民族和同胞。再次,"做现代中国人"是"做中国人"的进一步深化,体现了社会对人的要求,体现了时代的精神。陈鹤琴认为,现代中国人应该有健全的身体、建设的能力、创造的能力、合作的精神以及服务社会的精神。"活教育"的目的表达了陈鹤琴对人的发展教育与社会变革的追求。

2. "活教育"的课程论

在陈鹤琴看来,"活教育"的教育内容来自大自然和大社会,一切从大自然和大社会中学习来的知识都是"活教育"的课程内容。陈鹤琴认为,现代社会对儿童教育提出了很高的要求,教育必须把儿童培养成适应现代社会生活的人,所以需要依据儿童的生活经验和兴趣,广泛扩大和丰富他们对自然和社会的了解。来自大自然和大社会的知识都是直接的经验,是"活教材"。同时,来自书本和教师的间接经验也是很重要的,书本应该是现实生活的写照,应该能在现实生活中得到印证。从"活教材"出发,儿童教育课程的设置也呈现出特殊性。在"活教育"中,采用活动中心和活动单元的形式,包括儿童健康活动、儿童社会活动、儿童科学活动、儿童艺术活动和儿童文学活动这五大类的活动,来体现儿童生活整体性和连贯性的特点。

3. "活教育"的教学论

"做中学,做中教,做中求进步"是"活教育"教学方法的基本原则。陈鹤琴认为,"做"是教学活动的中心,它保证了学生学习的主体地位和他们能够在活动中获得直接经验。他提出了"活教育"教学的四个步骤,即实验观察、阅读思考、创作发表和批评研讨。实验观察是第一个步骤,也是最重要的步骤,实验观察可以使学生获得直接的经验。通过阅读思考,不仅可以弥补实验观察的不足,更可以将感性认识上升到理性认识。而从实验中得到的直接经验和从阅读中得到的间接经验都应该通过知识的梳理和加工,以形成报告和讲演的形式,这将有利于儿童的主动性和创造性的培养。最后一个环节就是通过集体的探讨和研究,相互启发,使知识臻于完善。

总之,"活教育"思想受到来自美国著名进步主义教育家杜威的影响,以学生为中心,重视学生的个体经验,重视学校和课程与学生生活的联系。"活教育"在实验的过程中,也力图适应中国的时代环境和国情，是一种有吸收性、有创造性的儿童教育理论。

（六）徐特立的教育思想

徐特立（1877—1968）一生追寻救国救民的真理，将教育和革命工作紧密结合在一起。他的教育思想全面而丰富，涉及基础教育、师范教育、教材、教学、教师和治学等。在徐特立一生的教育实践中，曾长期从事师范教育工作，不仅创办长沙师范、长沙女子师范、中央列宁师范、扫盲师范等学校，还任教于湖南省立第一师范、湖南省立第一女子师范、湖南高等师范学校，并撰写出版了《教育学》《小学各科教授法》《初等小学国文教授法》等师范教育论著，有着非常丰富的师范教育思想。

1. 论师范教育的意义与任务

徐特立非常强调师范教育的重要地位，明确指出："学校之责任无更大于师范学校者。"认为师范学校的地位有以下几个方面：第一，师范学校是培养教师的，而教师"对国家人才的培养，文化科学事业的发展，以及后一代的成长，起着重大的作用"，认为师范教育的好坏关系到国家人才的培养和各项事业的发展。第二，师范教育甚至关系到国家民族的"开化"。强调师范教育的重要性，鼓励学生献身教育事业，为国家民族的"开化"与文化繁荣而奋斗。

师范教育的任务在于培养优秀的教师。徐特立指出："师范学校之功用，在于养成教师。"他认为教育是立国之本，而师范教育会影响到国家的发展与繁荣。

2. 师范教育的内容

徐特立在办学中一直坚持德智体"三育并重"，以培养出全面发展的学生，师范教育也不例外。徐特立认为，师范教育内容有其独特性，主要体现以下几个方面。

第一，务必把思想品质的教育放在首要地位。因为"师范学校之事业绝非简易，为教师之教师者，必不可无特别之性质及预备。教师之所首要者品性，次于品性者为教授能力，此能力得以人力养成之。苟无此二者，则学校为无效。""学师范，做人民教师的人，他的思想品质的好坏，也就格外显得重要。"因此，师范教育应培养学生高尚的道德修养，热爱自己的专业，专心致志，钻研业务，对教育事业具有高度的责任感。

第二，要重视教育学、心理学、教学法等教育科学的教学和学习。徐特立在长期的教育实践中，深深感受到教育科学对做好教育工作的重要作用。新中国成立后，他多次勉励师范生要学好教育科学。他曾对师范毕业生们说："如果你们在教育科学中能解决实际问题，有创造，就是专家了。"他强调，小学教师对于儿童生理、心理学方面，尤其要特别注意，一个懂得教育学、心理学、教学法的教师，教起书来总要比较好些。

第三，要重视教育实习。这是使教育理论与实践相结合的重要途径。早在长沙办师范时，他就创造了"实习批评会"的教学方式。在湖南一师，他曾担任过实习主任。在中央苏区的列宁师范等学校，他将学生三分之一的学习时间安排实习，并继续推广"实习批评会"。他说："我们的师范院校之所以要办附中、附小，就是为了实习批评。"

第三节　现代西方的教育思潮

1. 了解现代西方教育思潮的发展。
2. 理解现代西方教育思潮的基本教育理念。

一、改造主义

改造主义教育思潮于20世纪30年代从实用主义教育与进步主义教育中逐渐分化出来,至50年代形成一种独立的教育思想。改造主义教育思潮的代表人物有康茨、拉格和布拉梅尔德等。改造主义教育思潮的核心观点为通过教育改造社会,其主要理论观点可分为以下五点:

1. 教育应以"改造社会"为目标

改造主义教育家认为当时人们正处在人类历史上最大的危机时期。他们认为自己是"理想社会"的寻求者。他们所认为的理想的社会是具有美国式的民主政治制度、富裕的经济、发展的教育、繁荣的科学和艺术,而教育的职责就是要设计并实现这样一种"理想社会"。

2. 教育要重视培养"社会一致"的精神

改造主义教育家认为,教育应该有一个清楚明白而又切合实际的社会目的,培养一种"社会一致"的精神。所谓"社会一致"就是指不分阶级的人与人之间的合作关系,即通过共同协商而能消除阶级分歧的一致意见。

3. 强调行为科学对整个教育工作的指导意义

改造主义教育家高度评价行为科学,他们将行为科学视为改造主义的基础。在他们看来,编排教材的方法、组织教学的过程、学校和社会目的的确定等都需要以行为科学为指导。

4. 教学上应以社会问题为中心

基于"社会改造"的目标,改造主义教育家认为,课程与教学的目标应统一于理想社会的目标。在此基础上他们主张课程以人文社会学科为主,教学应以问题为中心,重视学科之间的联系。

5. 教师应进行民主的、劝说的教育

改造主义教育家反对灌输式的教学方式,认为教师应该通过民主的讨论和劝说的教育说服学生去"改造"他们所生活的社会,使学生坚信改造主义哲学,培养他们的"社会一致"的精神。

综上所述,改造主义教育思潮强调教育是社会改造的工具,它是实用主义教育在新社会时期的继续。尽管改造主义在教育理论上有一定的影响,但在美国教育中并未形成真正的气候。

二、要素主义

要素主义是20世纪30年代末作为实用主义教育和进步教育的对立面出现的。1938年"要素主义者促进美国教育委员会"的成立是要素主义教育形成的标志。要素主义教育思潮的代表人物有巴格莱、科南特和里科弗等。其基本观点如下:

1. 与美国进步教育思想尖锐对立

要素主义教育思想家指出了进步主义教育的诸多弊端:它取消了学业成绩的严格标准,造成了学习成绩的低劣;轻视学习的系统性和循序性,否定教材中的内在逻辑;抛弃学校的权威和纪律,助长纵容和放任等。总之,在要素主义教育家看来,进步教育不仅使美国中小学教育质量下降,还使美国的学校教育失去明确的方向甚至走向荒废的边缘。

2. 把人类文化的"共同要素"作为学校教育的核心

要素主义教育家认为在人类文化遗产中,存在着永恒不变的、共同的、超时空的要素,它们是种族文化和民族文化的基础。在他们看来,教育的最重要功能就是尽可能高水平地保持共同的文化。基于这一认识,要素主义教育家要求美国普通中小学重新审查其课程计划,以保证学生学到基础知识和基本技能。他们强调"新三艺"(即数学、自然科学和外语)在课程中的重要地位,强调教材编写和教学实施都必须遵循逻辑系统。

3. 教学过程必须是一个训练智慧的过程

要素主义教育家认为,学校应当注重思维力的严格训练,这样可以使蕴藏在儿童身上的智力和道德力量的资源不被浪费,智慧的训练也是"学校存在的理由"。因此,一些严格要求和对学生心智训练具有特殊价值的科目应该在学校课程中占据重要地位。学校教育要传授整个人生的知识,而不只是职业训练或集中注意儿童感兴趣的问题。此外,要素主义教育家还重视"天才"儿童的发掘,认为学校不仅应当发现最有能力的儿童,而且应当激发他们最大的潜力。

4. 强调学生在学习上必须努力和专心

要素主义教育家认为,学习不能像实用主义教育和进步教育那样只强调儿童个人的兴趣和自由,而要强调对学生的学习坚持严格的学业标准,因为在他们看来,只有努力,才能实现最有价值的学习。因此,在教育的过程中,不能将自由当作手段,而应当看作过程的目的与结果。

5. 强调教师在教育和教学中的核心地位

要素主义教育家认为在学生的学习过程中,没有教师的指导和控制是不可想象的。他们反对"儿童中心主义",认为教师应当是"整个教育体系的中心"。当然,要素主义教育家对于教师的要求也很高,他们认为教师必须具有一流的头脑和渊博的知识,精通所教科目的逻辑体系,深入理解学生在学习过程中的心理,具有把知识、理论传授给学生的能力,懂得教育的历史和哲学基础,并能全心全意地献身于教育事业。倘若教师只是接受了在教学方法上的训练,培养"天才"的教育是难以成功的。

总之,要素主义教育从其形成之初就是有组织、有纲领的运动,它对美国的学校教育产生了很大的影响,要素主义教育家提出的许多教育理论与策略都受到了美国政府的重视,其中一些还被采纳进而成为国家层面的教育政策。但是,由于忽视学生的学习兴趣、身心发展水平以及能力水平,过分强调系统的学术的基本知识学习,加之教材的编写脱离学校教育实际,自20世纪70年代起,要素主义逐渐失去其优势地位。

三、永恒主义

永恒主义是现代欧美教育思潮中提倡复古的教育思潮。它形成于20世纪30年代,其代表人物有美国的赫钦斯、阿德勒、英国德利文斯通和法国的阿兰等。永恒主义教育思潮的主要观点包括以下几点:

1. 教育的性质永恒不变

永恒主义教育家认为,宇宙存在一种永恒的、绝对的、同一的实在,事物的变化被一种永恒的普遍法则所支配。而人作为一种理性的动物,理性乃是人性中永恒不变的特性。因此,在永恒主义教育家看来,建立在这种永恒不变的人性基础上并为表现和发展这种人性的教育,在本质上也是不变的。因此,不同时代、不同地方、针对不同人的教育本质上是一样的。

2. 教育的目的是要"引出我们人类天性中共同的要素"

在永恒主义教育家看来,既然理性是人性中永恒不变的特性,那么教育的首要目的就应该是引出这种要素对人施以"人性的教育",促进人的理性得到充分发展,达到人的进步和完善。正是基于"人性的教育",永恒主义教育家批评进步教育所谓"适应论"和"直接需要论",强调教育应该以发展人的理性和智慧为目标,使学生了解人类文化遗产中的精华,成为有理性和负责任的公民,以便参加未来的社会生活,而不仅仅适应现在的生活。

3. 永恒的古典学科应该在学校课程中占有中心地位

在永恒主义教育家看来,从"永恒真理"中引申出来的"永恒学科"是发展"理性"的最好途径。永恒主义教育家所说的"永恒学科"指的是历代伟大思想家的伟大著作,尤其是经历许多世纪的古代著作。永恒主义教育家还认为,古典语言在学校课程中的消失是一种灾难,会影响到国民精神的塑造。基于对古典学科的重视,永恒主义教育家对于不同学段的课程提出了自己的见解:大学生必须阅读古代作家的名著;中学课程设置应将希腊文和拉丁文放在重要的地位;在小学课程方面,强调进行读写算基本教育的同时,也要求儿童熟记一些伟大的古典著作中的某些段落。

4. 提倡通过教学进行学习

永恒主义教育家认为,儿童理性的发展,应当通过教师的教学。尤其是学习古典名著时,更需要在教师的指导下,学生才能更深刻地理解名著的内容,并将这些伟大的思想家作为自己学习的榜样。

总之,作为一种教育哲学思想,永恒主义在教育理论上有一定影响,但对美国的教育实践影响不大。尤其是它把学生的学习限于古典著作,因此遭到了很多人的批判。

四、存在主义

存在主义教育以存在主义哲学为基础,20世纪中叶流行于美国和西欧各国。存在主义哲学的代表人物有雅斯贝尔斯、海德格尔、萨特等,存在主义教育思潮的代表人物有雅斯贝尔斯、波尔诺夫、尼勒等。存在主义教育思潮的主要观点包括以下几点:

1. 教育的本质和目的在于使学生实现"自我生成"

存在主义教育家认为人是按照自己的意志造就其自身,因此,教育应当使学生通过"自我表现""自我肯定"而意识到自我的存在,并能作为一个自由的人更好地生活下去,实现"自我完成"。

2. 强调品格教育的重要性

在存在主义教育家看来,名副其实的教育就是品格教育。教材本身没有价值,知识只是发展自我认识和养成自我责任感的工具,知识也是使人从无知和偏见中解放出来并养成自由选择能力的手段。因此,存在主义教育家并不否定知识教育,而是强调须将知识看作认识"自我存在"和发展"自我"的手段。在此基础上,存在主义教育家认为课程内容应当选择那些更适合于学生实现"自我完成"的学科,如文学、哲学、历史和艺术等。

3. 提倡学生"自由选择"道德标准

存在主义教育家认为人的存在意味着人的自由,而人的自由只是个人的"自由选择",即个人对自己所做的一切负责。他们反对客观的道德标准,认为如果要学生服从外界规定的道德标准,将会损害他认识"自我"。因此,道德教育的基础应当是让充分享有自由的学生有权自己选择道德标准,并承受自己行动的后果,而不是去接受一些永恒的道德原则;道德教育的主要任务是使学生具有独立意识、自尊心,养成自主、自律的精神。

4. 主张个别教育的方法

存在主义教育家认为团体教学的方法趋于统一化和标准化,不利于区别对待每一个儿童,只会抑制或阻碍学生个人的发展,不利于学生认识"自我"和发展"自我"。在存在主义教育家看来,苏格拉底的问答法是理想的教学方法,因为通过这种方法学生可以学到他自己认为真实的东西。因此,他们认为教学应当是师生之间的真正对话。当然存在主义教育家并不反对集体教学,只是强调即便是集体教学,其目的也必须是"教育个人",即促进学生个人得到更好的"自我发展"。

5. 师生之间应该建立信任的关系

在存在主义教育家看来,教师的角色既不是知识的灌输者,也不是人格的师表,也不是儿童解决问题的指导者,而是对学生"自我实现"的影响者。但这种影响并不是居高临下的,而是在平等的、互相信任的、互相尊重的基础上展开。因此,师生之间平等与信任的民主关系是学生"自我实现"的重要条件。

总之,存在主义教育思想对欧美国家的青年学生产生了很大的影响,但对教育实践工作的影响不大,20世纪70年代后期便逐渐衰落,但它提出的教育个性化、师生关系平等、自我实现等理论命题依然具有很强的生命力。

五、新行为主义

新行为主义教育学源自行为主义心理学。行为主义心理学流行于20世纪20年代,代表人物有华生等。行为主义心理学的核心观点为:人的行为受因果律支配,遵循"刺激—反应"的链接。20世纪30年代,以托尔曼为代表的一批心理学家对行为主义进行改造,从而产生了新行为主义,其中斯金纳的影响最大。新行为主义教育思潮的基本观点如下:

1. 教育就是塑造行为

新行为主义教育家认为,有机体的一切行为都是由反射构成的,而反射可以分为基于刺激性条件反射的应答性行为和基于操作性条件反射的操作性行为。所谓操作性行为即有机体作用于环境后而产生某种结果的行为,它遵循的基本规律是行为发生后给予强化会增加这一行为的概率。在新行为主义教育家看来,学习过程就是操作性条件反射过程。也就是说,人的一切行为都是操作性条件反射和积极强化的结果,因此,人的任何行为是可以设计和改变的。正是基于这一认识,新行为主义教育家认为教育就是塑造人的行为。

2. 程序教学

基于对"行为""条件反射"等的认识,新行为主义教育家认为在教学过程中学生的学习行为也是可以控制的,教师应当按照程序进行教学。程序教学的基本原则是:积极反应;小步子;及时强化;自定步调。程序教学所遵循的基本规律即操作性条件反射中反射的建立与强化的提供。

3. 让学生在学习中运用教学机器

新行为主义教育家认为,要想使学生的学习行为得到及时的和足够数量的强化,必须改进教学方法和技术。在他们看来,依据程序教学理论设计的教学机器是改进教学的重要手段。他们认为教学机器具有多种优点,如可以对学生回答正确的答案及时强化,可以使教师从批改作业中摆脱出来等。总之,教学机器是建立在行为分析的基础上,目的在于节省时间和精力用于塑造行为(知识传授)。

4. 教育研究应该以教和学的行为作为研究的对象

在新行为主义教育家看来,以新行为主义教育理论为指导的教育研究可以分为两种:一种是通过观察学习行为与教学行为之间的关系,来判断何种教的方法更为有效;另一种则是当教育目的行为化后,可以从学生行为的改变程度看教育教学工作的效果。两种研究的研究对象都是教师教的行为和学生学的行为。

综上所述,新行为主义教育家将行为主义心理学的理论引入教育学,促进了教育学理论的发展,但由于这一派思想忽视了在学习问题上人与动物的根本区别,将人的学习简单地对等于条件反射,显示出其理论的局限性。

六、结构主义

结构主义教育思潮源自皮亚杰的认知心理学。皮亚杰认为,人的认知活动有一定的认知结构,但成人的认知结构与儿童的认知结构不同,因此,应当在了解儿童认知结构的基础上进行教育、教学、教材编写等活动。二战后,皮亚杰的思想传入美国,布鲁纳将其应用到教学和课程改革领域,创立了"结构主义教育理论"。结构主义教育思潮主要关注教学改革问题,其主要思想如下:

1. 强调教育和教学应重视学生的智能发展

结构主义教育学家反对用"刺激—反应"的联系解释学习,他们认为教育和教学的重要任务就是依据儿童的认知发展规律,促进儿童智能的发展。

2. 注重教授各门学科的基本结构

结构主义教育学家认为,知识是人们赋予经验中的规律以意义和结构而构造起来的模式。任何一门学科,都可以归纳成一系列由基本概念和基本原理组成的基本结构。无论教授何种学科,都应当以使学生理解该门学科的基本结构为首要任务。在这个意义上讲,结构主义教育家既不赞成以学科为中心的"分科课程论",也不同意以儿童为中心的"经验课程论",而主张以各门课程的基本结构为中心。在他们看来,学生越重视基本结构的掌握,就越容易掌握整个学科,并且有助于知识的迁移。

3. 主张学科基础的早期学习

在结构主义教育家看来,儿童的"学习准备"状态并非随生理年龄的增长而发展,而是随环境和教育的影响而发展。因此,教育不应当消极、被动地等待儿童自然成熟后再进行,而应当积极创造条件,使儿童尽早开始学习某些学科的基本结构,使知识学习成为促进儿童智力发展的重要形式。

4. 提倡"发现学习法"

结构主义教育家认为学习是一种过程,这种过程类似于人类探求知识的过程。由于人类在探求知识的过程中,不断地在发现中学习,因此,结构主义教育家认为儿童学习也遵循这一规律。基于这一认识,他们提倡"发现学习法"。在他们看来,"发现"实际上包括用自己的头脑亲自获得知识的一切形式。教师在教学中应当鼓励学生从所提供的材料中自己"发现"应该学习的基本结构和规律。因此,科学家的发现和小学生的发现仅有程度的差异,而无本质的不同。

5. 教师是结构教学中的主要辅助者

在结构主义教育家看来,尽管教学过程中可以充分运用各种教学辅助工具,但教师依然是教学活动的主要辅助者,教师的作用是教学辅助工具不可替代的。教师的任务不仅是灵活运用各种教学装置来充当知识的传播者,还应成为教育过程中学生的榜样和典范。

总之,结构主义教育思潮将认知发展与教育联系起来,提出了一系列值得思考的理论命题,对西方课程论影响很大,一度成为美国课程改革的指导思想。但由于其理论的理想主义倾向,在其指导下编写的课程往往较难,也激起了许多学者的批评。

七、终身教育

终身教育思潮产生于20世纪50年代的法国。1965年12月,联合国教科文组织在法国巴黎召开了国际成人教育促进委员会第三次会议,主持会议的法国教育家朗格朗以"终身教育"为题作了总结报告,成为"终身教育"走向世界的开始。1972年,国际教育发展委员会主席、法国教育部前部长富尔(E. Faure)主持撰写的调查报告《学会生存:教育世界的今天和明天》出版,明确将终身教育作为各个国家在今后若干年内制定教育政策的指导原则。终身教育进而成为世界性的教育思潮。终身教育思潮的理论主要包括以下四点:

1. 终身教育的含义

终身教育思想家认为,终身教育是指教育应当贯穿一个人从出生到生命终结的全过程,且各个阶段之间应当注意紧密的联系。终身教育既不限于学龄阶段,也不限于正规的学校教育,而是贯穿人的一生的、涉及正规教育、非正规教育和非正式教育的新的教育模式。

2. 终身教育是现代社会的需要

终身教育思想家认为,人类正面临着如人口迅猛增长、科技飞速进步、政治和经济结构变革、生活模式和人际关系出现危机、思想意识形态危机等一系列挑战。这些挑战呈现出前所未有的广泛性、复杂性和不可预见性,这就要求人们必须在智力、体力、情感等多个方面做好准备。

3. 终身教育没有固定的内容和方法

终身教育家认为,教育是为了使人"学会学习",即养成学习的习惯和获得继续学习所需的各种能力,但选择何种内容、运用何种方法并没有严格的规定。在他们看来,在训练和引导每一个人时应当强调内容和方法的适切性,以便为他们在未来的学习化社会中生存和发展做好准备。

基于这一认识,终身教育家提出了一系列新方法的规则:强调学生而不是强调课程;把教育看作一个过程而不仅是知识的传授;注重对儿童个人所做的质量上的评价;使每个人都能发挥其才能和运用其经验;采用小组学习制度;不能把儿童当作成人看待;尽可能少做鉴定;尽可能广泛地将教育与生活联系起来;早期教育的方法要适当等。

4. 终身教育是未来教育发展的战略

终身教育思想家认为,未来教育的发展与终身教育制度的实施关联紧密。首先,教育民主化作为教育发展的一个重要趋势,终身教育模式的确立有助于这一趋势的不断发展。在终身教育制度下,整个社会结构也将朝着有利于个性发展的方向变化。其次,终身教育模式的确立也有助于冲破传统学校的僵化体制,从而采取灵活多样的组织形式、教学内容和教学手段。学校教育的终结,并不是受教育的终结,而是新教育的开始。最后,终身教育对于实现教育机会均等和学习型社会的建立都具有积极意义。

总之,自20世纪70年代以来,终身教育已经成为世界上大多数国家教育改革和发展的战略重点,它必然还将对未来世界教育的发展产生深远的影响。

八、现代人文主义教育

现代人文主义教育思潮兴起于20世纪70年代的美国,它源自人本主义心理学。人本主义教育思潮试图通过挖掘人类的理智与情感诸方面的整体潜能来确立人的价值。现代人文主义教育思潮的代表人物有美国的人本主义心理学家马斯洛、罗杰斯、奥尔波特等。现代人文主义教育思潮的主要理论观点如下:

1. 强调教育的目标是培养"完整的人"

现代人文主义教育家认为教育目的是人的自我实现、完美人性的形成和人的潜能的充分发挥。现代人文主义教育家所要培养的人首先是整体的人,既在身体、精神、理智和情感之间的整体化,也是人的内部世界与外部世界达到和谐一致。其次,现代人文主义教育家所要培养的人还需是动态的人。也就是说,现代人文主义教育家所要培养的人既有成长的需要,又不断获取新的经验。再次,现代人文主义教育家所要培养的人还是具有创造性的人。

2. 主张课程人本化

现代人文主义教育家认为,传统的课程模式、固定的大纲、单一的考试制度等都不利于学生的发展。因此他们提出"一体化课程",主张课程内容应建立在学生需要生长的自然模式和个性特征的基础上,同时还应当体现出思维情感和行动之间的相互渗透。在现代人文主义教育家看来,课程的功能是要为每个学生提供有助于其自由发展的经验。

除了课程内容的人本化之外,现代人文主义教育家还强调感情在知识教育中的作用。他们主张借助美的媒体来促进学生的"自我实现",强调课程设置要重视美感高峰体验的价值,将美感教育渗透到各个学科之中,将认知与审美发展结合起来。

3. 强调学校应该创造自由的心理气氛

现代人文主义教育家认为,教育的重要作用之一是创造最佳的条件,即一种利于学生"自我实现"的自由的气氛。在他们看来,影响学校气氛的因素有三个方面:

首先是教师和管理者。他们通过鼓励、关怀和提供机会等满足学生的需求,进而促进学生的发展,利于自由气氛的形成。其次是人与人之间的关系。在现代人文主义教育家看来,学校中应当在互相尊重的基础上建立一种相互帮助的关系。最后是学习过程。现代人文主义教育家认为在学习过程中应该提倡"以人为中心的教学""非指导性教学"等,使得教师的促进作用得以发挥的同时,学生的参与与自主发展也能得以实现。

总之,现代人文主义教育思潮以人的"自我实现"为目标展开论述。它所提出的人的整体发展、自由的学习气氛等理论命题无疑对教育思想的发展注入了新的活力。然而,由于这一理论对于社会环境和学校教育对个体发展的重要影响不够重视,因此,也受到了人们的批评。加之如何将现代人文主义教育的理论应用到教育实践之中仍然缺乏研究,因此,现代人文主义教育也遇到了不少挑战。

第四节 当代中国教育学说的建立与发展

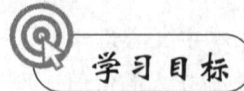

1. 理解马克思和恩格斯的教育思想。
2. 了解苏联社会主义教育学说的代表人物及教育思想。
3. 了解中国社会主义教育学说的建立与发展概况。

一、马克思和恩格斯的教育思想

马克思和恩格斯基于他们创立的辩证唯物主义与历史唯物主义的世界观,基于对人类社会历史发展规律的综合考察,紧密结合无产阶级革命的现实,科学地论述了一系列教育问题,形成了一种与以往的教育思想不同的教育理论,既为无产阶级在资本主义社会正确地进行教育方面的斗争提供了基本的实践纲领,又为取得政权后建设社会主义教育事业提供了远大目标。

(一) 论教育与社会的关系

教育与社会的关系是马克思和恩格斯教育思想中非常重要的组成部分。关于二者的关系,马克思和恩格斯主要论述了以下几点:

第一,共产党人并不是要"消灭一切教育",而仅仅是要改变社会对教育的作用和性质,要使教育摆脱统治阶级的影响。

第二,教育是人类社会特有的社会现象。这不仅因为人类社会的存在不能没有教育,教育始终是社会的,也因为教育与人类的生产相联系,还因为教育受社会关系的影响。人类社会存在和发展的基础是社会物质生活资料的生产和再生产。人的发展,人类教育的发生和演进,教育内容的选择和教育方式的安排都与人类的生产相联系。在马克思和恩格斯看来,资本主义教育的实质在于要将大多数人训练成机器。

第三,教育具有历史性。正是因为教育由社会关系所制约,而社会又是不断发展的,随着社会的发展,社会关系也不断变化,教育也必然随之发生变化,因此,教育不可避免地具有历史性的特点。

第四,尽管马克思和恩格斯非常强调社会关系对于教育的决定作用,但他们也意识到教育还受到多重因素的制约,教育对社会关系具有相对的独立性和继承性。因此,马克思和恩格斯并未全面否定资本主义社会的教育,而是强调要改变资本主义教育的性质,使之摆脱资产阶级的影响。而要彻底消灭"阶级的教育",只有消灭私有制和消除阶级划分的社会关系。鉴于教育与社会发展的复杂关系,马克思和恩格斯一方面认为,为了建立正确的教育制度,需要改变社会条件;另一方面,为了改变社会条件,又需要相应的教育制度。

(二)论教育与社会生产

马克思和恩格斯认为,教育与社会生产之间的关系包含两个层面:一方面社会生产作为教育的物质基础,对教育提出了要求;另一方面,教育也对社会生产具有重要的作用。

1. 社会生产对教育的制约作用

教育的发展势必受到社会生产力的制约,不同的社会生产力发展水平,不仅为教育提供了不同的物质基础,也对教育提出了不同的要求。在生产力水平较低的时候,生产所需技能往往通过师徒传承即可完成,对于学校教育培养劳动者的需求不高。随着机器大工业的兴起,日益需要具有一定现代文化知识和技术的劳动者,这在一定程度上促进了义务教育的普及。随着生产力水平的不断提高,对劳动者受教育水平的要求也越来越高。社会生产的不断发展不仅推动教育在规模和速度上的发展,还推动了教育内容、方法和组织形式的改革。特别是在机器大工业生产不断发展的情境下,科学越来越广泛地应用于生产,自然科学知识逐渐进入学校课程,现代科学技术也日益被引进学校教学,这也反映了现代生产对现代科学技术和现代教育的客观要求。

2. 教育对社会生产的重要作用

在马克思和恩格斯看来,教育虽是属于"精神生产"的范畴,但它对于物质生产也具有重要作用,主要表现为以下几个方面。

第一,教育是劳动者生产和再生产的重要手段。教育会生产劳动能力,一是指教育和训练可以"改变一般的人的本性,使它获得一定劳动部门的技能和技巧,成为发达的和专门的劳动力";二是指教育和训练可以"使劳动能力改变形态",把一个从事简单劳动或一般性劳动的劳动力,训练为可从事复杂劳动和专门性劳动的劳动力;三是指教育和训练可以使人适应生产技术基础和生产结构的变化的需要,更新职业劳动的能力。随着生产力的发展,教育越来越成为提高劳动生产率的最关键因素。

第二,教育是科学知识转化为现实生产力的重要手段。马克思认为,科学知识只是"知识形态"上的生产力,只有当其"物化"于生产过程之中才能转化为现实的"直接生产力"。科学知识的这种"物化"转化过程,主要通过两条途径:一是科学作用于劳动资料、劳动对象和生产工艺流程;二是使劳动者掌握科学技术知识和劳动技能。这两种途径的关键都在于教育。

第三,学校还是科学知识再生产的重要场所。学校教育不仅肩负着传承知识的重任,通过高等教育机构等相关机构的研究和开发,还再生产科学知识。

第四,由于教育能生产人的劳动能力,对促进社会生产的发展具有巨大作用,所以马克思认为,教师的教育劳动是一种"直接把劳动能力本身生产、训练发展、维持再生产出来的劳动"。因此教师的劳动是一种具有"生产性"的劳动。特别是在以科学技术为基础的现代生产中,教师的教育劳动的"生产性"特征更为突出。

第五，教育费用不仅是社会生产和再生产所必需的费用，而且是一种可以得到"补偿"的具有"投资性"的费用，也可说是具有"生产性"的费用。然而，教育事业总要花费一定的人力、物力和财力，所以马克思又把教育费用列入消费基金。

(三) 论人的本质和个性形成

1. 马克思关于人的本质的观点

在对于黑格尔和费尔巴哈人的本质的观点的分析和批判基础上，马克思提出人的本质是"一切社会关系的总和"的科学论断。马克思关于人的本质观的特点表现在三个方面：其一，反对把人的本质看成单个人所固有的抽象物，强调在其现实上考察人、认识人。其二，强调人的社会性。其三，作为社会产物的人并不是消极的客体，而是具有主观能动性的实践活动主体。

2. 人的个性形成的影响因素

首先，马克思和恩格斯认为人的遗传素质，作为具有自然力和生命力的存在物，乃是人赖以发展的前提和物质基础。而且马克思和恩格斯还认识到人的遗传素质存在个体差异。但马克思和恩格斯并不同意遗传因素对人的发展起决定作用的"遗传决定论"。

其次，马克思和恩格斯高度评价了欧文等人关于"人是环境与教育的产物"这一观点的积极意义，但与此同时马克思和恩格斯又对环境和教育的作用持冷静的态度。他们对于欧文等人的"环境决定论"和"教育万能论"的观点提出了批判，认为他们夸大了环境和教育对人的发展的作用。人在环境和教育面前并不是消极被动的。

最后，马克思和恩格斯将实践的观点纳入人的发展的理论之中。在他们看来，环境虽然对人的发展有至关重要的作用，但环境本身也可以通过实践加以改变，教育亦是如此。马克思和恩格斯这种将实践纳入人的发展的观点，将人作为认识活动的主体加入环境与教育的影响过程，科学地解决环境和教育在人的发展中的作用以及教育在社会发展中的作用问题，奠定了科学的理论基础。

(四) 论人的全面发展与教育的关系

人的全面发展理论在马克思和恩格斯教育思想中占有重要地位，对于这一问题的论述主要涉及以下几个方面。

第一，马克思和恩格斯揭示了人片面发展的社会根源。在系统地考察了分工的发展与人的发展的关系基础上，他们认识到个人是受到分工支配的，正是分工使得人成为片面发展的人。特别是随着资本主义工场手工业生产的发展，劳动分工由社会分工进入生产过程内部分工，致使工人一生束缚于某种工具和操作上，使他们成为一个零件或一个工具。

第二，在分析了个人片面发展的社会根源的基础上，马克思和恩格斯也论述了个人全面发展的客观趋势。在他们看来，建立在现代科学技术基础上的机器大工业，从科学技术上为打破旧式分工的凝固化、专门化展现了可能性，也为其提供了基础。

第三，马克思和恩格斯对于人的全面发展的内涵进行了多层次的论述。在马克思和恩格斯看来，人的全面发展一方面意味着劳动者智力和体力两个方面，以及智力的各个方面和体力的各方面都得到发展,达到体力劳动和脑力劳动相结合,这是人的全面发展的基础;另一方面,从更深层次上看,它也是指人在志趣、道德、个性等方面的发展,即作为一个真正"完整的""全面性的"人的发展;人的全面发展还是自由的、充分的发展。

第四,马克思和恩格斯认为,人的全面发展的实现不能仅靠良好的愿望,只能依据现实的社会条件。根本变革资本主义生产方式,废除生产资料私有制,消灭阶级划分,全面占有生产力,是实现人的全面发展的前提条件。同时还需不断发展生产力,只有在实现生产力的高度发达的条件下,对全体社会成员施以全面教育,人的全面发展才有可能实现。

第五,马克思和恩格斯认为人的全面发展的实现是一个历史的发展过程。社会全体成员的全面发展只有到共产主义社会才能最终实现。

(五)论教育与生产劳动相结合的重大意义

1. 现代生产与现代教育之关系

马克思和恩格斯科学地论述了现代生产和现代教育的内在联系,主要体现在三个方面:第一,机器大工业要求多方面发展的工人,这在客观上要求教育与生产劳动相结合,以便培养出多方面发展的劳动者;第二,现代生产过程建立在科学的基础上,正是科学这一中介为教育与生产劳动有机地结合提供了基础;第三,综合技术教育,以各个生产过程基本原理和学习使用简单工具技能为主要内容,为教育与生产劳动结合提供了重要"纽带"。

总体来看,教育与生产劳动相结合,是现代生产、现代科学与现代教育密切联系的反映和要求。

2. 教育与生产劳动相结合的意义

在马克思看来,教育与生产劳动相结合不仅是提高社会生产力的一种方法,也是"造就全面发展的人的唯一方法"。"同时生产劳动和智育的早期结合是改造现代社会的最强有力的手段之一。"由此可知,马克思和恩格斯对于教育与生产劳动相结合意义的深刻认识。

3. 教育与生产劳动相结合的实现问题

马克思和恩格斯认识到教育与生产劳动相结合会受到所在社会基本经济规律的制约,例如,在资本主义社会,教育与生产劳动相结合无论在结合的目的上,还是在结合的程度、范围上,都势必会受到资本主义经济规律的制约,教育往往成为资本家生产和再生产劳动力的手段。因此,马克思和恩格斯认为,只有彻底变革旧的生产方式,在合理的社会制度下,才能实现教育与生产劳动的真正结合。

二、苏联的社会主义教育学说

(一)马卡连柯的教育思想

马卡连柯(1888—1939),苏联早期著名的教育理论家和实践家。他在教育实践和教育理论的卓越成就,不仅促进了苏联教育事业的发展,而且对世界教育也产生了深远的影响。

1. 辩证唯物主义教育观

马卡连柯在从事教育理论研究和实践活动的过程中,非常注意以马克思主义的辩证唯物论为指导,坚持用发展和变化的观点来研究各种教育现象,反对孤立地、教条主义地看待教育问题。在他看来,面对不断成长的儿童,任何一种教育方法,甚至通常认为最好的方法也不能说是绝对有益的、永远有效的、最好的方法,在某些情况下,它可能是最坏的方法。反之亦然。一切要看环境、时间、个人和集体执行者的才能和修养,要看近期内要达到的目的,要看全部的情势而定。

2. 论教育的目的

马卡连柯从当时苏联社会主义建设的实际情况出发,主张教育的目的应该是把青年一代培养成为真正有教养的苏维埃人、劳动者,一个有用的、有技术的、有学识的、有政治修养和高尚道德的身心健全的公民,他能够自觉地、有毅力地并且有成效地参加社会主义建设,捍卫无产阶级革命事业。但他同时又告诫教师在培养新人时应当高度谨慎,要注意防止两种危险的倾向。一种是抹杀个性特点,把所有的人都看成是一样的,"硬套进一个标准的模型里",培养一系列同类型的人。另一种是消极地跟着每个人跑,毫无希望地企图用单独对付每一个人的方法来对付千千万万的学生。他认为:"只有创造一种方法,它既是总的和统一的方法,又是使每一个单独的个人能发挥自己特点、能保持自己个性的方法,这样的组织任务才无愧于我们的时代,无愧于我们的革命。"

3. 论集体主义教育

集体主义教育是马卡连柯教育思想的核心。马卡连柯在自己的教育实践中,一直把主要精力放在集体主义教育问题上。马卡连柯认为,社会主义社会不同于资本主义社会。资本主义社会是建立在个人主义基础之上,而社会主义社会则是建立在生产资料公有制的基础上,按照集体原则组织起来的。在社会主义社会里,每一个人都不能离开集体而单独存在,同时每一个人的创造性和力量也只有在集体中才能得到充分发挥。因此,苏维埃教育的任务只能是培养集体主义者,而要培养集体主义者就必须在集体中通过集体并为了集体来进行教育。

在培养学生集体方面,马卡连柯发现传统的个别教育方法并不总能奏效,通过教育实践,他改变了主张,认为正确教育的方式应该设法不与个别人发生关系,而只与集体发生关系,使每个学生都不得不参加共同的活动。他把这种教育形式称为"平行教育影响"。这种"平行教育影响"的实质就是以集体为教育对象,并通过集体来教育个人。在这里,教育者对集体和集体中每一个成员的教育影响是同时的、平行的。

在马卡连柯看来,正常的、健康的集体必须不断向前发展,一旦停滞不前,集体就没有了生命力,这是集体运动的规律。根据这个规律他又提出了"前景教育"原则,要求教师在教育过程中经常给学生指出美好的前景,即给学生提出一个或好几个需要经过一定努力才能完成的新任务,吸引集体和集体中的每一成员,为完成新的任务,实现新的前景,由近及远、由易到难地开展活动,由简单的原始满足发展到最高的责任感,从而使整个集体朝气蓬勃,永葆青春。

4. 论纪律教育

在马卡连柯的教育思想体系中,纪律教育是与集体主义教育紧密地联系在一起的。在他看来,纪律是达到集体目的的最好方式,它可以使集体更完善、更迅速地达到自己的目的;纪律也是良好的教育集体的外部表现形式。此外,纪律还是每一个人充分发展的保障,它"可以使每一个性、每一个人达到更有保障、更加自由的境地"。因此,马卡连柯在集中精力对学生进行集体主义教育的同时,特别重视对学生的纪律教育。

马卡连柯认为,社会主义社会的纪律与旧社会的纪律有着根本的区别。社会主义社会的纪律是自觉的,而不是强制性的。所谓自觉纪律,就是一个人能够愉快地去做自己所不喜欢的事情,无论是当着别人的面还是单独一个人的时候,都是一样的细致,一样的认真负责。马卡连柯认为,要培养学生的自觉纪律,首先必须使学生充分认识什么是纪律,为什么需要纪律。为此,他建议学校开设道德理论课,采取各种有说服力的方式,有计划地向学生讲授各种道德理论。

马卡连柯认为,在学校的纪律教育中必须适当地使用奖励和惩罚。适当的奖励可以调动学生的积极性,使他们相信自身的力量和价值,激励学生努力向上;合理的惩罚则有助于培养学生坚强的性格,增强学生的责任感以及抵制和战胜引诱的能力,促进儿童的一般发展和政治发展。

5. 论劳动教育

马卡连柯还特别重视年轻一代的劳动教育,认为劳动教育就是人的劳动品质的教育,也是公民将来生活水平及其幸福的教育。其目的是要发展儿童的体力、智力和培养他们从事生产劳动的技能技巧;尤其重要的是要使学生在道德上和精神上得到良好的发展。在他看来,劳动任务越复杂,越具有独立性,教育意义就越大。在各种劳动中,他认为最理想的是组织学员参加现代化的大工业生产。

6. 论家庭教育

马卡连柯在捷尔仁斯基公社工作的最后几年,对家庭教育进行了集中的深入的研究。他断言,儿童的早期家庭教育对儿童的成长影响极大。儿童将来成为怎样的人,主要取决于五岁以前的教育,"假如你们在五岁以前没有按照需要的那样去进行教育,那么,以后就得去进行再教育。"而且家庭教育的好坏,不仅关系到儿童的未来,还关系到社会和国家的未来。因此,马卡连柯一再提醒家长重视对子女的教育,要把教育子女看作生活中最重要的一个方面,忽视或放弃对子女的教育乃是对社会、对国家不负责任的表现。

马卡连柯认为,家庭教育的基本条件是要建立一个"完整和团结一致"的家庭集体。如果家庭结构不完整、不健全,生活不和谐,就很难进行真正的教育工作。所谓不健全的家庭,一是父母不和甚至离异,二是"独生子女"。前者会使儿童形成孤独、乖僻、冷漠的性格和被遗弃感;后者会使儿童失去兄弟姐妹互助、互爱、共同生活的能力,父母也把自己的全部感情和精力集中在独生子女身上,结果使儿童成为"家庭的中心、利己主义者",变成"家庭里真正的暴君"。

马卡连柯认为,在家庭教育的方式方法上要注意掌握尺度和分寸,要遵循"中庸之道",这是家庭教育的重要原则之一。他要求父母在对待子女的态度上,既要亲近他们,又要与他们保持一定的距离;要热爱子女,但爱也要有分寸,过分的爱是有害的,正像过多地服用药物或其他食物一样会伤害他们。

马卡连柯特别重视父母自身的行为在家庭教育中的作用,认为父母的一举一动、一言一行都会给儿童产生深刻的影响。因此,家长在开始教育自己的子女以前,首先应当特别检点自身的行为。如果父母自己不是一个好公民,品行不端,那就不可能建立自己的威信,因而也就无法进行家庭教育。

(二)凯洛夫的教育思想

凯洛夫(1893—1978),苏联著名的教育家。他所著的《教育学》(1948)在阐述和传播马克思列宁主义的教育基本原理方面做出了贡献。在本书第一章,凯洛夫就力图以历史唯物主义为指导,论述了教育的起源和教育的社会性质与社会作用,并以历史事实说明了教育的历史性和阶级性,以及教育与政治的联系。下面重点介绍凯洛夫的教学论和德育论思想。

1. 教学论

(1) 教学过程的本质。凯洛夫认为,教学首先是指教师在学生自觉与自动参与下以知识、技能和熟练技巧的体系武装学生的过程,但它还负担着以科学原理和共产主义世界观武装学生与有计划地发展学生智力、培养学生道德品质的任务。基于列宁关于认识真理、认识客观现实的辩证的途径,即"从生动的直观到抽象的思维,并从抽象的思维到实践"的原理,凯洛夫提出,教学过程应具有四个特点:第一,通过教学过程应使学生接受的是前人已经获得的真理(知识);第二,在教学过程中学生是在有经验的教师领导下获得对现实事物的认识的;第三,在教学过程中一定要有巩固知识的工作;第四,在教学过程中还包括有计划地实现发展儿童智力、道德和体力的工作。

(2) 教学过程的基本环节。凯洛夫认为,教学过程有六个教学基本环节:① 使学生感知具体的事物并在此基础上形成学生的表象;② 分清事物的异同、主次,认清它们之间的各种关系;③ 形成概念,认识定律、定理、规则、主导思想规范等;④ 使学生牢固地掌握事实和概括性的工作(记忆、背诵和一般的巩固知识的工作);⑤ 技能和熟练技巧的养成和加强;⑥ 在实践中检验知识,把知识应用于包括创造性作业在内的各种课业中。这几个基本环节与赫尔巴特的教学形式阶段(明了、联合、系统、方法)具有明显的相似之处,但两者的理论基础不同。

(3) 教学过程应遵循的基本原则。根据教学过程的基本环节,凯洛夫提出了五条指导教学工作的原则,即直观性原则、自觉性与积极性原则、巩固性原则、系统性与连贯性原则、通俗性与可接受性原则。

直观性原则之所以必要,是由于只有在学生知觉具体事物的基础上才能形成观念和概念,直观是接触知识的"最初源泉"。同时,直观也是学龄儿童的年龄特征所要求的,尤其在教学的最初阶段,由于儿童过去观察所积累的形象还不多,这时直观教学更有特别重大的意义。

学生自觉性与积极性的原则,旨在保证儿童的积极思维,使他们将通过直观所得的形象和所知觉的具体事物在意识中加工,对物体及其特征进行分析、比较、对照,从中概括出规律,形成概念。直观性和自觉性的教学原则是互为补充的;儿童不是容器,知识也不是向这一容器里灌入的液体,它需要经过思维的加工才能被真正掌握。

巩固性教学原则,是指巩固地把知识保持在记忆中,当有必要时,要能想起这些知识并以它作为凭借。如果学生不能回忆与新课题有联系的一定事实时,那么,就不可能获取新知识。巩固的前提在于充分地领会,以及教师叙述知识的清晰性与明确性程度、知识体系的形成、知识的运用程度,等等。

系统性和连贯性的教学原则,主要是指为了保证学生知识的系统性和连贯性,首先需要有按照严格的逻辑联系编写的教学大纲与教材;其次教师必须负责系统地和连贯地讲述他们所教的学科;再次,要求学生进行系统的学习,使自己巩固地、完整地掌握知识、技能与技巧的体系。

教学的通俗性与可接受性原则,则是强调必须使教材的范围、复杂程度与深度符合各年级儿童的年龄特征,顾及学生的知识水平、领会科学问题达到的程度及智力水平。同时,还要求考虑每个学生的个性差异,对于学习困难的学生和进度快的学生都要提供特殊的帮助。

(4)论教养和教学的内容。教养和教学内容具体表现在教学计划、教学大纲和教科书中。谈到教学计划时,凯洛夫强调普通学校授予学生的应该是从整个科学知识中选择出来的基本知识,包括属于自然科学、社会科学与各种艺术以及思维科学的21门学科。教学大纲在有系统的形式中包括一切构成教学科目内容的问题和题目的纲要,是教师的基本指导文件,它必须体现教学的教育性、科学性、系统性、可接受性、理论与实际的联系等原则。凯洛夫认为,教科书是学生知识的主要源泉之一。它包括基本原理和学生独立学习的材料,加深和巩固着教师上课时所讲授的那些内容,包括学生必须领会的知识。

(5)教学工作的组织形式与方法。在教学工作的组织形式方面,凯洛夫的《教育学》较详细地评述了班级授课制度的产生与发展,以历史的经验肯定它是教学工作的基本组织形式。但该书在理论上过高地评价了教师及其主导的课堂教学的作用,忽视了德育的特点和学生在教学中的主体地位。《教育学》中讲述的教学方法也主要是从教师如何教的角度提出的。书中还列有专章论述了对学生的知识进行考查和评定的方法。

2. 德育论

(1)德育的任务和内容。凯洛夫强调德育的任务主要包括:培养苏维埃爱国主义精神、社会主义的人道主义精神、集体主义精神、对劳动和社会公共财产的社会主义态度、自觉纪律以及布尔什维克的意志与性格特征六个方面。

(2)德育的原则与方法。凯洛夫认为,德育过程要渗透共产主义的目的性和思想性。这是他们提出的第一个德育原则。其他的原则还有适应儿童的发展水平、连续性、对学生的严格要求和尊重学生人格相结合,在集体中和通过集体进行教育,了解学生特性和进行个别教育,教师的威信与示范和发挥学生的独立精神相结合,教育影响的统一,等等。

凯洛夫强调教学是德育基本的方法。此外,德育的方法还包括说服法、练习法、儿童集体组织法、奖惩法等。另外,榜样、伦理谈话、学习伟人传记等都被认为是形成马克思主义伦理观点和共产主义信念的有效手段。

(三) 赞可夫的教育思想

赞科夫(1901—1977),苏联心理学家和教育家。他的发展性教学理论源自他自1957年至1969年的教育实验。赞科夫的代表作为《教学与发展》一书。

1. 教学与发展的关系

在学生发展的问题上,赞科夫提出"一般发展"的概念。赞科夫认为,一般发展既不同于特殊发展(数学、语言、音乐等某一方面才能的发展),又有别于智力发展。在赞科夫看来,一般发展不仅包括智力发展,而且包括情感、意志、道德品质、个性特点和集体主义精神的发展,也包括身体的发展。赞科夫非常重视教学、教育和发展之间的相互依赖的关系。他高度重视维果茨基关于教学与发展问题的思想,强调儿童发展的源泉是内部矛盾,但并不反对外因的作用,只是强调外因通过内因起作用。

2. 发展性教学的基本原则

赞科夫认为,发展性教学应遵循以下五条基本原则:

(1) 以高难度进行教学的原则。所谓难度实际是要求学生通过努力克服障碍。高难度也并非越难越好,而是要控制在儿童的"最近发展区"之内。

(2) 在学习时高速度前进的原则。所谓高速度并不是要用题海战术让学生在一节课中尽可能多做题,而是要以各方面的丰富的知识来充实学生的头脑,尽量避免重复和烦琐的讲解以及机械的练习,以求节省时间。要利用一切手段提高学习质量。

(3) 理论知识起主导作用的原则。这一原则就是要求让那些说明现象的相互依存性及其内在的本质联系的系统知识,在小学教学内容的结构中占主导地位。

(4) 使学生理解学习过程的原则。"发展教学论"要求将学习过程作为理解的对象,而一般的教学论都应当把掌握的知识、技能和技巧作为理解的对象。前者指向内部,而后者指向外部。

(5) 使班上所有的学生(包括最差的学生)都得到一般发展的原则。赞科夫之所以强调这一原则,是因为他认为人们将布置大量作业作为克服落后状况的必要手段是有待商榷的。赞科夫认为要想解决学习差的问题,首先必须设法增强他们的学习信心,培养他们的求知欲,发展他们所缺乏的心理品质。只有使差生在发展上取得较大进步,才能使他们在掌握知识和技巧方面取得更好的成绩。

(四) 苏霍姆林斯基的教育思想

苏霍姆林斯基(1918—1970),二战后苏联最有影响的教育理论家和教育实践家。除短暂的参军和养伤之外,苏霍姆林斯基一生都致力于教育工作。尤其是在帕夫雷什中学工作期间,他勤于思考,不断探索教育教学规律,以其教育思想领导学校,同时撰写了大量教育著作。他在总结历史和现实的教育经验的基础上,提出了一整套培养全面和谐发展的人的教育思想体系,在教育管理方面也做出了贡献。

1. 学校教育的理想和奋斗目标

苏霍姆林斯基认为,普通学校的培养目标就是培养全面和谐发展的人,社会进步的积极参与者,使学生获得牢固的科学基础知识,具有高度的共产主义觉悟,培养青年面向生活并能自觉地选择职业的能力。苏霍姆林斯基相信,和谐发展的人可以在社会上担任多重角色:① 社会物质生产领域和精神生活领域中的创造者;② 物质和精神财富的享有者;③ 有道德和文化素养的人,是人类文化财富的鉴赏者和细心的保护者;④ 积极的社会活动者、公民;⑤ 树立于崇高道德基础之上的新家庭的建立者。

苏霍姆林斯基认为,以德育为主导的和谐的教育工作可以为每个学生打开通往全面和谐发展的道路。他强调,培养全面发展的人的技巧和艺术就在于教师要善于在每个学生面前,甚至是最平庸的、在智力发展上最有困难的学生面前,都向他打开它的精神发展领域,使他能在这个领域里达到顶点,从做人的自尊感的源泉中吸取力量,感到自己并不低人一等,而是一个精神丰富的人。

2. 和谐教育

苏霍姆林斯基认为:"所谓和谐的教育,就是如何把人的活动和两种职能配合起来,使两者得到平衡:一种职能就是认识和理解客观世界,另一种职能就是人的自我表现,自己的内在本质的表现,自己的世界观、观点、信念、意志力、性格在积极的劳动中和创造中,以及在集体成员的相互关系中的表现和现实。"简言之,和谐的教育就是要将学生认识世界的过程,与其参与改造客观世界的表现和自我教育过程有机地结合起来。

针对当时教育的片面发展的弊端,苏霍姆林斯基提出"可教育性"的概念。他认为教育就应当使人成为"可教育的",教育就是形成"可受教育的能力"——使一个人对自己的成就和挫折非常关心。这一点乃是教育的核心,是教育的最宝贵之处。使一个人想成为好人,想竭尽自己整个心灵的全部力量,在集体的眼里把自己树立起来,显示出自己是一个优秀的、完全合格的公民、诚实的劳动者、勤奋好学的思想家、不断探究的研究者,为自己的人格的尊严而感到自豪的人。

由此可见,苏霍姆林斯基的和谐教育思想与过去片面强调学习间接知识、强调课堂教学和教师主导作用的教学和教育的理论是完全不同的。通过教育与创造性劳动的结合,课堂教学与课外、校外教育的结合,教育与自我教育的结合,使整个教育教学过程得到了根本改造。

3. 整体观的教育

苏霍姆林斯基在《帕夫雷什中学》一书中写道:"要实现全面发展,就要使智育、体育、德育、劳动教育和审美教育深入地相互渗透和相互交织,使这几方面的教育呈现为一个统一的完整过程。"他要求注意到各育之间的相互联系,发挥各种教育活动的综合作用。

苏霍姆林斯基认为,德育在和谐教育中占主导地位,无论学校培养出来的人从事什么工作,都应当是有道德的人。

智育应当包括获得知识,形成科学世界观,发展认识能力和创造能力,养成脑力劳动文明,养成一个人在整个一生对丰富自己的智慧和把知识运用于实践等多方面的需求。智育本身兼施德育,并与劳动教育密切联系。

体育不仅本身重要,对培养道德、美感和进行智育也有重要的作用。学生参加体育运动首先不应该为了在比赛中获胜,而应该为了锻炼健壮的体魄。

学校不仅应当进行知识教育,还应当进行情感教育,美育是进行情感教育的重要途径。美育最重要的任务是教会孩子从周围世界的美中看到精神的高尚、善良、真挚,并以此为基础确立自身的美。美育的完成也需依靠德育、智育、体育、劳动教育的相互配合。

苏霍姆林斯基认为,劳动是与精神生活相统一的创造性活动。他指出:"要在每一个人的身上发现他独一无二的创造性劳动的源泉,帮助每一个人打开眼界看到自己……从而成为一个精神上坚强的人……。"一个人的"劳动素养"不仅包括完善实际技能和技巧、掌握技艺,而且包括劳动活动在人的精神生活中的作用,包括劳动创造活动的智力充实性和完满性、道德丰富性和公民目的性,还指一个人达到了这样的精神发展阶段:"他感到缺少为大众谋福利的劳动就无法生活。"

三、中国的社会主义教育学说

我国社会主义教育学的建设大致经历了由全盘照搬苏联教育学到移植发展再到逐步形成自己特色的历程。20 世纪 50 年代,我国把凯洛夫的《教育学》作为教育学教材。1961 年,刘佛年主编了一本《教育学》教材,他和编写组的一批学者历经三年的辛勤劳动,完成全书讨论稿后在实践中试用。"文化大革命"期间,教育学被取而代之为"语录"和"社论"。"文化大革命"后,我国教育学探索与建设进入了新的历史时期,教育学研究者思想解放,放眼国际理论视野与教育发展动向,在教育改革实践中独立求索,致力于本土理论建树。

(一)杨贤江对中国社会主义教育学说的探索

杨贤江(1895—1931),又名李浩吾,浙江余姚人,我国早期杰出的马克思主义教育家。他在马克思主义教育学上的创造性探索与独特建树,为新中国社会主义教育学的发展奠定了科学的理论基础。1930 年,他的《新教育大纲》问世,这是我国第一部运用马克思主义原理论述教育原理的专著。

杨贤江认为,教育是上层建筑,它同经济基础有依存关系;教育既受生产方式也受政治制度所制约,又对经济的发展、政治的变革起促进作用;教育是由于社会生产劳动的需要而产生,并在生产劳动过程中发展起来;教育的"本质",是与生产劳动密切结合,为全社会所共享的。但是,到了阶级社会,教育成为统治阶级剥削的工具,所实施的教育同生产劳动相脱离。他批判了"神圣说""教育清高说""教育中正说"和"教育独立说"等观点,并驳斥了"教育万能说""教育救国论"和"先教育后革命论"。他认为,要变革当时不合理的社会制度,只有进行革命。在革命中,教育应当作为革命武器之一;革命胜利之后,教育便应当促进建设社会主义社会。杨贤江还很关心青年的政治思想、道德品格,以及学习、健康各个方面的成长。他主张对青年应进行"全人生的指导",而关键则在于使青年们树立革命的人生观。

杨贤江通过对教育进化历史的考察,具体分析了教育本质的演变过程,他还从理论上批驳了当时流行的多种模糊教育观点,科学地明确了教育的内涵与职能。

(二) 中国特色社会主义教育学说的形成

1982年9月,中国共产党第十二次全国代表大会召开,邓小平明确提出了建设中国特色社会主义的思想,形成了"一个中心、两个基本点"的理论框架,即以经济建设为中心,坚持改革开放,坚持四项基本原则。在建设中国特色社会主义理论的指引下,我国的教育开始探索建设中国特色社会主义教育的发展道路,确立了教育优先发展的战略地位,提出"教育要面向现代化,面向世界,面向未来"和培养"四有新人"的要求,大力推进教育体制改革,促进和带动各级各类学校教学全面改革的实施,普及九年义务教育,加强中外教育交流和合作,积极探索中国特色社会主义的教育体系建设。

邓小平从实现社会主义现代化的宏伟目标为出发点,提出必须把教育放在优先发展战略地位。这是邓小平建设中国特色社会主义理论体系的重要组成部分,也是探索创建中国特色社会主义教育体系的理论起点。

1. 提出了教育要"三个面向"

在1983年国庆节前夕,北京市景山学校举行了建校二十周年庆祝活动,邓小平为景山学校题词:"教育要面向现代化,面向世界,面向未来。"这个题词被简称为"三个面向"。

"教育要面向现代化",是"三个面向"的核心。一方面,教育要从"以阶级斗争为纲","教育是阶级斗争的工具",切实转向为社会主义现代化建设服务,使教育适应以经济建设为中心,培养社会主义现代化建设所需要的合格人才。这是教育发展的基本出发点和归宿点。另一方面,教育要面向现代化必然要求教育本身必须实现现代化,要不断深化教育体制改革,更新教育观念,调整教育结构,合理安排教育发展的规模、速度和布局,运用现代化的教育手段,改革教学内容和方法,逐步构建和完善适应社会主义现代化建设需要的教育体系。

"教育要面向世界",就是要求中国教育要广泛汲取世界各国先进的科学技术知识,汲取人类共同创造的文明成果,特别是要积极借鉴世界各国教育发展和改革的有益经验,"为我所用",这样,我们才能尽快赶上世界先进水平。在"面向世界"的过程中,要把借鉴和"生搬硬套"区分开来,立足中国教育的实际,以博大的胸襟,加强与世界各国的学术交流和合作。同时,中国的教育发展的经验和成果,广泛地向世界传播,为全世界所了解和借鉴,为人类文明的进步做出贡献,"教育要面向世界"就是中国要了解世界,世界也要了解中国,这是中国教育现代化的重要特征。

"教育要面向未来",是强调教育必须从自身特点和现代化建设的长远目标出发,使现在的教育能够适应和满足未来社会发展的需要。这就要求在发展教育事业时,不能仅看经济和社会发展的近期需要,还要对现代科技的发展趋势做出正确的估计和判断,照顾到长远的需要。在制定教育改革和发展目标时,要具有超前性和预见性,要"面向未来",能够迎接未来的挑战和考验。

邓小平提出的教育"三个面向",为研究、解决我国教育工作中遇到的新情况、新问题提供了理论依据,对新时期我国教育改革和发展具有深远影响。

2. 推进教育体制改革

1985年5月27日,中共中央政治局讨论并通过了《中共中央关于教育体制改革的决定》(以下简称《决定》),明确提出我国教育事业落后、教育体制存在着严重问题,必须围绕着为社会主义现代化建设培养大规模的"四有"新人的目的,改革现行教育体制的弊端;以"三个面向"为指导方针,确立了"教育必须为社会主义建设服务,社会主义建设必须依靠教育"的根本指导思想。《决定》包括五个部分:① 教育体制改革的根本目的是提高民族素质,多出人才,出好人才;② 把发展基础教育的责任交给地方,有步骤地实行九年制义务教育;③ 调整中等教育结构,大力发展职业技术教育;④ 改革高等学校的招生计划和毕业分配制度,扩大高等学校的办学自主权;⑤ 加强领导调动各方面的积极因素,保证教育体制改革的顺利进行。《决定》还就加强教育立法,提高教师的社会地位和待遇,鼓励企业、社会团体和个人办学等工作做了说明。

(三) 中国特色社会主义教育学说的发展

随着我国教育体制改革的不断深入,各级各类教育改革取得了很大的进展,也面临着许多亟待解决的问题。为此,在充分调研的基础上,1993年2月13日,中共中央、国务院正式颁布了《中国教育改革和发展纲要》(以下简称《纲要》)。

《纲要》在总结历史经验的基础上,提出了建设中国特色社会主义教育体系的主要原则:① 教育是社会主义现代化建设的基础,必须坚持把教育摆在优先发展的战略地位。② 必须坚持中国共产党对教育工作的领导,坚持教育的社会主义方向,培养德智体全面发展的建设者和接班人。③ 必须坚持教育为社会主义现代化建设服务,与生产劳动相结合,自觉地服从和服务于经济建设这个中心,促进社会的全面进步。④ 必须坚持教育的改革开放,努力改革教育体制、教育结构、教育内容和教育方法,大胆吸收和借鉴人类社会的一切文明成果,勇于创新,敢于试验,不断发展和完善社会主义教育制度。⑤ 必须全面贯彻党和国家的教育方针,遵循教育规律,全面提高教育质量和办学效益。⑥ 必须依靠广大教师,不断提高教师的政治素质和业务素质,努力改善他们的工作、学习和生活条件。⑦ 必须充分发挥各级政府、社会各方面和人民群众的办学积极性,坚持以财政拨款为主,多渠道筹集教育经费。⑧ 必须从我国国情出发,根据统一性和多样性相结合的原则,实行多种形式办学,培养多种规格人才,走出一条符合我国和各地区的发展教育的路子。《纲要》还针对教师队伍建设、教育经费等问题,制定了一系列教育体制改革的具体措施。

《纲要》从战略高度对20世纪90年代至21世纪初期教育事业的发展做出了总体规划,赋予了教育发展丰富的时代内涵,为新时期的教育发展规模、速度设定了目标,对教育结构、质量和效益做了明确要求,制定了各级各类教育的发展方针和任务,从而为提高全民教育水平,实现教育为社会主义现代化建设服务,构建起面向21世纪的中国特色社会主义教育体系的基本框架。

(四)中国特色社会主义教育学说的深化

1. 全面推进素质教育

1996月,在召开第三次全国教育工作会议的前夕,中共中央、国务院发布了《关于深化教育改革全面推进素质教育的决定》。此后,"全面推进素质教育"成为深化教育改革的集中概括和通行表述。

"素质教育"的提出,主要是针对中小学教育中长期存在激烈的升学率竞争,影响了学生的全面发展,也加重了学生的课业负担,成为深入教学改革的障碍和阻力。强调教育应当以提高学生的全面素质为根本目标,以利于切实地、完整地贯彻党的教育方针。有人将"素质教育"视为教育发展的"新阶段",并将"素质教育"与"应试教育"简单对立起来,造成将此前的教育都视为"应试教育"的误解,也引起了教育思想的一些混乱,教育实践方向的迷失。对素质教育做出科学的理论阐释和实践的检验和总结,还需待以时日。

2. 开展新一轮课程改革试验

改革开放以来,我国基础教育的改革和发展取得了辉煌的成就,基础教育课程改革和建设也取得了显著的进展。但是,我国基础教育总体水平还不高,原有的基础教育课程已不能完全适应时代的发展。2001年6月8日,教育部颁布了《基础教育课程改革纲要(试行)》(以下简称《纲要》),提出要大力推行基础教育课程改革,调整和改革基础教育的课程体系、结构、内容,构建新的基础课程体系。

《纲要》主要内容包括课程改革的目标、课程结构、课程标准、教学过程、教材开发与管理、课程评价、课程管理、教师的培养和培训以及课程改革的组织和实施等。

该《纲要》对基础教育课程改革的目标做了阐释:

(1) 改变课程过于注重知识传授的倾向,强调形成积极主动的学习态度,使获得基础知识与基本技能的过程同时成为学会学习和形成正确价值观的过程。

(2) 改变课程结构过于强调学科本位,科目过多和缺乏整合的现状,整体设置九年一贯的课程门类和课时比例,并设置综合课程,以适应不同地区和学生发展的需求,体现课程结构的均衡性、综合性和选择性。

(3) 改变课程内容"难、繁、偏、旧"和过于注重书本知识的现状,加强课程内容与学生生活以及现代社会和科技发展的联系,关注学生的学习兴趣和经验,精选终身学习必备的基础知识和技能。

(4) 改变课程实施过于强调接受学习、死记硬背、机械训练的现状,倡导学生主动参与、乐于探究、勤于动手,培养学生搜集和处理信息的能力、获取新知识的能力、分析和解决问题的能力,以及交流与合作的能力。

(5) 改变课程评价过分强调甄别与选拔的功能,发挥评价促进学生发展、教师提高和改进教学实践的功能。

(6) 改变课程管理过于集中的状况,试行国家、地方、学校三级课程管理,增加课程对地方、学校及学生的适应性。

《纲要》还强调,基础教育课程改革必须坚持民主参与、科学决策的原则,积极鼓励高校、科研院所的专家、学者和中小学教师投身于中小学课程教材的改革中,建立教育部、家长以及社会各界有效参与课程建设和学校管理的制度,积极发挥新闻媒体的作用,引导社会各界深入讨论、关心并支持课程改革。

基础教育课程改革,是深化教育改革的关键和核心,是一件大事,需要长期努力。一种教育理念,即使它是先进的、正确的,转化成教学实践,并取得实际成效,也要有一个过程,最终还要经受教学实践的检验。因为实践才是检验真理的唯一标准。

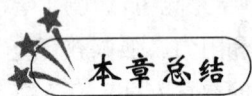
本章总结

教育理论的学习有助于提高教师对教育情境的判断力,对教育实践的反思力,以及解决教育教学问题的创造力。本章首先介绍以苏格拉底、柏拉图和亚里士多德等为代表的西方古代的哲学家和教育家的思想,以及西方近现代具有世界影响的教育家夸美纽斯、卢梭、赫尔巴特、杜威等人的教育理论;其次,重点介绍了我国古代孔子、孟子、韩愈、朱熹等儒家教育学说,还介绍了近现代王夫之、颜元、蔡元培、陈鹤琴等人的办学思想和教育主张;再次,概要地介绍了西方国家现代教育思潮的发展和主要教育理念;最后,以马克思和恩格斯教育思想的介绍为开端,概述了马卡连柯、凯洛夫、苏霍姆林斯基等为代表的苏联社会主义教育理论家的教育思想和实践,并在此基础上,简要梳理了中国特色社会主义教育学说的发展和内涵。

复习与思考

1. 简述陈鹤琴的"活教育"理论。
2. 简述"智慧即德行"的含义。
3. 简述赞科夫提出的"发展教学论"原则。
4. 简述马克思和恩格斯关于人的全面发展与教育关系的观点。

练习与反馈

一、单项选择题

1. 孔子重视启发式教学,主张"不愤不启,不悱不发"。朱熹对"愤"的解释是(　　)。
   A. "达其辞"　　　　　　　　B. "口欲言而未能之貌"
   C. "开其意"　　　　　　　　D. "心求通而未得其意"
2. 下列选项中,不属于蔡元培提出的"五育并举"教育方针的是(　　)。
   A. 军国民教育　B. 世界观教育　C. 美感教育　D. 劳动教育
3. (　　)提出学校教育优于家庭教育的观点。
   A. 柏拉图　　B. 西塞罗　　C. 昆体良　　D. 苏格拉底
4. 在现代欧美教育思潮中,主张传授学科的基本概念和原理,提倡发现学习的是(　　)。

A. 改造主义教育　　　　　　B. 要素主义教育
C. 永恒主义教育　　　　　　D. 结构主义教育

二、判断题

1. 明代王守仁认为,儿童的本心是"乐",教育应该顺应儿童的性情。（　）
2. 陶行知创立"小先生制"的主要目的在于培养学生的创造精神。（　）
3. 提出"把一切事物教给一切人""一切儿童都可以教育成人"的教育家是夸美纽斯。（　）
4. 在现代教育史上,主张古典学科在学科课程中占中心地位是存在主义教育。（　）

第二章 教师职业认同与教师职业道德

本章概述

> 高尚的教师职业道德是教师从业的首要品质,是人民教师忠诚党的教育事业,践行教育崇高使命的内在要求。从事教师职业且具有良好的教师职业道德,首先要对教师职业具有高度认同。只有这样,才能激发教师的职业理想,引发职业行为,成为高超的职业人;只有这样,才能促进教师专业发展,使教师主动完善自身修养;只有这样,才能使教师克服困难,抵抗消极心理,成就长久的职业生涯。教师职业道德与教师职业密切相关,来自教师行业劳动本身,不仅要求教师在职业劳动中遵守行为规范和行为准则,而且要求教师不断内化与实践规范和准则的要求,形成稳定的观念意识和行为品质。2008年9月1日新颁布的《中小学教师职业道德规范(2008年修订)》,将爱国守法、爱岗敬业、关爱学生、教书育人、为人师表、终身学习作为基本内容,体现了教师职业道德特点对师德的本质要求和时代特征,其中,"爱"与"责任"是核心和灵魂。

第一节 教师职业认同感

学习目标

1. 理解职业认同感及教师职业认同感的含义、意义。
2. 掌握提升教师职业认同感的途径。

一、教师职业认同

1. 职业及职业认同感

职业是人们从事相对稳定的、有收入的、专门类别的社会劳动,是一个人社会地位的一般性表现,是个人权利、义务、职责的统一。一种职业区别于另一种职业的根本属性,一般通过职业活动的对象、从业方式等的不同予以体现。职业具有目的性、社会性、稳定性、规范性、群体性特征。

职业认同感是一个心理学概念,是指个体对于所从事职业的目标、社会价值及其他因素的看法,与社会对该职业的评价及期望的一致,即个人对他人或群体的有关职业方面的看法、认识,完全赞同或认可。职业认同感会影响员工的忠诚度、向上力、成就感和事业心。职业认同感一般是在长期从事某种职业活动的过程中,对该职业活动的性质、内容,职业社会价值和个人意义,甚至对职业用语、工作方法、职业习惯与职业环境等都极为熟悉和认可的情况下形成的。职业认同感是人们努力做好本职工作,达成组织目标的心理基础。随着职业的发展及对职业研究的深入,职业认同感的概念也愈来愈朝着社会化、多元化、人性化的持续状态发展,而不再仅仅局限于心理角度。

2. 教师职业认同感

"教师职业认同感是教师作为个人和职业者,对自己所从事的教师工作,受学校内外和教师内外各种因素影响,产生的完全认可的情绪体验或心理感受。"(Goodson, I. F &., Cole, A. L.)这种认同感不是静止的,而是发展变化的,通过反思和自我评估,自我认同感不断地被自己和他人所重新认识并逐步深入,这个过程伴随着其职业生涯甚至一生。教师的职业认同感是其所授学科、学生和教师本人的结合体。其中对自身的了解比对学科和学生的了解更为重要,因为如果无法理解自己,那就谈不上真正理解学生和要传授的知识。理解自身,即既要理解工作状态下的"教师",又要理解生活中的"教师",如果试图将两者分开,就无法统一地看待教师及教师职业。教师职业认同感具有发展动态性、个人主体性、主观能动性的特征。

3. 加强教师职业认同感的意义

(1) 激发职业理想,引发职业行为,成为高超的职业人。教育是一项需要从业者倾心面对的事业,高水平的教师职业认同意味着对职业价值的准确认识,对职业情感的深深依恋,对育人职责的认真履行。如近代名师的教育行为:黄炎培践行农村教育实验,陶行知创办晓庄师范,蔡元培改革北京大学……他们的教育行为源自对教育的价值判断。正是对教育价值的深刻认同、对教学过程的快乐感受、对教师自身价值得到展现时的满足感,让这些教师有了这样的认识、判断和行为,这些都可以归纳为教师的职业认同感。

(2) 促进教师专业发展,主动完善自身修养。面对传播知识、彰显德行、完善人生的职业使命,教师自身必须学、德、能兼备,而且还要能随着时代的发展不断更新自己、完善自己。

(3) 克服困难,抵抗消极心理,成就长久的职业生涯。一般而言,职业认同水平较高的教师往往抱有良好的职业态度、积极的职业心态,能够潜心感受教育工作的内在乐趣与幸福,体会职业带来的成就感与满足感。能淡化对外在评判与名利的关注,增强对外来压力与诱惑的抵制力,理性地应对各种冲突与矛盾,有效地缓解或预防各类消极情绪及心理问题,这也是成就长久的职业生涯的前提条件。因此,职业认同高的教师会主动把人类发展、为社会服务和完善自我紧密结合。

二、提升教师职业认同感的途径

(一) 认识教师职业价值

教师是教育职能的主要实施者,是教育教学职责的专业人员,承担着传播文化、教书育人的重任。自古以来,人们崇尚、尊重、美誉教师,教师的教育价值、社会价值和个体价值一直被人们认同。作为教师,认同教师职业,首先要认识教师职业的教育价值、社会价值和个体价值。

1. 教师的教育价值

教师是国家教育方针的主要贯彻者,是学校教育活动的主要实施者,是教育目的的主要实现者。教师是教育者,是教的活动的主体,是学生学习活动的指导者,是教育活动的影响者。在培养中国特色社会主义事业接班人的伟大工程中,教师居于主导地位,因此,教师应遵循学生身心发展特点,有目的、有计划、有组织地开展教育教学活动,引导学生全面发展。

2. 教师的社会价值

教师对社会发展具有重要影响,在人类社会运行发展中发挥着桥梁和纽带作用,这是教师社会价值所在。教师是社会文化的传承者,连接着过去、现在和未来;教师是社会物质财富和精神财富的建设者,实现着社会物质财富和精神财富的继承和创新;教师是培养社会人才的主要承担者,将人的发展需要和发展可能性通过教育,转化为学生的素质,满足社会发展需要。

3. 教师的个体价值

教师的个体价值是指教师职业对于从业者个体自身的意义和作用,它包括生成价值、发展价值和享用价值。生成价值,是指教师作为从业者,通过专业性的劳动,能够获取足够的劳动报酬,以满足生成需要;发展价值,是指教师在投身教育事业的过程中,吸收文化精髓、汲取科学知识、潜心钻研业务、创新教育技艺,不断充实提升自己,在发展中实现自我价值;享用价值,是指教师在教育教学过程中,自身不断得到完善,在感悟中获得满满的幸福,享受精神追求的快乐。

(二) 把握教师职业特点

提升教师职业认同感,要准确把握教师职业的特点。教师职业的特点是人们对教师特殊性的认识和表达,反映社会对教师职业的基本要求。

1. 形象的准公共性

教师以培养人为根本职责,承担教书育人的重任。教学过程是教师和学生相互交往的过程,教师的人生观、行为品质、生活态度会对学生产生直接或间接的影响,起到示范作用。教师不是完全的公共性人物,而是社会的代言人,其形象具有准公共性的特点。所以,自古以来,社会对教师职业形象的要求是就高不就低,这是社会对教师职业的基本要求,也是教师职业的重要特征。教师要善于塑造并维护自身的形象,保障提高教育的效能。

2. 劳动的复杂性

教师承担的教育任务是多方面的,面对的学生有家庭背景、个性特征、遗传素质的差异,因此,教师的劳动是复杂的。教育过程是教师面对不同学生的需求,处理教师、学生、教学内容和教学方法、手段诸要素矛盾运动的过程,要走好这一过程,教师要在复杂的环境下,开展创造性的劳动。

3. 绩效的模糊性

教师教育教学对象的差异性,社会需求的多样性,评价标准的灵活性,学生发展影响因素的不确定性,使得教师的劳动很难进行量化评定。教师要带着一颗责任心投入教育工作,以平常心看待自己的劳动成果,善待每一个学生。

4. 价值的深远性

"十年树木,百年树人。"学生的发展状态很难量化,许多方面要等到学生成人后才能得到检验。因此,教师的劳动是面向未来的,教师只有通过长期潜移默化的工作,才能有效地促进学生的成长。教师的劳动是深远的,影响着学生的未来、社会的未来、国家的未来。

(三) 扮好教师职业角色

教师在履行职责时所表现出来的行为模式,即教师的职业角色。由于教师工作对象的特殊性,所以教师的职业角色呈现多样化的特点。

1. 传道者

教师担当着传播社会道德、价值观念的职责,担当着弘扬社会正能量的使命。虽然社会道德观、价值观呈现多元化的特点,但教师始终是站在主流的道德观和价值观一面。教师的教育教学不能随意,要引导学生树立正确的道德观、价值观,传做人之道。

2. 授业者

教师担当着培养社会建设者的重任,培养有本事的人,是教师的职责。所以,教师要精心向学生传授知识、解释疑难、启发智慧。

3. 管理者

教师是教育教学活动的组织者、管理者,包括把握政治方向、制定目标、贯彻法律、协调关系、控制评价教育教学活动等。

4. 示范者

教师是学生的标杆,学生具有向师性的特点。教师要以身立教,为人师表,用自己的态度、言行对学生产生潜移默化的影响。

5. 研究者

教师的工作对象是活生生的、千差万别的个体,教师的教学内容和方法只有不断更新,才能满足不断变化着的学生的需要、社会的需要。所以,教师要不断学习、不断研究、不断反思、不断创新。

(四) 担当教师职业责任

职业责任就是履行职业活动的义务。教师的职业责任,就是教师在教育教学活动要履行的义务。教师是否称职,关键看能否履行职业责任。在当下,教师的职业责任就是坚定正确的政治方向,教师育人,即教师根据建设中国特色社会主义事业的需要,培养政治合格、能担当、有本领的社会主义建设者。职业责任一般通过法律和行政规章来规定。我国在不断提升教师社会经济地位的同时,从法律方面规定了教师的权利和义务。《中华人民共和国教师法》第七条规定了教师应享有的六项权利,第八条规定了教师应履行的六项义务。这些权利和义务,在教育教学活动中产生,并由教育法律法规设定,具有法律意义上的权利和义务,始于任职,终于解聘。

(五) 推进教师专业发展

教师的专业发展是指教师由非专业人员成长为专业人员的过程,即教师的专业成长或教师内在专业结构不断更新、演进和丰富的过程①。教师的专业发展包括教师全体的专业发展和教师个体的专业发展。教师群体的专业发展是指教师职业不断成熟,逐步达到专业标准,并获取相应专业地位的过程。教师群体的专业发展包括教育专业知识和专业能力的系统化、教师职前职后教育的专业化、教师资格认定和管理的制度化、教师活动的团体化等。教师个体的专业发展是指教师通过系统的专业训练和不断的自我学习,成为一名专业人员的过程。包括先进的教师专业理念、系统的教师专业知识、良好的教师专业技能、健康的教师心理人格等。实现教师的专业发展就是一个从普通人到教育者的过程,从专业素养不成熟到成熟的过程。教师专业发展是一个长期的、动态的过程,途径包括职前教育、职后学习、不断反思等。为确保中小学教师队伍的高素质和专业化,教育部于2012年2月10日颁布了《中小学教师专业标准(试行)》。该标准从基本维度、领域和基本要求三个层次明确了一名合格的中小学教师应具备的基本专业要求,它是中小学教师培养、准入、培训、考核以及自我发展的基本依据。

提升教师职业认同感的途径很多,除了上述途径外,学校及相关机构应优化教师专业知识与技能的考核评价体系,建立发展教师评价机制,用动态的发展眼光看待现实的教师表现,调动教师的工作积极性,促进教师的自律内化。在学习培训上要推动教师主动地关注各方面的信息,提供更多机会使教师有动力去更新知识储备、砥砺德行、加强文化修养。要从教师职业认同的主观能动性特点出发,一方面,倡导积极心态,对教师进行积极心理学的相关培训,减少教师的"习得性无助";另一方面,要坚信教师自身内在力量与信念的力量。正如帕克·帕尔默所言:"我们还有另一种选择:我们可以找回对改变工作和生活的内部力量的信念。我们成为教师是因为我们一度相信内心的思想和洞察力至少与围绕

---

① 单中惠.教师专业发展的国家比较[M].北京:教育科学出版社,2010.

我们的外部世界一样真实,一样强大有力。现在我们必须提醒我们自己,内部世界的真实性可以给予我们影响外部客观世界的力量。"

拓展阅读

教师职业倦怠的表现、成因、对策

职业倦怠概念是由美国临床心理学家费登伯格(Freudenberger)提出的。"职业倦怠"是一种耗竭与疲劳状态,是由于个体不能确立自己的需要而紧张工作造成的。教师职业倦怠的主要表现有以下几点:

1. 精力不济,缺乏工作热情

工作上疲于应付,不求上进,得过且过,对要求完成的各种任务,能拖就拖,缺乏积极主动性;不热心集体活动,把自己游离于集体之外,集体责任意识淡化,集体荣誉感丧失殆尽。

2. 情绪不稳,懒得搭理学生

无视学生个性差异,对学生多有抱怨,不爱与学生交流,对学生出现的问题,多是指责与批评,缺乏起码的耐心与爱心,最终因缺乏情感交流导致与学生关系僵化,影响正常的教育教学工作。

3. 信心不足,懒于脚踏实地

工作缺乏成就感,遇事希望速成,对工作目标的达成持怀疑态度,不愿持之以恒;缺乏自信心,怀疑自己的工作能力与处事能力,对前途失望,至于生活的理想、事业的追求等都好像是非常遥远的事情。

4. 自以为是,满足已有成绩

从事教育工作多年的教师,特别是在一个学校工作时间较长,自认为工作取得了一些成绩,为学校发展做出了贡献,觉得可以躺在功劳簿上睡觉,厌倦教学研究,无视学校管理,一味要求福利待遇,缺乏对事业的执着追求。

教师的职业倦怠,表现形式很多,远不止以上列举。教师职业倦怠是一种病态心理,它表现在对待工作和日常生活的方方面面。教师职业倦怠的成因主要有:

第一,长期从事教育教学工作,使得这份极富创造性的工作渐渐演变成了一种机械的重复劳动,但工作的对象决定了并非如此,于是产生了疲倦。

第二,教师的职业决定了社会对教师的高期望值,认为教师应该是一个方方面面都非常优秀的人:具有丰富的文化知识和高尚的人格品德,要有完备的心理学知识和教育学知识,大到天文地理,小到生活琐碎,教师都应该悉数尽知。这些无疑给教师增加了很大的压力。

第三,随着学校安全管理工作的加强,以及家长对子女期望值的增加,教师的社会责任实际已经扩大,导致了教师工作如履薄冰,高度疲倦,教师身心高负荷运转。

第四,现行教育体制对教师的个人评价,使得教师个体竞争异常激烈:从教育教学质量到教科研成果,从职称评定到评优加薪,从内部工作认可到外界评先表模,都增加了教师的心理压力。

第五，国家对教育工作的重视程度，与教师个体所享受到的待遇还存在一定的落差，教师劳动的特殊性及较大的劳动强度与教师的待遇也不对等，教师心理存在不平衡。

第六，随着独生子女的增多和农村留守儿童问题的凸显，现在的学生性格差异较大，且表现出一些出乎常态的言行举止，加之一些新思潮的影响和一些社会因素，当代学生对教师的尊重较之以前大打折扣，这些不仅给教育工作增加了难度，而且也造成了教师自身心理的不平衡。

教师职业倦怠的缓解对策：

1. 教师自身要调整好心态

重新认识教育工作的特殊性，重视学生的个体差异。教育工作的对象是学生，我们必须适应新形势下的教育工作的变化，对学生倾注满腔的热情和关爱，只有对我们所承担的工作充满热爱，才会焕发对工作的无限激情。

2. 尝试增强教师的职业幸福感

尝试做以下一些工作：通过校园网站或校内文化宣传（如印制美文册），每周至少为教师推荐一篇生活美文、教学心得、教师人生感悟等文章供教师阅读，共享娱悦或成功感受；多种渠道完善学校校友通讯录，力争全方位重新恢复已有的师生关系，以期建立长期的密切联系，唤起教师的成就感；健全教师激励机制，多角度、全方位对教师的成绩予以认可和表彰（如表彰"感动＊＊年度人物""年度十佳教师""我最喜爱的教师""我最崇拜的教师""最受追捧（人气高）的教师""教学科研先进个人""慈父（母）班主任"等）。在特定的场合、特殊的日子里，多方式、多级别地对教师予以表彰。

3. 倡导教师经常读书，终身学习

一方面，教师的职业要求教师要不断学习，终身学习，如教育新理念、教学新方法、学生新特点、生活新思潮等；另一方面，通过学习，可以陶冶性情，开阔胸襟，拓宽视野。学习的内容非常多：阅读生活短文，分享别人对生活的感悟；了解国家大事，知晓有关教育改革的新动向；学习别人的研究成果，站到教学教研最前沿；阅读医学、地理、生活常识，安排好自己的日常生活……

4. 强化教学研究，提高教育教学质量

教师的职业倦怠部分源自教师的一种自我满足、教学研究成功感体验的或缺、对课堂教学高效激情缺乏持续体验等，强化教学研究，优化课堂教学，有利于我们自我展示有趣高效的课堂，提高教学质量，增加教学成功体验。同时，也能为我们总结教育教学成果提供丰富素材。

5. 关心教师生活，充分感受集体温暖

学校领导要做有心人，对教师工作和生活中遇到的问题要主动参与，力争给予帮助，同时积极倡导教师群体互帮互爱，积极营造一个和谐温馨的工作环境。

6. 明确工作职责，规范劳动纪律

对于教师工作的懒散情绪，我们要从责任上加以强化，从纪律上加以约束，对于本职工作不能想做就做，不想做就不做，要完成一个教师应该完成的工作。

第二节 教师职业道德概述

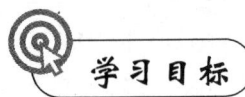

1. 理解教师职业道德的特点、范畴、原则。
2. 掌握教师职业道德的修养方法。

一、教师职业道德的特点和功能

教师职业道德是教师在职业活动中,调节和处理各种关系应遵循的行为规范和行为准则,以及在调节和处理各种关系中所表现出来的意识观念和行为准则。教师职业道德与教师职业密切相关,来自教师行业劳动本身,不仅要求教师在职业劳动中遵守行为规范和行为准则,而且要求教师不断内化和实践规范和准则的要求,形成稳定的观念意识和行为品质。

(一) 教师职业道德特点

教师职业劳动不同于其他职业,其职业道德有以下特点:

(1) 教师职业道德适用的针对性。教师职业道德是对教育善恶的体现,具有专门适用性,这是教师职业道德的基本特点。

(2) 教师职业道德的双重性。教书育人是教师的根本任务,教师职业道德的一切要求都围绕这一根本任务展开。在教师职业道德中,自古以来育人是教师的目的。教师既要交给学生具体的知识,又要培养学生立身处世的品德,具有双重性的要求。

(3) 教师职业道德功能的多样性。教师职业道德包括理想、态度、情感、素质、技能、荣誉等内容,其功能是多样的,它不仅衡量教师职业行为的善恶及职业能力的高低,而且要求教师在职业活动中对各种关系和矛盾加以协调解决,不断促进教师各方面能力的提升。

(4) 教师职业道德意识的自觉性。社会和他人对教师职业道德的要求在整个社会道德体系中处于较高水平层次,这就要求教师在职业道德意识上要有更高的自觉性,要求教师自觉地遵守行为规范和行为准则。

(5) 教师职业道德行为的示范性。教师职业道德对教师提出规范要求外,对学生也是教育手段,对其他社会成员也具有教育价值。教师要为人师表,不仅是学生的标杆,他的行为对社会其他成员也有示范作用。

(6) 教师职业道德标准的严格性。教师传道授业,教师是人类灵魂的工程师,教师职业道德的标准和要求比其他职业道德高,且要求严。教师不仅要用渊博的知识教人,而且要用高尚的品德感化人;不仅要言传,而且要身教。

(7) 教师职业道德影响的广泛性。教师职业道德不仅影响学生,而且通过学生和家长影响社会,是社会道德建设的推行者,影响千家万户,影响千秋万代。

(8) 教师职业道德内容的时代性。教师职业道德有自己的发展历史和独特内容,体现文明进步的智慧。教师职业道德的内容在继承优秀文化传统和优秀师德遗产的同时,不断充实时代内容,反映时代要求,具有与时俱进的品质。

(二)教师职业道德功能

教师职业道德的功能主要有以下几个方面:

1. 动力功能

教师职业道德是社会对教师职业高层次的道德要求,也是教师为人师表应有的职业行为,它能够激发教师的积极性、主动性和创造性,使教师不断地自我修养、自我完善、自我发展,激励教师自觉地做好教师工作。教师职业道德动力功能有三种实现方式:一是社会通过评价激励、榜样示范等方式塑造理想的教师职业人格,通过社会舆论,每一个教师在职业劳动中向往追求,努力锻就高尚的职业品格。二是教师职业道德规范自觉地被教师理解和掌握后,可以成为教师自我约束的动力系统。三是教师在教书育人的工作中,不断认识体验职业道德规范,内化提升教师的品格,使它成为无限的精神力量,引领教师、学生、家长和社会正能量的精神追求。

2. 调节功能

所谓调节功能,是教师职业道德通过教育、评价、沟通等途径,指导和纠正教师个人与他人、个人与社会交往关系中的行为,协调教育过程中各种关系,解决各种矛盾,选择正确职业行为,激发教师的积极性和创造性,使教师顺利完成教育教学任务。这种调节包括外部调节和内部调节两种。外部调节主要借助于师德规范的外部要求,借助于社会舆论和风俗习惯的调节手段来进行。内部调节主要是靠教师内心信念和道德良心来进行。

当下社会,教师面临着行为取向上的义利冲突、行为表现上的角色冲突、行为动机上的心理冲突,教师职业道德能使教师正确地调节各种关系,处理各种矛盾,选择正确的教育行为,确保教师工作正常进行。

3. 教育评价功能

通过教师职业道德原则和规范、范畴的学习和引导,运用说理感化、评价、激励、榜样示范来教育教师正确认识和对待自己所从事的职业,正确认识自己,善待他人,正确认识职业行为的责任和义务,以此形成教师的道德信念、风范和道德判断能力,支配自己的行为,塑造教师的人格,从而提高教师的精神境界和师德水平,强化教师的责任感和事业心。

教师的职业道德是社会为培养与之相适应的人才而对教师工作提出的道德要求,这些道德要求不仅是社会评价教师职业的要求,也是社会、学校以及教师自己对教师工作的社会价值判断准则。因此教师职业道德对教师职业行为具有评价功能。

4. 示范功能

古往今来,教师一直是社会道德的典范,是社会文明进步的推进者。教师职业道德是一般社会道德在教师职业中的特殊体现。教师职业道德的示范功能主要表现在：第一，通过学生（社会公民）传播社会道德文明；第二，通过教师自身影响社会道德，树立良好社会风气；第三，通过教师家庭生活和社会生活，促进社会良好人际关系的建立和发展。

二、教师职业道德的范畴与原则

（一）教师职业道德的范畴

教师职业道德范畴从广义上讲，是指反映和概括教师职业道德现象的特征、方面、关系本质的基本概念；从狭义上讲，是指反映教师个人与社会、教师个人与他人之间最本质、最主要、最普遍的道德关系的概念，包括义务、良心、公正、荣誉、威信等。

1. 教师义务（责任）

教师义务是教师的一种社会属性，包括"一般道德义务"和"教育道德义务"两个方面。作为普通道德生活的主体，教师要履行社会一般的道德义务；作为教师特定职业生活的主体，教师要遵守教育本身的道德义务。教师劳动的特点决定了教师必须比一般人更严格地履行一般的道德义务，同时要更严格地履行教育道德义务。教师义务既是社会、教师集体用以调节教师行为的手段，也是从教师个人自身的责任、良心和荣誉的角度出发，调节教师教育行为的手段。《中华人民共和国教师法》规定了教师的六条义务，核心内容就是要坚定正确的政治方向，不断提高思想政治觉悟和教育教学业务水平，尽职尽责，教书育人，落实并践行教育公正与教育仁慈。

2. 教师良心

教师的职业良心是通过教师在教育教学实践中对自身所承担义务的正确认识和深刻体验而逐步形成的，也是外部的义务要求内化为教师内心的道德要求和个人品质的结果。如果说教师职业的义务本身是一种客观的社会使命，那么教师的职业良心就可以说是一种被教师自觉意识到并隐藏于内心深处的使命感。教师职业良心的一个重要方面是道德责任感，对一个教师来说，如果道德要求没有被内化、接受，他是无法正确履行道德义务的。也就是说，教师的职业良心取决于教师自己在教育实践中的自我修养和自我教育。

良心是心灵圣殿中的道德统治者，没有坚强意志的支持，良心就不可能发挥作用。几千年来，教师在人们眼里永远是谦谦君子的形象，这就要求教师在教育中不但要保持较高的道德水平，而且在社会公共生活和私人生活中要"为人师表"，至少要做到在公德和私德上无可厚非。日常社会生活中，人们心目中的教师往往被定格为道德的化身——"学为人师，行为世范""人类灵魂的工程师"。教师的职业良心其实是在社会的道德规范、公众的期望、教师的自我约束、自我调节中形成和发展的。

教师的职业良心可以调控指引教师的行为。教师的一系列专业精神，如"服务精神、奉献精神、敬业精神"等，既是社会对教师提出的要求，也是教师专业生活的真实写照。正是因为教师具备这些专业精神，人们才把教师看成有高尚人格的群体。因此，教师的职业良心便成了调控教师行为的调节器。教师在教育过程中，当意识到自己的某些不当行为可能伤害学生自尊心、可能影响学生的个性发展、可能损害学校的荣誉时，教师的职业良心会及时发出指令:"我不该这样做",由此避免出现不良后果。应该说,教师的职业良心实质上是一种"道德自律",是存在于教师内心的一种自我约束的道德信念和要求。教师的职业良心可以评判教师的行为。教师完成一项工作之后,往往会在心里做一番自我评价,当教师意识到自己的行为损害了学生的利益,学生的不利处境是因自己的不良行为造成的,教师就会感到内疚和惭愧,受到良心的谴责。正是这种良心的谴责完善着教师的道德素养。因此,人们常常把良心形象地比喻为"内心道德法庭"。教师的职业良心成为教师道德思想和道德情操的极其重要的精神支柱。

教师的职业良心是教师道德觉悟的综合表现,是教师道德的灵魂。

4. 教师公正

教师公正即教师的教育公正,是指教师在教育和教学过程中,公平合理地对待和评价每一个学生。教师公正是教师职业道德素养水平的标志。教师公正的核心是对学生的公平。教师公正具有教育性、正当的灵活性、主体的自觉性特点。教育性主要有两条:一是他的公正行为的教育示范性,二是他的公正调整的人际关系主要是师生关系或以师生关系为基础,体现在自己的教育活动之中的。教育劳动的特点之一是教育主体与教育手段的同一性。教师如果不能在自己的周围建立起公正的人际关系,尤其是在师生关系中缺乏公正的内容,就是在行不公正的身教。正当的灵活性是说教师公正具有相当大的灵活性,着眼于实际或实质意义上的公正而不完全拘泥于形式上的公正。这一点实际上也可以算作教师公正的教育性的一部分。比如同样都给了五分,对于一些通过努力已经进步到接近五分水平的同学来说,一方面由于他实际上还没有做到100%或与最好的同学一样好,给他五分似乎不公正;但另一方面,正是这样的五分使他看到了学习的进步和希望,实质上教师在这里并非对他实行了不公正的偏爱。又比如,对于同一种错误的批评,有时候教师对优等生的批评甚至会比对后进生的批评还要严厉。这是因为在一定条件下,后进生更需要对其自尊的爱护和策略的批评,而优等生则更需要使之猛醒的棒喝。这些形式上的不公正实质上却是正当的、公正的。因为实际上教师对这两类学生的爱是完全相同的,不同的仅仅是教师根据其对学生的了解和教育规律所采取的具体措施的差异。主体的自觉性是指教师对自己职业道德及其重要性的自觉了解和把握。与其他职业劳动者比,教师在进入岗位之前和之后,都会有较高的职业道德的自觉意识和修养的动力。教师的职业道德自觉意识的内涵中当然也包括教师对教育公正的原则的自觉意识。

教师公正有利于形成良好的教育教学环境,保证教育任务的顺利完成;有利于调动每个学生的学习积极性;有利于教师威信的形成;有利于给学生的道德心灵形成良好影响。

5. 教师荣誉

教师荣誉即社会对教师的道德行为的价值所做出的公认的客观评价和教师对自己行为价值的自我意识。

教师荣誉是推动教师履行教师职业道德义务的巨大的精神力量,在教师的职业活动中,正确的荣誉观具有非常重要的作用。首先,教师荣誉是教师道德行为的调节器,对教师的道德行为、品质取向具有导向和制约作用;其次,教师荣誉是激励和推动教师积极进取,努力工作,更好地履行教师义务的助推器;最后,教师荣誉是促进教师自身道德发展和完善,形成良好师德风尚的重要精神条件。提升教师职业荣誉感,一方面需要政府和社会把尊师重教落到实处,切实提高教师的经济、政治、社会地位;另一方面需要教师正确对待和积极争取荣誉。教师荣誉是一个历史范畴,在不同的时代有着不同的社会内容和表达方式。在社会主义社会里,教师荣誉从精神层面讲,主要体现在光荣的角色称号、无私的职业特性、崇高的人格形象三个方面。

(二) 教师职业道德的原则

教师职业道德的基本原则是指教师在职业活动中正确处理各种活动及利益关系的基本准则,是社会对教师职业行为提出的最根本的道德要求。教师职业道德基本原则是教师道德理论和实践的概括总结,是引导教师道德行为的总风向,是区别于其他类型职业道德的标志。教师职业道德的基本原则有:

(1) 忠诚党和人民的教育事业。教师要坚持正确的政治方向,坚持党的领导,坚持社会主义教育理念,紧跟时代潮流,为培养中国特色社会主义事业的接班人而努力工作。

(2) 集体主义教育原则。教师应坚持集体主义原则,正确处理好集体和个人之间的关系,当个人利益与集体利益发生矛盾时,坚持集体利益在前,必要时牺牲个人利益,服从集体利益。

(3) 人道主义原则。教育的主体和对象是人,人是教育的核心和旨归。教师在教育中必须坚持尊重人、关怀人,致力于人的不断发展和完善。教育要把人当人看,在使人成为人的过程中,实现教育者自身的成人。

(4) 教书育人原则。教书育人是教师工作的基本内容,教师要时时刻刻把握教书育人的原则,努力提高教书育人的能力和水平,在教育教学过程中按规律育人,全面实施素质教育。

(5) 乐教勤业原则。乐教勤业是教师做好教育工作的前提条件。乐教才能勤业、敬业,勤业又能强化乐教。教师应带着享受与快乐的心态从事自己的工作,调动自己的主观意愿,全身心地投入教育工作,在教育工作中不断总结反思,推动自身全面发展。

(6) 人格示范原则。教师担负着培养人的职责,教师既要言教又要身教,要通过自身高尚的人格力量给学生以良好的榜样示范。教师在教育实践中要不断锤炼道德人格,不断进行自我教育,强化举止修养,把内在素质与外化行为有机地统一起来。

(7) 依法执教原则。教师要提高自己的法律意识,按照国家的法律制度进行教育教学活动,廉洁从教,尊重并不侵犯学生的合法权益,如人身权、人格尊严权、教育权、隐私权等。

三、教师职业行为与道德修养

韩愈在《师说》中写道:"师者,传道授业解惑也。"对教师这一职业给予了很高的评价。从《师说》的表述中可以看出,教师是传播做人的道理,传授学科知识和从业技能,帮助受教育者解决思想、生活中困惑和烦恼的专业人员。从社会学的视角讲,教师应该是一种社会角色,教师职业应是个人在一定系统内的身份、地位、职务及相应的行为模式;教师在教育教学系统中,应作为传承人类社会文化科学发展中的中介和纽带,对受教育者的心灵施加特殊影响的专业人员。从专业特性上讲,教师属于经过专业教育和训练,具有较高深和独特的专业知识与技术,并按照一定专业标准进行专门化的活动,从而解决人生和社会问题,促进社会进步,同时获得相应报酬待遇和社会地位的专门职业人员。

(一)教师职业行为

教师的职业行为是指教师在教育教学活动中涉及的各种行为,内容涵盖课堂教学、课外跟踪辅导、教学研究交流、教育教学评价、言谈仪表仪态、人际交往合作等。教师职业行为规范就是针对上述内容,对教师的职业行为提出的切实可行的具体要求。《中小学教师职业道德规范(2008年修订)》将教师的职业道德理念和教学活动准则融为一体,规定了教师的职业行为,体现了对教师职业道德和职业行为的要求。各地教育行政主管部门也规定了教师的职业行为,对教师在教育教学活动和日常生活中应该做什么和不应该做什么具有明确的指导性和约束性。教师面对学生、家长、同事,始终在复杂的人际关系中进行劳动,处理好各种关系尤为重要。

1. 师生关系

师生关系是教师教育教学工作中的核心关系。良好的师生关系是教师职业道德的体现和验证,只要建立良好的师生关系,才能真正实现教师与学生的心灵沟通,促进学生身心健康发展,促进教师职业道德发展。处理教师与学生关系的行为准则主要有:第一,爱。爱学生是教师处理与学生关系的根本出发点。没有对学生的爱,教师的行为就没有道德可言。面对学生,教师的爱是无差别的,不论学生智力背景、学习成绩、家庭背景如何,教师都要一视同仁地爱。教师对学生的爱是无条件的。第二,尊重。尊重是对师生平等地位的认可,尊重学生,是教师建立平等师生关系的表现。只有尊重,教师的爱才是真实可实现的。学生只有感受到爱,才能主动地接受教师的教育。第三,责任。学生的成长需要在教育教学活动中实现。教师要担负起教育教学的责任,严格要求自己,严格要求学生,使自己的行为和学生的行为都符合教育教学的要求。第四,公平公正。教师的教育教学行为公平公正,是每一个学生得到教师平等爱的保证。教师要平等地对待每一位学生,公正地处理教育教学活动中的关系,面向每一个学生实施无差别的爱。第五,保护杜绝伤害。学生的可塑性强,且应对生活的能力和经验不足。教师对学生的各方面都要保护,杜绝一切有害、有碍学生成长的行为,特别是体罚和变相体罚行为。

2. 教师与教师群体关系

教师与教师群体的关系是教师职业活动中的重要的人际关系。教师教育教学工作的开展,离不开教师之间的对话、沟通、协作。通过教师之间的互动,分享教育教学经验,实现相互支持、相互学习,减少不协调、孤立,甚至盲目的行为。教师要协调好同一年级和不同年级、同一学科和不同学科、不同年龄之间的关系,实现培养人才的共同目标。处理教师与教师群体之间的关系,应遵循尊重、理解的准则。学校的每一个工作人员地位是平等的,都是应当被尊重的对象;在开展教育教学工作时,有时会产生这样那样的矛盾,理解矛盾,避免冲突,需要相互理解。

3. 教师与家长之间的关系

家庭是影响学生成长的重要因素,孩子的成才、成人,离不开家庭教育,教师只有与家长合作,实现家校协调,才能最大化地发挥学校教育、家庭教育的作用。教师与家长了解的学生的信息是不对等的,教师了解的是学校中的情况,家长了解的是家里和校外的情况。如果缺乏参与、互通、监督,就会导致信息不对称,有碍于教育教学活动的开展,影响学生的成长。教师与家长之间的关系应遵循平等、尊重、及时的原则。教师与家长的目标一样,都是为了搞好孩子的教育,应建立信任、支持、平等的关系,这样沟通才能进行,合力才能形成。在教师与家长的关系中,教师居于主导地位,但家长与教师的人格是平等的,教师要尊重家长的人格,特别是尊重社会地位低的、后进生的家长的人格,教师不要向家长告状,反映问题要客观公正,不能当众训斥家长,不能有侮辱学生家长人格的言行,否则会造成教师与家长的对立,不能实现教育的高效能。教育要有服务意识,教师应该主动听取家长的意见和建议,及时通报学生在学校的思想、学习、行为状况,定期访谈,召开家长会,使沟通成为一种习惯。

4. 教师与教辅管理人员的关系

教育教学活动的开展,离不开教辅人员、管理者的支持与配合,教师处理好这一关系,有利于教育教学工作的顺利开展,有利于学校各项工作的顺利推进。教师与教辅人员、管理者承担的职责不同,思考问题的角度不同,容易产生不协调、矛盾冲突,甚至隔阂。教师更多地考虑学生的问题、学生的利益,教辅人员、管理者更多地考虑上级教育行政部门的问题,更多地考虑全校的整体问题。对教师而言,视角要宽,不仅要爱自己的学生,爱自己的班级,更要关爱自己的学校,关心学校的发展,体现主人翁的精神,为学校的发展建言献策。教师与教辅人员、管理者之间应遵循尊重、支持的原则,教师应尊重教辅人员、管理者,依据职责开展教育管理活动,主动承担教育管理者布置的教育教学任务,理解并支持教辅人员、管理者开展的教育教学管理工作。

(二) 教师职业道德修养

教师职业道德修养是将教师职业道德要求转化为自己的信念并付诸行动,是教师自我教育、自我锻炼、自我陶冶的过程。教师职业道德修养是培养教师职业道德的首要环节,也是加强教师职业道德建设的要求。教师职业道德修养包括道德意识修养和道德行为修养两方面六大内容。

(1) 崇高的职业道德理想。教师要把职业选择与社会需求结合起来,正确看待社会地位和待遇,正确理解苦与乐,处理好自身专业发展与教书育人的关系。这样才能拥有崇高的职业道德理想,忠于党和人民的教育事业。

(2) 正确的职业道德知识。正确的职业道德知识是职业道德修养的基础。有了正确的职业道德知识,才能产生职业道德情感,导向正确的职业道德行为。有的教师之所以产生违反职业道德的不良行为,其原因之一,就是缺乏对教师职业道德的认识,缺乏起码的教师职业道德的评价和选择能力。加强教师职业道德修养,首要的是教师要学习职业道德理论、原则和规范的基本知识,这样才能有正确的意识和行动。

(3)真诚的职业道德情感。职业道德情感是职业者对现实生活中职业道德关系和职业道德行为的好恶情绪,只有培养起真诚的职业道德情感,才会从内心热爱自己所从事的职业,钻研业务,尽心尽职地做好本职工作。教师真诚的职业道德情感,需要良好职业认同感、职业正义感、职业义务感、职业良心感、职业幸福感支撑,只有这样的支撑,教师才能对高尚的职业活动产生敬仰和尊重之情。

(4)坚强的职业道德意志。职业道德意志是职业者在履行职业义务的过程中,所表现出来的克服困难和障碍的能力和毅力。它是职业道德观念内化为职业道德品质的重要因素,也是职业者职业道德行为持之以恒的精神力量。教师职业道德素质的高低,取决于教师职业道德意志的强弱。教师要在实践中磨炼坚强的职业道德意志,用坚强的意志控制自己的道德情感和行为,真诚有效地做好教书育人工作。

(5)坚定的职业道德信念。职业道德信念是职业道德修养的核心。教师职业道德信念是教师对教师职业的坚定信仰,是把教师职业道德认识转化为坚定行为的内驱力,是教师甘为人梯、奉献自己不动摇的凝固剂。教师拥有了职业道德信念,就能持之以恒、始终不渝地遵守职业道德规则,履行自己的职业义务,评价矫正自己的职业行为。

(6)良好的职业道德行为习惯。职业道德行为最大的特点就是自觉性和习惯性。被迫的行为即使有好的效果,也不是道德的行为,真正的道德行为具有自觉习惯性。教师职业道德修养的终极目标是养成自觉的职业道德行为习惯,使教师在没有任何监督的情况下长期自觉地按照职业道德原则劳动,选择善的职业道德行为,避免杜绝恶的职业道德行为。善的教师职业道德行为,是长期的、一以贯之的、自然而然的、习以为常的行为,是教师职业道德修养的最高境界。

第三节 教师职业道德规范

1. 掌握教师职业道德规范的基本内容。
2. 理解遵守教师职业道德规范在教师职业行为中的意义。

一、爱国守法

爱国守法是教师职业的基本要求,是教师做好本职工作的支撑。倡导"爱国守法"就是要求教师热爱祖国、遵纪守法。爱国是中华民族的优良传统,是中国各族人民道德品质的重要特征,是一个国家生存和发展的精神支柱。热爱自己的祖国是每个公民的义务,也是每个教师的神圣职责和义务。爱国就是对祖国要有浓厚的深情,自觉恪守爱国主义的伦理道德,在实践中科学理性地践行爱国行为。

守法要求教师依法执教。守法是《宪法》所规定的所有社会组织、国家机关和公民的基本义务,是指守法主体以法律为自己的行为准则,依照法律行使权利、履行义务的活动。教师职业的示范性,要求教师成为守法的楷模,对受教育者的行为产生潜移默化的影响。教师要有依法执教的意识,要正确处理教育法律法规与教育规律的关系,在实践中自觉维护教育法律法规的权威。

作为一名教师,要把热爱祖国作为自己的神圣职责,自觉遵守教育法律法规,依法履行教师权利职责,用法律来规范自己的行为,不做法律禁止的事情。

二、爱岗敬业

爱岗敬业是教师职业的本质要求。当下社会,学者将爱岗敬业分为三个层次:敬畏职业、热爱职业、忠诚职业。敬畏职业,一是敬,二是畏,因为敬而畏。教师对职业怀有敬畏之心,其动机在于教师个体首先将职业视作自己生活的来源,这体现的是教师职业的一般特征。教师对职业的敬畏之心,来自教师的职业良心,来自教师对社会责任和义务的自觉意识,表现在工作中是教师对教育责任和各种规则的高度认同和自觉遵守。热爱职业是教师爱岗敬业的第二个层次。教师对职业的爱,引导教师自发地在工作中寻求自己"至善"的欲望,做最好的老师。如果说敬畏职业的基础是基于良好生存状态的需求,那么热爱职业则是基于对人生幸福的追求,在工作中获得快乐的感受。忠诚职业是爱岗敬业的最高境界。教师的"忠诚"就是全心全意地对待自己所从事的教育教学工作,献身于教育事业,献身于一切学生。

倡导"爱岗敬业"就是要求教师对教育事业具有强烈的责任感和深厚的感情。没有责任感就办不好教育,没有感情就做不好教育工作。教师要始终牢记自己的神圣职责,志存高远,并在深刻的社会变革和丰富的教育实践中履行自己的光荣职责。从"职业"到"事业",是优秀教师的必经之路。这其中最重要的就是对教育事业的忠诚热爱,有了这样的支撑,教师就能对自己的选择无怨无悔,忠诚地履行教书育人的道德义务。

三、关爱学生

关爱学生是师德的灵魂。"关爱学生"就是要求教师有热爱学生、诲人不倦的情感和爱心。亲其师,信其道。没有爱,就没有教育。这是调节教师与学生关系的基本行为准则。对学生的爱源于教师对职责敬畏,源于教师对教育本质的认知和尊崇。教师对学生的爱是教师在从事教育职业的过程中产生的,基于职责,没有杂念,严慈相济,既关注全体学生的成长,更关注每一个学生的身心健康。关爱学生的最高法则是尊重学生,这是社会伦理道德的要求,也是打开学生心扉的钥匙和塑造学生健康人格的必然途径。教师对学生的尊重首先要建立在平等的基础上,没有平等也就没有尊重。学生年龄小,知识水平、生活经历不及教师。教师要懂得在人格上学生与自己是平等的。现实生活中,一些教师不关心学生的感受,有时甚至不论对错,不高兴就狠狠地训斥学生,甚至讽刺、挖苦、侮辱学生;或者高高在上,以权威自居,不愿听学生的意见和建议。关爱学生,在教育教学过程中要做到严慈相济,做学生的良师益友。禁止教师对学生有任何形式的体罚行为,但并不是不要求教师对学生严格要求。严师出高徒,教师在教育教学过程中,对学生要严而有度,严而有方,严而有细,严而有恒。

因此,教师要关心爱护全体学生,尊重学生人格,平等公正对待学生。对学生严慈相济,做学生的良师益友。保护学生安全,关心学生健康,维护学生权益。不讽刺、挖苦、歧视学生,不体罚或变相体罚学生。

四、教书育人

教书育人是教师最核心的职责与任务,是教师的天职。教书是育人的主要手段,育人是教书的根本宗旨,二者相辅相成,辩证统一。倡导"教书育人"就是要求教师以育人为根本任务。"教书"不等于"育人",会教书不等于会育人。既教书又育人,这才是一个优秀教师的责任和使命。我国古代的教育家从传道、授业的角度,将教师分为经师和人师两种,"经师易得,人师难求"。所谓经师,指能严格严谨地对待教育教学工作,具有深厚的专业功底、独特的教学艺术和风格、出色的教学效果的名师。所谓人师,是指以自己的道德人格、学识情趣给学生潜移默化的影响,让学生终身受益。经师重在教书,人师重在育人,教师要实现从经师向人师的转换,只有这样,教书育人才能成为我们心灵的寄托,教师才无愧于"人类灵魂工程师"的称号。无论是教书还是育人,都要做到因材施教,教师要充分了解学生,尊重学生的差异,营造良好的环境,做好教书育人的工作。要遵循教育规律,实施素质教育。循循善诱,诲人不倦,培养学生良好品行,激发学生创新精神,促进学生全面发展。

五、为人师表

"为人师表"就是要求教师言传身教,以身立教,这是教师职业的内在要求。"为人师表"对教师工作具有特别重要的意义,有着丰富多彩的实践蕴含。我国传统的教师职业精神始终高扬"学高为师,身正为范"的旗帜;而体现现代人类智慧精华的教师职业精神则集中体现对民主、科学、智慧和道德的崇尚,对质量、发展、创新的追求等。教师为人师表的本质要求,在于"言传"和"身教"结合,以身作则。身教的重要并不排除言教的作用。言传是教师产生教育影响的基本形式和方法,言,是人的思想、观念、知识、智慧的载体;传,是基本特定的交流、教育方式。为人师表的老师应当理解言传的意义,让所传之言成为真、善、美的载体,具有正确性、先进性、高尚性。和言传相比,身教在教育实践中有着"言传"无法比拟与取代的优势和特点。身教的优势在于以身垂范,直观性强,感召力大。身教的逻辑在于己正正人、上行下效、由近及远。身教的特殊教育作用,为古今中外的教育大家所认同并成功地运用于教育实践。陶行知先生的教育理念之一就是:"要学生做的事,教职员躬亲共做;要学生学的知识,教职员要躬亲共学;要学生守的规则,教职员要躬亲共守。"教育部对教师提出的为人师表的师德要求是:"坚守高尚情操,知荣明耻,严于立己,以身作则。衣着得体,语言规范,举止文明。关心集体,团结协作,尊重同事,尊重家长。

作风正派,廉洁奉公。"概括地说,就是要求教师保持情操和行为的高度统一,做公德模范,在品德、举止、学问上做学生以及一切社会公民的模范。教师的为人师表与日常的教育教学琐事结合在一起,在平凡的工作中显现不平凡,将自己塑造成道德素质卓著的社会人物,在以身立教的长期实践中,锻铸理想人格。

六、终身学习

终身学习是教师专业发展不竭的动力。

终身学习是时代发展的要求,也是教师职业特点所决定的。教师必须树立终身学习理念,拓宽知识视野,更新知识结构。潜心钻研业务,勇于探索创新,不断提高专业素养和教育教学水平。倡导"终身学习"就是要求教师做终身学习的表率。

终身学习的基本含义是:处于现代社会的人,学习是不能一次完成的,需要接受终身教育,终身不断学习。教师是人类永恒的职业,但社会对教师的选择条件不是永恒不变的,随着时代的发展,社会对教师的素质要求也愈来愈高。所以终身学习的意识和能力既是社会发展对人的要求,也是教育变革对教师职业角色提出的要求。教师是一种职业,也是一种专业,是专业职业。从教师专业职业的角度来说,教师职业生涯发展的基本目标是让自己成为一名专家型教师。专家型教师要具备三个基本特征:一是非常关注具体情境,具有多元的思维应变方法,能创造性地、卓有成效地解决各种突发的教育教学事件,能够在教育教学中发现普遍的规律,能够加以提炼和反复运用。二是非常关注教学策略,在计划、施教和评估方面有自己的理念和标准,教学计划以学生为中心,关注学生自我评价、师生合作评价,与学生家长共成长。三是具有完善的自我发展、终身学习的动力系统,在终身学习中提升成就感,追求职业幸福。教师专业成长的过程,是一个终身学习、实践、创新和再学习、再实践、再创新的过程。其中,反思、合作、共生的意识能力是培养终身学习、实现专业发展的必由之路。终身学习是教师的自主行为,不是外在的强迫。终身学习应贯穿于教师职业生涯的各个阶段,并最终获得职业成就。终身学习是日常化、全方位的,并渗透在教师教育教学工作的每一方面。终身学习使教师达到较高专业水准是完全可能的,每一个教师都具有专业发展的无限潜能。

终身学习、开拓创新是教师重要的专业品质。要求教师不因循守旧,善于打破陈规旧习;不主观教条,善于在实践中印证事实;不盲目崇拜,善于学习先进为我所用;不固步自封,善于发现问题,解决问题,攀登新目标。

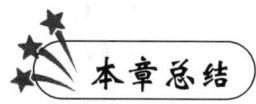
本章总结

教师是人类灵魂的工程师,教师的职业注定要奉献。陶行知说:"捧着一颗来,不带半根草去。"本章第一节介绍了教师职业认同感及提升教师职业认同感的途径,第二节介绍了教师职业行为及职业道德修养,第三节解读了教师职业道德规范的基本内容。三节内容环环相扣,没有高的教师职业认同感,就不可能从事好教师职业行为,不可能自觉地加强教师职业道德修养,更谈不上在职业活动中遵守职业道德规范。未来人民教师掌握好教师专业知识,修养好教师职业道德,从这里出发,去完成培养中国特色社会主义接班人的历史使命吧!

复习与思考

1. 教师职业认同感的含义是什么?如何提升教师的职业认同感?
2. 结合教师劳动特点,谈谈教师职业道德的特点。
3. 教师如何做到教育教学公平公正?
4. 简述教师职业道德修养的途径和方法。

练习与反馈

一、选择题

1. 教师个体专业发展最直接、最普遍的途径是(　　)。
   A. 师范教育　　　　　　　　B. 在职教育
   C. 自我教育　　　　　　　　D. 入职教育
2. 教师最核心的职责和任务是(　　)。
   A. 为人师表　　　　　　　　B. 关爱学生
   C. 教书育人　　　　　　　　D. 爱岗敬业
3. 当学生缺少学习兴趣时,学校就会成为学生的沉重负担。这启示教师应该(　　)。
   A. 了解学生特点,因势利导　　B. 维护学生权威,为人师表
   C. 廉洁从教,认真对待学生　　D. 加强管理,严肃校纪校规
4. 在教育教学的细节中如何做到尊重学生的个性差异(　　)。
   A. 辩证地看待学生的优缺点,不片面化
   B. 在学生之间进行横向的比较和学习
   C. 对学生一视同仁,一样要求
   D. 不同的学生犯了同样的错误,不考虑动机和原因就处理

二、判断题

1. 教师职业认同感就是对教师职业特点有正确的认识。　　　　　　(　　)
2. 家校合作就是把家长经常请到学校来共同教育学生。　　　　　　(　　)
3. 教师职业是促进个体社会化的职业。　　　　　　　　　　　　　(　　)
4. 教师严谨治学就是严格地要求学生。　　　　　　　　　　　　　(　　)

第三章　师范生的综合素质

当今知识经济时代对人才的要求是拥有综合素质的人才。作为一名师范生,拥有综合的素质对将来的教育教学工作具有重大意义。师范生的综合素质主要是指师范生为将来从教生涯做准备的,在职前教育阶段所形成的知识、能力、情意等方面的身心特征和职业修养的总和。本章结合师范生初登讲台具体可能出现的种种问题,来谈谈提升师范生综合素质的必要性和重要性。

第一节　师范生初登讲台的问题诊断

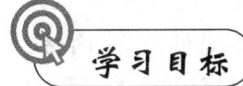

1. 了解师范生初登讲台时可能遇到的各种知识、技能、情感等方面的问题。
2. 诊断这些问题,提出解决策略。

一、师范生初登讲台常见问题

师范生初登讲台,第一次上课肯定紧张。俗话说:"看花容易,绣花难。"听别人讲课,挥洒大方,应付自如,才思敏捷。当自己怀抱课本,忐忑走上讲台,才知有多不易。抬起头看到台下那么多学生,而且每一个学生的眼睛都充满好奇和渴望看着你,心中顿时紧张万分,不知所措,事先准备好的开场白也可能只是用简简单单的几句介绍语代替了。本以为把知识点掌握了,一节课就很容易了。开始讲课了,但突然竟不知如何开始。心中不仅紧张还很着急,手脚不知该往哪儿放,眼睛也不知该看向哪里,这才发现讲课真的很难。后来虽说讲完知识点,但重难点没有突出,而且条理不是很清晰,没有很好地调动学生的积极性和主动性,对课堂的调控和应变能力还有欠缺,并且在知识点的衔接上过于生硬,没有举出适当的例子让学生更加贴近自己、贴近生活等,才发觉"纸上得来终觉浅,绝知此事要躬行"。

（一）备课中的问题

备课是上课的第一个环节，是上好课的关键。备课的基础是吃透教材，准确全面地理解把握教材，必须做到清课文、清插图、清图表、清页角、清习题。新教师备课时基本面上的问题好把握，细节性的问题常常被忽视。

（1）忽视教材中的插图、页角（教材中的注释部分）与习题。前两部分多是对教材某一方面的辅助、解释或提示，而习题是对本节课内容的检验与练习。备课时，若能将习题作为备课内容考虑进去，甚至将本单元的单元检测，与本节相关的检测内容熟悉一下，那就更能有的放矢。

（2）忽视研读教师用书（教学参考书）或其他参考资料。要明确教学的重点难点、重难点与其他知识点的关系，必须研读教师用书和其他教学参考资料。研究了教学参考书及其他参考资料后，再回过头来看教材，这才会有"登高望远"的感觉，就像去游览泰山，如果在游览前，就已知哪儿是重要景点，很可能在游览中忽略其中的美。

（3）忽视解决问题的突破口。把握住了重点与难点，寻找解决问题的突破口将是新教师又要面对的一个问题。教师要围绕重点与难点，有针对性地选择实例、实物、图解、挂图、实验等手段和方法，因为手段和方法是解决问题的金钥匙。在跟班实习听课过程中获得的间接经验，不能照抄照搬，要注意消化，化为己有，课堂是生动活泼的，没有固定模式。

（4）忽视备学生、备学情。吃透了教材，找到了解决问题的手段和方法，下一步就要考虑学生可能出现的问题，学生可能提到的问题，学生容易出错的问题。应对这些问题要做到：了解学生的知识底码，摸清学生的学习情况，只有这样讲课才能有的放矢、因材施教，学生才能听得懂、学得好；尽快认识、记住所任班级学生的姓名，增强对学生的亲和力；与班主任沟通，与指导教师联系。要尽快掌握每个学生性格脾气、兴趣爱好、学习基础及家庭情况，以增加教学管理过程中的针对性，尤其是对每个学生学习基础的了解，可以作为提问、布置作业时的基础。

（二）上课中的问题

备好课是上好课的基础，但不等于就已经上好课。新教师上课，不可控的问题很多，但主要有以下几个。

（1）时间控制不准。初登讲台，在时间控制上，容易走两个极端，一是讲得过粗，讲到半节课要讲的内容就没了，挂在讲台，不知所措。二是讲得过细，怕学生学不会，内容讲了一半，下课铃响了。处理这个问题，关键是处理好教学内容中的详略，然后从获取的间接经验中学会把握分寸。

（2）不分重点地重复。重复的内容往往是重点，若单一的重复，结果往往事倍功半。对重点与难点，一要做好板书，二要学会分解，三要注意重复的方式。讲解是方式、练习是方式、讨论是方式、板演是方式、换一个角度去讲解也是一种方式。重复需要时间，但是，不要让学生有简单重复的感觉。

（3）忽视学生的存在。教学是为学生而教，课堂是学生学习的课堂，而非教师表演的课堂。课堂教学要注意师生互动、生生互动,要密切关注学生的学习情况,教师不是完成自己的任务,而是帮助学生完成学习任务,接受知识,丰富情感,增强能力。忽视学生的教学毫无效果,新教师尤其容易犯这样的错。

(4) 缺乏提问技巧。提问需要技巧,不是所有的问题都要问,问多问少、怎么问都有讲究。提问题时,要明确问题是什么,要具体形象,不能太空泛,比较难或复杂的问题要学会分解提问。提问时让学生认真听,让学生判断正误,给学生留下适当的思考时间,发现问题弥补不足,体现教师的"主导"作用。提问题时要注意学生的反应,若反应迟钝,或举手很少,教师应注意启发诱导。提问题要注意培养学生的举手意识,尽量避免或减少群声回答,群声回答有滥竽充数之嫌,不利于教师了解学生真正掌握的比例。学生回答后,正确或接近正确,应给予鼓励。接近正确,应启发学生再思考,最好让学生自己得出正确的结论,回答不正确或不说话,不要让学生站得太久,可温和地说"再想想"等亲切、关心性的语言。启发学生思考,能调动学生学习兴趣,检验教师讲解效果,是设计问题的出发点,教师对提的所有问题都要做好点评。

(5) 课堂环节把控失衡。教师上课不是按简单的程序推演,教师上课面对的是学生,是在讲,也是在演,要把控住一切环节。一堂课的基本环节为:核查学生人数→检查上节课作业(适当讲解)→导入新课→阶段小结、练习→回顾本堂课内容、小结→当堂练习与训练(讲评)→重点提示与重复→作业布置。新教师上课环节完整,也是新教师走向成熟的必经之路。上课时要特别注意学生听讲的环节及学生的反应,要通过眼神、手势等与学生交流情感,从学生的眼神中,从学生的表情中要能读出一些东西来:是否在听、是否在思考、是否理解。新教师往往胆怯,讲课死守讲台,注意力主要集中在黑板上或讲台上,这样不会有好的教学效果。要用好板书环节,板书需要设计的过程,尤其对整体程度较差的学生而言,板书就更为重要。板书是一节课的体现,一共讲了哪些内容,重点是什么等,做好板书有利于教师做小结,有利于学生做笔记。要注意培养学生记笔记的习惯,习惯的养成需要老师的提醒与检查。

(三) 作业布置中的问题

作业如何布置?作业量如何控制?作业内容如何设计?这是新教师在工作中需要反复学习、研究思考的问题。新教师布置学生作业,不是多就是少,不是太难就是太易,不是太重就是太轻。布置学生作业,是教授知识与技巧的结合,须坚持以下原则:

1. 明确清晰的原则

布置作业,首先要明确作业是何目的,明确到每一项作业的目的、作用何在,加强作业的计划性和科学性,克服盲目和随意。教师布置作业,目的在于巩固知识点、培养学习习惯、激发探索精神、提升能力或是培养其他方面的品质等。明确了这些目的,作业就能布置到位、到点。

2. 适量原则

教师布置多少作业,一直备受学生、教育管理部门和社会关注。学生作业少,说教师不负责任,学生学不到知识,成绩会不好;学生作业布置多了,说教师加重学生负担,不讲素质教育;教师不布置,家长也会自己额外给孩子加任务。

著名作家巴金曾在写作中提到他的外孙女,小学五年级,每天作业不少,常常做到晚上九点钟,中间只除去吃一顿晚饭的时间。"我算了算,她一天伏案的时间比我还多。我是作家,却没有想到一个小学生比我写得更勤奋。"

那么,作业量多少合适呢?有关部门规定:小学生花费在家庭作业上的时间,以分钟计算,大概相当于他的年级数乘以10,也就是说,一年级应该是10分钟,二年级应该是20分钟,依此类推。另外,老师基于明确的目的,自己先把要布置的作业做一遍,测试时间、体验难度,再根据班级孩子的情况,基本就知道该布置多少了。

3. 分类分层原则

不同年级作业布置要求不一样。美国哥伦比亚大学心理学教授哈里斯长期致力于家庭作业有效性的研究。他发现,在14~16岁的中学生中,做家庭作业的学生比不做家庭作业的学生成绩优秀。但是在小学阶段,家庭作业对学业成就的影响不明显。哈里斯教授认为,低年级学生主要通过家庭作业培养积极的学习态度和良好的学习习惯。高年级学生则要通过家庭作业促进知识的习得和技能的强化。尤其是一二年级的学生,刚刚走进校园,正是培养习惯的时候,对他们而言,作业不在于多少,而在于习惯的养成。针对低年级的学生,教师可以设计一些有趣的作业,让孩子更多体验、感受,针对高年级学生,结合教材练习,布置作业。

无论是什么类型、什么年级的学生,作业都要分层布置。家庭作业可分必做和选做部分。对于必做的家庭作业,对完成有困难的学生应提供补偿教育机会。家庭作业一定要有选做部分,充分满足不同学生的不同学习需求。

在实际教学中,教师不可能为每一个学生布置不同的作业,一个班级几十个人,一人布置一份是个不小的工程,另外教师再评阅几十份不同的作业,这样的工作量是非常不现实的。怎么做呢?首先,教师要明确所有学生都必须掌握的部分。其次,再布置一些选做的部分,非必要掌握的拔高的知识点,给学有余力的学生。另外,还有一些泛家庭作业,可供孩子们闲暇时间完成。泛家庭作业,不需要孩子们花太多的心思去掌握。甚至有时候,可以理解成一种观察,一个对话。

4. 类型多样化原则

坚持多种作业类型相结合。一份好的作业,是不需要家长和教师强调,学生都愿意主动完成。当然,这就要求教师布置的作业内容要设计得丰富新颖,趣味性强一点,或是实践性、探索性强一些,让学生参与其中。

寓学于乐,设计趣味性作业。练习的目的在于使学生在愉悦中获得知识,有利于提高学习和教学的效果。作业内容设计得新颖、有趣,能激发学生强烈的学习欲望。有一位数学老师讲分数时,设计了这样的作业:

今天是小红的生日,她请来了很多客人。生日派对开始时,她数了数,有几位客人还未到,就自言自语地说:"怎么该来的还不来?"来的客人一听,心想:"这么说,我们就是不该来的了?"于是,有一半客人走了。小红一看,连忙说:"嗨!不该走得倒走了。"剩下的客人心想:"这么说,我们是该走的了。"于是,又有三分之二的人走了。小红急得直嚷:"我说的不是他们!"最后剩下的三人一听,心想:"那是说我们喽。"于是气愤地走了。同学们,你们算一算,一开始小红总共请来了多少客人?

这样的作业设计,内容新颖,趣味性强,学生乐学。

寓学于生活实际,设计实践性作业。学以致用,是教育追求的目标。常言道,听来的忘得快,看到的记得住,动手做学得好、能力高。学生学到的文本知识,只有与实际生活相结合,亲身参加实践活动,动口、动手、动脑,才能运用知识,把知识转变为技能,形成能力。如教师教作文《家乡的变化》,课前可让学生搜集家乡在物质生活、城乡建设、交通信息、文化教育等方面的资料,通过体验再指导写作,学生写起来言之有物,真情实感,写作水平随之提高。

寓学于研究,设计探索性作业。探索未知是最引人入胜、最具诱惑力的学习过程。作业设计要善于挖掘教材知识的潜在功能,通过延伸、演变、拓展,让学生在迷惑、好奇的情境中进行探索,使学生从传统模仿习题中转化到对知识的研究上,培养学生的"再创造"能力。教《新型玻璃》一文时,有一位语文教师设计了这样的作业:结合实际生活需要,请你展开想象的翅膀,发明新型玻璃,为人类做出贡献。教师打破教材的局限性,结合所学知识,触发学生思维,让学生在新奇中去探索、去发掘新意,培养学生创造性思维。

5. 评价方式多元化原则

传统的作业评价中,教师包办代替,一把尺子认真衡量,发现错漏之处,"棒"打没商量,学生心理压力大。长此以往,学得不好的学生容易产生厌学心理,学习没有积极性,越学越差,教师也"恨铁不成钢"。改变作业的评价方式,让学生参与作业批改,使学生在参与中学会方法,加深对所学知识的理解,让学生变得自信。① 师生共同批改。教师有针对性地选择作业中的"问题"题目,有目的地选择个别学生,共同批改,让学生看一看其他优秀作业,再看一看自己的作业,差别在哪里?待问题弄清楚后,再教会他们批改的方法,让他们独立批改自己的作业。② 学生互改。对于一些基础知识和简单的练习,教师可按"好、中、差"搭配,将学生分成若干小组,让组长带领其他同学一起进行批改,批改完毕后统一交回给老师,再由老师检查核定。③ 学生自己批改。教师首先对作业进行整体分析,交代批改要求,让学生独立批改自己的作业。批改后交回教师检查核定。

6. 及时反馈、及时讲评原则

教师一旦布置了作业,就一定要及时反馈,这样可以帮助学生了解自己哪部分知识不够熟练,哪部分知识已经掌握,也就是说,学生能在教师的帮助下了解自己的学习情况,同时让学生产生一种满足感、成就感,付出之后能有所收获。批改之后一定要及时讲评。从批改中发现的问题,其实就是学生在知识点掌握中的纰漏,教师一定要趁热打铁,让学生在学有余温时补充好,这样的教学才是完整的。

二、问题诊断及其对策

初登讲台的教师在教学实践中会遇到很多问题,很难用理论说清,即使理论说清了,也不见得能用好理论。在学中做,在做中学,坚持在长期的教学实践中思考、锻炼,新教师才能很快地成长起来。下面通过几个案例进行说明。

什么是动物

教师:什么是动物?
学生:鸡鸭猪狗是动物。
教师:为什么说鸡鸭猪狗是动物?
学生:因为它们会叫唤。
教师:对吗? 蚯蚓、蚂蚁不会叫唤,为什么也是动物?
学生:蚯蚓、蚂蚁会爬,会爬、会走的是动物。
教师:鱼不会爬,会游;鸟不会爬,会飞。它们是动物吗?
学生:它们能活动,能活动的是动物。
教师:飞机、汽车能活动,它们为什么不是动物?
学生:它们自己不能活动,是人开的,自己不能活动的不是动物。
教师:对了。谁再来说一下什么是动物?
学生:能自己活动的生物是动物。

案例分析:这段对话继承了苏格拉底的反诘法和我国《论语》里的问答传统,展示了教师娴熟的逻辑推导能力和学生在教师的引导下由表及里、由浅入深的认知过程。

启示与建议:课堂提问是有原则的。

1. 提问应有充分准备。在课前,教师要做好提问的准备,根据不同的教学目标、不同层次的学生设计不同类型的问题。

2. 提问应以学生为中心。有的教师经常自问自答,有的教师在学生回答不出时,干脆提供正确答案,这种做法不利于学生思维的发展。

3. 提问宁精勿滥。一般来说,在一节课中,教师提问不宜过多,以提三至五个能真正触发学生思考、反映教学重点的关键性问题为宜。

4. 提问应兼顾各种类型的问题。教师应该兼顾各种类型、层次的问题,并且兼顾开放性问题和封闭性问题。

小蝌蚪找妈妈

池塘里有一群小蝌蚪,大大的脑袋,黑灰色的身子,甩着长长的尾巴,快活地游来游去。

小蝌蚪游啊游,过了几天,长出两条后腿。他们看见鲤鱼妈妈在教小鲤鱼捕食,就迎上去,问:"鲤鱼阿姨,我们的妈妈在哪里?"鲤鱼妈妈说:"你们的妈妈有四条腿,宽嘴巴。你们到那边去找吧!"

小蝌蚪游啊游,过了几天,长出两条前腿。他们看见一只乌龟摆动着四条腿在水里游,连忙追上去,叫着:"妈妈,妈妈!"乌龟笑着说:"我不是你们的妈妈。你们的妈妈头顶上有两只大眼睛,披着绿衣裳。你们到那边去找吧!"

小蝌蚪游啊游,过了几天,尾巴变短了。他们游到荷花旁边,看见荷叶上蹲着一只大青蛙,披着碧绿的衣裳,露着雪白的肚皮,鼓着一对大眼睛。

小蝌蚪游过去,叫着:"妈妈,妈妈!"青蛙妈妈低头一看,笑着说:"好孩子,你们已经长成青蛙了,快跳上来吧!"他们后腿一蹬,向前一跳,蹦到了荷叶上。

不知什么时候,小青蛙的尾巴已经不见了。他们跟着妈妈,天天去捉害虫。

案例分析:《小蝌蚪找妈妈》这篇文章分别写了小蝌蚪"询问鲤鱼—错找乌龟—找对青蛙"的情节,三段内容写法大致相同,三位教师抓住对话,设计了下面三种不同的问题:

教师1:小蝌蚪看见鲤鱼妈妈问了什么?怎么问的?鲤鱼妈妈是怎么说的?又是怎么做的?(第二、三个问题相仿)

教师2:同学们,现在你就是小蝌蚪,当你看见鲤鱼妈妈时,心里是怎么想的?又是怎么做的?

教师3:仔细阅读三次对话,思考:小蝌蚪见到鲤鱼妈妈、乌龟、青蛙时对它们的做法有什么不同呢?你觉得这是一群怎么样的小蝌蚪?

启示与建议:请分析这三种提问语指向的阅读范围有什么区别,你认为哪一种提问更具开放性?为什么?这就告诉我们何谓有效提问。

1. 提出更少的问题。
2. 提出更好的问题。
3. 提问要有深度、广度和思维度。
4. 有合适的等候时间。
5. 选择恰当的学生。
6. 给予有用的反馈。

第二节 当代师范生的综合素质要求

1. 知道当代师范生综合素质的具体要求。
2. 在实践环节提升自身的综合素质。

一、素质及师范生综合素质

素质是一个人在社会生活中思想与行为的具体表现。在社会上,素质一般定义为:一个人文化水平的高低,身体的健康程度,以及家族遗传于自己的惯性思维能力和对事物的洞察能力，管理能力和智商、情商层次高低以及与职业技能所达级别的综合体现。

素质的本源为沟通的层次和传达的印象品位，分专业素质和社会素质。人的素质包括自然素质、心理素质和文化素质。素质只是人的心理发展的生理条件，不能决定人的心理内容与发展水平，人的心理活动是在遗传素质与环境教育相结合中发展起来的。而人的素质一旦形成就具有内在的相对稳定的特征。所以，人的素质是以人的先天禀赋为基础，在后天环境和教育影响下形成并发展起来的内在的、相对稳定的身心组织结构及其质量水平。素质的定义不一，《辞海》对素质一词的定义为：① 人的生理上的原来的特点。② 事物本来的性质。③ 完成某种活动所必需的基本条件。在教育领域中，素质应是第三个定义，即学生从事社会实践活动所具备的能力。

师范生的综合素质可概括为身体和心理两大方面的基本要素及其品质的综合，其具体内涵包括思想道德素质、业务技术素质，涵盖以下几个层面。

（1）品德。品德是个人按社会规定的道德准则和行为规范而行动时所表现出来的稳定特性和倾向，是师范生思想意识、人生观、价值观、道德观的综合体现。它体现了师范生是否具备正确的世界观、人生观，是否有较高的责任感等。

（2）价值观。一个人的价值观，在哲学上属于世界观、人生观的范畴。一个人的价值观，主要受制于他所处的社会文化背景，特别是家庭传统与教育的影响，同时，也受制于一个人个性、能力、情绪等心理因素。从心理的角度来看，价值观属于动力因素，它对于确定一个人的行为方向，以及在社会中的地位和作用是极为重要的，在科学价值观的调节下，可以提高个体的积极性和创造性，使一个人获得更多的知识，生活得更充实，为人类和社会做出更大的贡献，使人生的价值得到充分的体现。

（3）性格。性格是个人对现实的稳定态度和与之相适应的习惯化了的行为方式中表现出来的心理特征。性格是个性心理及非智力因素的核心部分。它决定着个体活动的性质和方向，人与人的差异首先表现在性格上。性格心理学家在确定性格的概念时有不同的理解，人们通常把性格理解为："表现在人对现实的态度和行为方式中的比较稳定的独特的心理特征的总和。"性格会影响人的能力，能力的发展受性格的制约，即人的事业心、勤奋、责任感、坚持性、自信与自制力等性格特征影响着能力的发展。良好的性格特征往往能补偿能力的缺陷。中国古代就有人提出"勤能补拙"，也就是这个道理。

（4）兴趣。兴趣属于动力因素。它是指一个人对事物的特殊认识倾向，该认识倾向是个体以特定活动、事物以及人的特性为对象时，所产生的情绪紧张状态，及满意的情绪色彩和向往心情。由于兴趣规定了个人积极探索事物的认识倾向，因而为认知和行动提供了动力，使其对感兴趣的事物优先注意，反映出独特的向往意识。一个人如对某种事物感兴趣，便会对它产生特别的注意力，对该事物感知敏锐、思维活跃、记忆牢固、情感深切、意志坚强。兴趣具有探究性、情感性、专注性等特征。兴趣是需要的一种表现形式，只要是人感兴趣的事物必然直接或间接地符合人们的需要，兴趣上得到满足，会使人产生积极、肯定的情感。造就优秀的教师，必须从培养从事教育事业的兴趣开始。

（5）智力与能力。智力是一个人有目的的行动、合理的思维和有效地应付环境的整体或综合的能力，是人们顺利完成各项工作任务必须具备的基本能力。能力是指一个人能够顺利地、有效地完成某种活动的个性心理特征,是指人们完成某种活动的质量、效率以及可能达到的水平。能力包含多方面内容,即能力是一个多层次、多维度的复杂的心理系统。人的能力是多方面的,各种能力彼此之间都是相互关联、相互影响、相互制约的,而且,各种能力表现在个体的发展上也是不平衡的。

(6) 体能。体能概括了一个人的体质和身体活动能力的基本情况。对于师范生来说,健康的体质和必要的身体活动能力是个人生活和从事教育工作的基础。

二、师范生综合素质的内容

师范生的综合素质,是一个时代性、综合性、全面性要求,包含思想政治、道德法律、科学文化、知识能力、情感意志等方面的内容。

(一) 思想政治道德素质

列宁曾说过:"在教育工作的整个方针方面,我们反对教育脱离政治的旧观点,我们不能让教育工作不联系政治。"思想政治素质是教师的精神支柱,决定着教师的政治信念和宗旨,制约着教师的道德规范,影响着教师工作态度、工作热情及自身能力的形成与发展。教师的思想政治素质水平的高低直接影响着素质教育的实行以及教育质量的提高。师范类大学生是未来教师队伍的后备力量,一个思想认识模糊、政治立场不鲜明的师范生未来是无法对学生进行有效的思想政治教育的。教师承担着教书育人的重任。教师在向学生传播文化科学知识的同时,要教育学生如何做人,做一个有理想的人。教师要具有远大的理想、宏伟的志向、高尚的情操。要以身作则,为人师表,要热爱学生,全心全意为学生服务,教师热爱学生,就是热爱祖国,热爱教育事业的具体表现。青少年是祖国的未来,是21世纪的栋梁之材,教师要有战略的高度,精心培养他们,关心每一个学生的健康成长。

(二) 文化科学教育知识素质

教师是文化科学知识的传播者,所以,教师必须具有较渊博的科学知识,在文化修养上逐渐达到较高的水平。如果教师不求甚解,不钻研业务,只有勉强应付,那会误人子弟,无论如何也培养不出人才来,所以,要求教师必须有广博的文化科学知识,对自己所教的学科要有较深的造诣,并有一定的研究,这样才能适应科学的进步和事业的发展。教师向学生传授知识,实际上就是向学生传递信息,通过传递信息,使学生认识自然界和社会规律,再按照规律改造世界。教师要有创新的能力,实际上就是获得新知识,扩充新知识的能力,包括从生活中发现科学概念和原理的能力;善于提出启发性问题的能力;演算和阐述的能力;善于运用口头和笔头形式有效地交流和研究的能力;善于组织学生,使学生迅速地增长才干的能力。总之,具有这种综合能力的教师,才能培养出社会所需要的创造型人才。

为了适应教育事业的发展,确保人才质量,教师必须学习教育科学理论,掌握教育规律和运用教育规律,教师要学习普通心理学、教育学,通过学习掌握教育规律,减少盲目性,增强自觉性,按照教育规律进行教育改革,不断研究新问题,发现新问题,探索新规律,使教育改革结出丰硕的成果。

作为教师需要广博的文化素养,文化素养是教师开展教育教学工作的基础,也是提高教育教学工作效率的有效前提。文化素养一般包括历史素养、文学素养、科技素养、艺术素养等。文化素养不是一时半刻就能形成的,而是需要长期的积累。

(三)专业知识能力素质

教师的知识结构表现在:① 本体性知识。指具体的、特定的学科知识,如语文、数学、物理等。② 文化知识。指文理交融的、广博的文化知识,除了本体知识外,还要有一技之长,如擅长创作,爱好诗词,音、体、美方面有特长等。③ 实践知识。指教师在面临实现有目的的行为中所具有的课堂情景知识以及与之相关的知识,也就是教师教学经验的积累。④ 条件性知识。指教师所具有的教育学、心理学知识,这种知识是广大师范生所缺乏的,也是在今后从事教学实践中特别强调的。

扎实的业务素质是从事教师这个职业的前提条件,作为优秀教师则要求更高。随着知识经济时代的到来,各种新的知识、新的学科层出不穷,各学科相互渗透。这就要求教师既要有广博的基础知识,又要有精深的专业知识,一专多能,能教一门必修课,能开一门选修课,能辅导一种课外活动,并及时了解本专业的发展,不断扩大知识视野,提高教学素质。身为师范生,对此要有清醒的认识,及早准备,以便毕业后立即适应教育教学的需要。

(四)尊重学生、有效教学的素质

师范生要具备先进的教学观,教学不仅是为了传授知识,更要重视能力的培养,教学生会学,"授之以渔"而不是"授之以鱼",让学生知其然更知其所以然,重视培养学生的创造能力、生存能力、竞争能力。教师具备引导、启发、激励之能力;具备教学设计能力、语言表达能力、驾驭课堂能力、板书绘画能力、组织管理能力;掌握和运用先进的教学方法和手段。另外,现代教育观念更加强调教育的目标是以学生为主体,培养学生的素质或能力,更注重学生个性的培养,强调因材施教。总之,现代教育观念要求教师在教学的观念、内容、方法上都要进行革新,以适应新世纪社会发展的需要。

学生尊敬教师,教师尊重学生,这是教育规律的体现。因此,只有教师与学生相互尊重,相互理解,感情融洽,才能收到良好的教育效果。同时,由于现代科技的飞速发展,一个人的时间、精力有限,不可能学习各个领域的所有知识,因此在某些方面教师可能不如学生,尊重学生也是一名教师应具备的素质。

(五)法律意识素质

依法执教是教师的基本权利,也是教师的基本义务。为了能够依法执教,作为师范生首先要了解我国现行的教育法律法规,明确我国对教育教学、教师学生的基本规定,然后才能根据相关法律开展教育教学工作。因此,师范生要掌握《教育法》《义务教育法》《教师法》《未成年人保护法》《预防未成年人犯罪法》《学生伤害事故处理办法》《儿童权利公约》等重要法律的相关内容,同时要了解我国教育工作的指南《国家中长期发展规划纲要

2010—2020》,以便能根据我国的教育愿景开展教育教学工作。

(六) 身心健康素质

身心素质是现代教师素质结构的主要组成部分,这是21世纪教师的思想品德、知识能力等素质建立的基础。高的教学教育质量,必伴随着教师的健康身心素质而产生,教育的活力,来自教师身心素质的活力。肩负着培养跨世纪人才使命的教师,保持健康的心理状况和良好的心理素质,显得尤为重要。因为教师总在主动地向学生施加影响,而这种影响,不仅体现在知识的传授上,更为深刻的是对学生个性的影响。所以作为一名教师,自己必须具有良好的心理素质,才能保证学生的健康成长,达到预期的教学目标。教师要保持健康的心理,必须调整自己的思维方式,以一种平和的心态面对环境的变化。要努力克服不良情绪的困扰,在不断提高知识素养的基础上,培养自信乐观、豁达开朗的健康心理,提高自我评价、自我调控的能力。只有这样才能充分发掘自己的潜能,发挥自己的才干,促进学生的健康成长,提高教育教学的整体效益。

(七) 不断学习、创新发展的素质

为了适应新技术革命的挑战,为了满足我国现代化建设人才的要求,我们必须培养出一大批具有创造性的人才,这需要有创造性的教育,即热爱创造活动,在课堂中,表现出创造性、灵活性,善于运用新的教学方法和教学手段。这对教师提出了更高的要求,教师必须向着更好的方向发展。

三、师范生综合素质培养

师范生综合素质的培养,是一个系统工程,既有理论的途径,也有实践的方法,关键依赖于实践的磨炼提升。下面通过案例进行说明。

乡村刘老师

刘老师从师范学院毕业后,在一所乡村小学开始了她的教师生涯。三十年来,她一直坚守在乡村学校教学的第一线。

为了寻找孩子们观察的野花,刘老师在河岸、田埂精心识别、挑选;为了让孩子们更好地体味课文所蕴含的情感,在家人熟睡的时候,她一个人在厨房里反复朗读课文;大雪过后,她又会兴致勃勃地带孩子们去找蜡梅,去看望苍翠的"松树公公",让孩子们更好地感受自然。

刘老师坚持每天天明即起,坐在校园旁的荷花池畔背唐诗、宋词,背郭沫若、艾青、普希金、海涅、泰戈尔等中外名家的诗篇,用优美的诗篇来陶冶自己的情操,她摘抄的古今中外的优秀诗篇,有厚厚的几本,她还如饥似渴地学习教育学、心理学和美学,阅读许多中外教育名著,撰写教学日志,并不断改进自身教学实践。

案例分析:材料中刘老师的做法是合理的,符合新课改下对教师的要求,值得其他老

师借鉴。

启示与建议：
1. 教师要成为学生学习和发展的促进者。
2. 教师要终身学习，不断促进自身素质的提高。
3. 教师要成为教育教学的研究者。
4. 在教学上，教师要为学生提供帮助、指导。
5. 教师要成为课程的建设者和开发者。

调皮的小强

新转来的小强是有名的调皮生，同年级别的班主任都不愿意接收他，而张老师二话没说就同意他转到自己班级里。

开学时，张老师在班会上举行了简单而隆重的欢迎仪式，说道："有一位活泼热情的新成员——小强，加入我们这个大家庭……"随后，张老师又到小强家里进行了家访。

一开始，小强有所改变，上课捣乱情况几乎看不见了，特别是在张老师的数学课上表现尤为突出：遵守纪律，积极参与课堂互动。可好景不长，一段时间后，又有其他科目的任课老师说小强上课捣乱。

老师把小强叫到办公室，结合刚学习的内容，对他说："小强，老师发现你的数学很棒哦，我这里有几道数学题，想试试吗？3乘0等于多少？""0！"小强回答得干脆利落。"10乘50，再乘0？""0！"……小强回答一次比一次声音小："老师，0和任何数相乘都得0。"这时，张老师说："刚才做的题目里，有些数相乘可以得到一个更大的数，可是因为0的存在，它的最终结果却都是0。你愿意做这个0吗？""老师。我不愿意当这个0！"小强急促地说，一改刚开始无所谓的态度。"每个同学都应该为班级增光夺彩，做一个有益的'数'，你说对吗？"小强点点头……

在随后一段时间里，张老师特别注意观察小强，还根据小强的优势，让其担任了数学课代表。同时，他还经常向其他科目的任课老师了解情况。大家都反映在小强的课堂表现中，看到了可喜的变化。

案例分析：张老师的教学行为很好地践行了"以人为本"的学生观。教师要做到教育公正，要面向全体学生，平等地对待每一个学生，不放弃每一个学生。

首先，学生是发展中的人。学生处于发展过程中的人，具有巨大的发展潜能，教师要用发展的眼光看待学生。材料中，张老师并没有因为小强的调皮捣蛋就放弃他，而是从学习方法、学习兴趣和自信心等方面逐步提高小强的学习成绩，增强小强学习的积极性。

其次，学生是独特的人。每个学生都有自身的独特性，学生与成人之间有巨大的差异，教师要针对每个学生的不同特点进行因材施教，才能够产生更好的教学效果。

启示与建议：材料中张老师根据小强学习数学的优势，因势利导，让其担任数学课代表，体现了张老师把小强同学看作是独特的人的理念。每个学生都是独立于教师的头脑之外,不以教师的意志为转移的客观存在,学生是学习的主体,作为教师要调动学生学习的积极性和主动性。

张老师还通过一定方法的将帮助小强建立自信心,激发小强学习数学的兴趣,从而大幅度地提高了小强的数学成绩,同时也促进了他其他学科的进步,体现了张老师把小强同学看作是学习主体的理念。教师在面对像小强这样的后进生时,要结合"以人为本"的学生观,积极地促进学生的全面发展。

三毛的鸭蛋

初二的时候,我(台湾作家三毛)数学总是考不好。有一次,我发现数学老师每次出考试题都是把课本里面的习题选几题叫我们做。当我发现这个秘密时,就每天把数学题目背下来。由于我记忆力很好,那阵子我一连考了六个100分。数学老师开始怀疑我了,这个数学一向差劲的小孩功课怎么会突然好了起来呢。一天,她把我叫到办公室,丢了一张试卷给我,并且说:"陈平,这十分钟里,你把这些习题演算出来。"我一看上面全是初三的考题,整个人都呆了。我坐了十分钟后,对老师说不会做。下一节课开始时,她当着全班同学的面说:"我们班上有一个同学最喜欢吃鸭蛋,今天老师想请她吃两个。"然后,她叫我上讲台,拿起笔蘸了墨汁,在我眼睛周围画了两个大黑圈。她边画边笑着对我说:"不要怕,一点也不痛不痒,只是晾晾而已。"画完后,她又厉声对我说:"转过身去让全班同学看一看!"当时,我还是一个不知道怎样保护自己的小女孩,就乖乖地转过身去,全班同学哄堂大笑起来。第二天早上,我悲伤地上学去,两只脚像灌了铅似的迈不动,走到教室门口,我昏倒在地上,失去了知觉。从此,我离开了学校,把自己封闭在家里。

案例分析:三毛的数学老师发现了三毛的短板,没有进行个别教育,也没有正面进行疏通引导,而是直接在全班同学的面前用极端的手段打击学生,使学生丧失了信心,从此害怕上学,造成严重的负面效果。正确的做法应该是对学生晓之以理,导之以行,以积极因素克服消极因素,把严格要求与尊重信任相结合,让德育发挥出最大效果。

启示与建议:教师职业理念要求我们要有科学的学生观,即育人为本,包括关爱学生,关心学生的情绪情感,理解学生是发展中的人,鼓励爱护学生。教师职业道德规范里也明确了这一点。而且从法律法规的角度来说,该老师行为也违反了法规。给学生冷漠、惩罚、侮辱,造成学生患了严重的心理疾病;给学生宽容、信任、鼓励,学生增强了上进心,终于成为优秀学员。鲜明的对比摆在面前,关键看我们如何选择,这取决于我们的综合素质。

本章主要结合多年师范生实习听课的经验,探讨了师范生初登讲台时可能遇到的方方面面的问题,从心理、备课、上课、作业等主要环节进行了分析诊断,提出了相应的策略,

旨在改善师范生初登讲台时的紧张茫然现象。同时，本章阐述了当代师范生所应当具有的综合素质，包括师范生为将来从教生涯做准备的，在职前教育阶段所形成的知识、能力、理念、素养等多方面的素质。它需要师范生终身学习，日积月累，并且在实践中不断进步完善，不忘初心，砥砺前行。

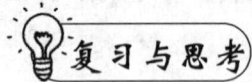
复习与思考

1. 某教师教学《少年闰土》的结束语：

师：我们学习了《少年闰土》，相信这个见多识广而又活泼可爱、聪明能干的农村少年已经成为大家的好朋友。同学们，你们想了解三十年后的闰土吗？

生：想。

师：鲁迅先生的《故乡》向我们描述了三十年后的社会生活给闰土带来的变化。如果大家感兴趣的话，可以把这篇小说找来看看。

思考：教师这样的结束语好吗？为什么？

2. 某语文教师执教《小珊迪》运用故事导入：

师：这是一个真实的故事。一个在德国留学的中国留学生，在获得博士学位之后决意留在德国发展。他找到一家公司，没有被录取，找到第二家，人家也拒绝了他……他面试了25家大公司，都没有找到工作。于是他去了家小公司。他想，凭我这样的学位和才能，在小公司里工作肯定不成问题。但是那家小公司还是拒绝了……同学们想一想，他为什么会被拒绝？

生：那个留学生高分低能，没有工作经验。德国人歧视中国人……

师：你们的想法也有道理，那个留学生就愤怒地问那个老板："我一个博士在你这个小公司还不够格吗？你们凭什么这样对待我？"那个老板说："对不起，先生，我们从网上资料查到你在德国乘坐公共汽车时有逃过三次票的记录，一个不讲诚信的人，怎么可以让人信任呢？"

听了这个故事，你们有什么想法，今天啊，老师和你们一起去问问小珊迪，从他那找找答案。

思考：这样的导入好不好？你还知道哪些导入方法？

3. 教育界今年流传一个"烤鸭子"的段子：首先，老师们都是"赶鸭子"的，不管学生愿意不愿意，一个个把学生赶进教室；接着就是"捆鸭子"，把学生牢牢地捆在座位上；然后是"灌鸭子"，把老师知道的东西统统灌给学生；接下来是"烤鸭子"，拿惯用的"法宝"——考试，考得学生焦头烂额；最后，当学生走出校门时，自然也就成了"板鸭子"。结合这个段子，请谈谈你的看法。

4. 小学新教师杨洋在谈教育感受时，有些无奈地说："刚走上教育岗位时，坚信'没有爱，就没有教育'。因此，在教育教学中一直对学生充满着爱心，希望用自己的爱来感化学生，带好班级，促使他们成长。但很快发现，管理班级时一定要严格要求，有时用简单命令的方式反而更加奏效，这使我对爱的教育信念产生来困惑……"请结合材料谈谈你对"没有爱，就没有教育"的理解。

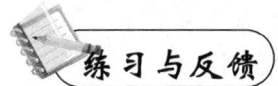练习与反馈

一、选择题

1. 平时嗓门很大的小明,在回答老师问题时声音却很低。老师批评说:"声音这么小,难道你是蚊子吗?"话音刚落,全班哄堂大笑。该老师的做法( )。

   A. 合理,有助于促进学生自主学习

   B. 合理,有助于激发学生主动反思

   C. 不合理,没有体现对学生的尊重

   D. 不合理,歧视学生的生理缺陷

2. 老师讲到"楚汉战争"中项羽自杀时,一个孩子突然说:"傻瓜。"下列处理方式中最恰当的一项是( )。

   A. 指桑骂槐地批评

   B. 不予理睬,继续课堂教学

   C. 老师微笑着说:"刚才有人说'项羽自杀是傻瓜行为',大家怎样认为?"

   D. 否定学生的观点

3. 古人云:"知之者不如好之者,好之者不如乐之者。"这句话提示教师在教学过程中应该重视( )。

   A. 学生的习惯培养　　　　　　　B. 学生的人格养成

   C. 学生的知识储备　　　　　　　D. 学生的情感体验

4. 对某一数学题,小卫和小波用不同的方法得到了同样的答案。周老师没有简单判断孰优孰劣,而是请他们上台陈述自己思考、推理、证明的步骤。这一做法,突出体现来周老师具有( )。

   A. 关注过程的教学理念　　　　　B. 关注结果的教学理念

   C. 关注情感的教学理念　　　　　D. 关注知识的教学理念

二、判断题

1. 课堂提问主要就针对知识性问题进行提问即可。　　　　　　　　　　( )

2. 对文章重点内容、主要知识、关键点与难点,语调应缓慢、高亢、字正腔圆、一句一顿,必要时还需适当反复,以便给学生较强的刺激,造成突出印象。　　( )

3. "人心不同,各如其面。"这句话提示教师在教育活动中应该关注学生的独特性。

   ( )

4. 学生是处于发展中的人,这意味着学生是不成熟的、正在成长的人。　( )

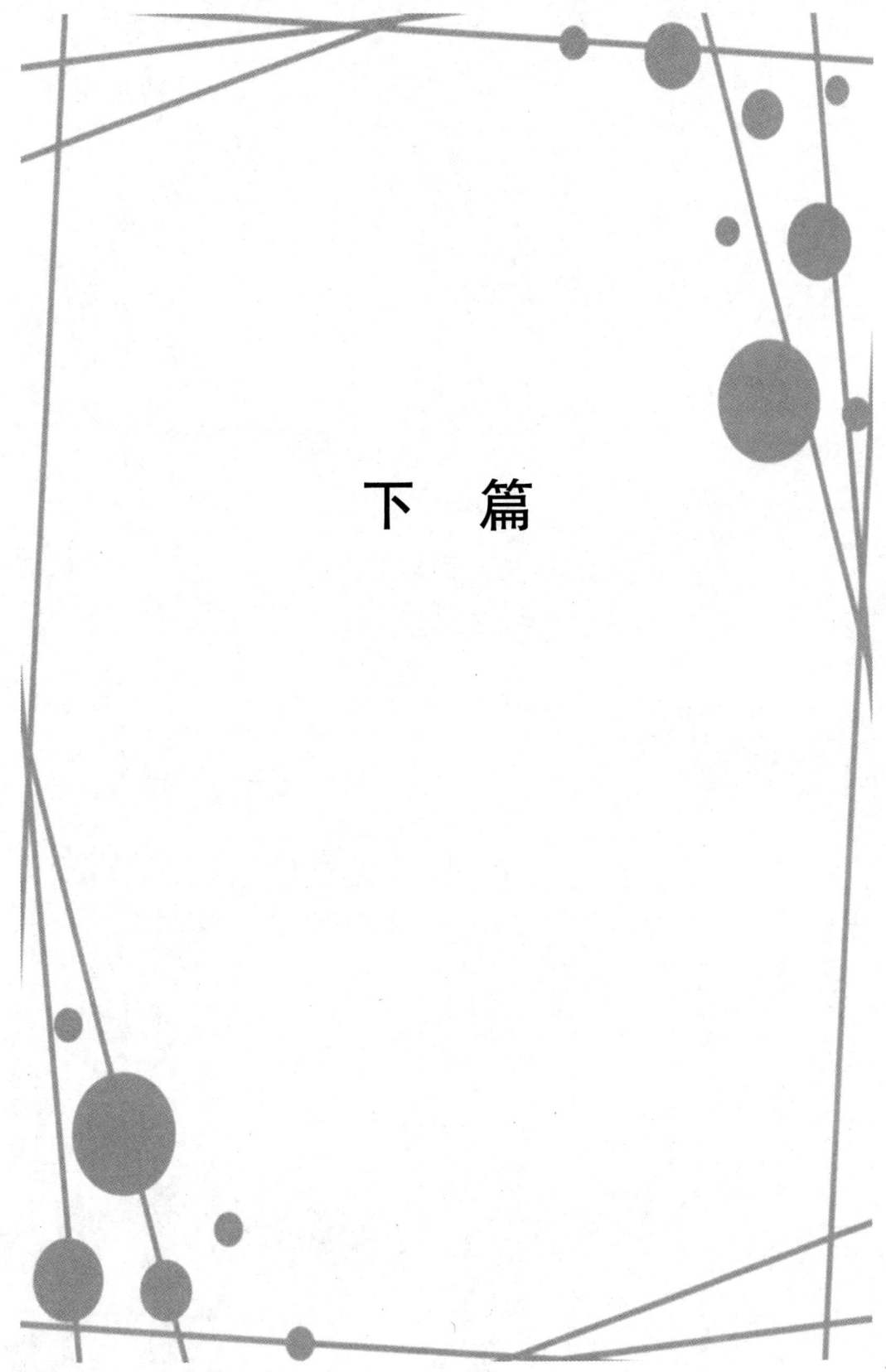

下　篇

第四章 教 案

　　教案作为教师的教学依据,是备课中重要的一环。编写教案也是师范生必须掌握的专业能力。本章主要介绍了教案的含义、教案的编写要素、编写方法和内容,强调了教案编写的基本原则,为师范生一步步地编写教案提供了指导。同时,本章还收录了优秀教师和督导员关于教案的经验分享,以及优秀教案展示,为师范生编写教案提供了参考。

第一节 什么是教案

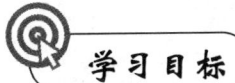

1. 了解什么是教案。
2. 理解教案和讲稿、PPT 的区别。

一、什么是教案?

　　教案是教师为顺利而有效地开展教学活动,根据课程标准和教科书要求及学生的实际情况,以课时为单位,对教学内容、教学步骤、教学方法等进行的具体设计和安排的一种实用性教学文书。简单地讲,教案是一节课的具体执行计划,也称课时计划。

二、教案与讲稿、PPT 的区别

(一)讲稿

　　教案与讲稿不一样,讲稿最理想的状况是根据课程标准和教科书梳理过的系列化的教学内容。它与教案的区别在于:讲稿侧重教学内容上的选择与撰写,而教案偏于教学方法、教学安排、教学效果上的设想与构思,例如,如何确定教学的重点、难点和关键,如何有效地加以利用教学的时间和空间,如何选择和灵活运用教学方法与现代化教学手段,如何恰当安排教学步骤,一环扣一环地将教学引向高潮,如何渲染和制造氛围……倘若从影视艺术的角度打比方,讲稿类似于剧本,而教案犹如策划,像导演的分镜头脚本。讲稿和教案,其实是密不可分的。因为一定的教学内容,必须通过恰当的方法和形式,才能收到较好的效果。为了达到良好的教学效果,实现内容与形式的统一,既要有讲稿,又要有教案。

(二) PPT

常常有教师认为PPT就是教案,也有些老师上课就以PPT为依据展开,在这一点上它也确实起到了教案的作用,成为部分教师上课的依赖,所以出现了没有PPT,就无法上课或严重影响教学效果的状况。但PPT并不是教案,它也不是讲稿的搬家,上课更不是照读PPT。PPT是教学的重要手段,也是备课的一部分,它可以通过图片,切换到资料,链接到视频、网络,使教学更加直观、形象,使教学内容丰富,增强教学效果。但它也有局限性,它不是一节课的具体执行计划,因为它没有关注学生,缺乏教法与步骤的设计和策划。

第二节　教案的编写

1. 了解教案编写的前期工作和基本内容。
2. 掌握教案编写的基本原则。
3. 对教案与教学的关系有更深刻的理解。

一、教案编写的前期准备工作

(一) 认真进行备课

提到教案有人就想到了备课,甚至有人认为备课就是写教案,其实这是不对的,备课要做很多工作。备课是教师根据课程标准的要求和本门课程的特点,结合学生的具体情况,选择最适合的表达方式和顺序,以保证学生有效地进行学习。

备课是教师教学工作的起始环节,也是上好课的先决条件。它可以帮助教师加强教学的预见性和计划性,以保证在规定的时间内完成规定的教学任务。

(二) 如何进行备课

1. 钻研课程标准、教材和参考资料

首先,要熟悉课程标准。课程标准是教师备课的指导文件。熟悉课程标准可以帮助教师弄清本学科的教学目的;了解本学科的教材体系和基本内容;明确本学科在能力培养、技能操作、思想教育和教学法上的基本要求。

其次,要钻研教材。教材是教师备课和上课的主要依据。钻研教材就是要熟练掌握教科书的内容,把握知识的体系结构,分清重难点,确定每一节课的内容和要求,在教学中重视培养本专业未来工作岗位所需要的能力。

再次,要阅读参考资料与实验指导书。通过阅读要达到"懂""透""化"。"懂"是对教材的基本思想、基本概念都要弄清楚。"透"是指透彻地了解教材的结构、重难点以及必须掌握的专业技能,能自如操作、应用。"化"是教师的思想感情和教材的思想性、科学性结合在一起,知识和技能结合在一起,理论与实践结合在一起。

2. 了解学生

了解学生包括了解学生已有的知识、技能;了解学生的兴趣、需要与思想状况;了解学生的学习方法和习惯;了解和预见学生学习新知识时会有哪些困难,可能产生哪些问题,要采用哪些预防措施。教师要注意学习内容的实用性、操作性,学生对纯理论的说教不感兴趣,希望教师教学中多一些干货,少一些水货。只有这样学生上课才愿意听并听得懂。

3. 设计教法

设计教法主要是解决如何引导学生掌握本课教学任务所确定的知识和技能的问题。第一,教师的教法设计。设计教法时主要考虑如何组织梳理教材,讲哪几个问题,如何展开;如何灵活运用各种教学方法和现代化教学手段;如何引起学生的兴趣;如何创设课堂氛围,引导学生愉快地学习;如何设疑、质疑、释疑;如何安排教学进程中的活动等。第二,学生的学法指导。学生的学法指导是在教师研究学生学习基础及学习能力的基础上,结合课程特点,一方面精心设计课程学习问题、问题探究方法、学习展示形式;另一方面设计和布置学生预习、复习、翻转课堂、社会调查等形式的作业,让学生在课外自主学习。例如,课堂学习活动中通过看演示、视频,由学生提问题,然后展开讨论;通过看教材,教师进行启发引导,让学生进行总结和概括;设计课堂讨论题,引导学生积极参与讨论,让学生主动体验并学会表达,小组派代表汇报讨论结果;让学生动脑动手,随学随练,通过练习,深化学习内容;精心安排课外作业,复习巩固课上所学的知识,将其转化为技能技巧。

4. 写好计划

为了使教学有条不紊地进行,提高课程教学效果,必须有明确而具体的计划。在编写教案时,必须有明确的计划安排。

第一,写好学期教学进度计划,即课程授课计划,写完后需要教研室(系部)和学院进行审批。课程授课计划由教师在开学之初进行填写,是对一学期内容的备课,它包括学生情况简要分析、本学期(年)的教学要求、教材的章节或课题、各课程的教学时间、所应采取的教学手段、需用的教具、参观实验及作业的安排等。

第二,写好课题计划,即对教科书上的一章、一个项目或一个单元进行的备课,是一章、一个项目或一个单元开始时进行的,内容包括课题名称、本课题的目的要求、课题的课时划分、每一课时的教学任务与内容、上课的类型、教学方法、教具的运用等。

第三,写好课时计划,即对每一节课的准备。这是学期备课和单元备课的具体化,要考虑到本节课的教学目的与要求,确定课程的类型、结构、教学方法的运用等要素,在此基础上写出教案。

综上所述,教案是在钻研教材、了解学生、设计教法工作的基础上,制订出学期教学进度计划和课题计划,然后再进行编写的一节课的具体执行计划,是对每一节课的准备。教案是将备课的结果用文字记录下来,是备课中最具体的一步。

二、教案的基本内容

教案的编写,除了要有授课班级、学科名称、课题、课时、授课时间、上课类型、所需教具外,还应重点写清楚以下几个方面。

(一) 教学目的

教学目的也称教学目标或教学要求,具体规定本节课所要传授的基础知识、所要培养的基本技能、所要发展的基本能力以及所要完成的思想政治教育的任务(一般从知识与技能,过程与方法,情感、态度与价值观三个维度来确定)。教学目标的确定要切合课程标准与教材的要求,也要符合学生已有的知识基础与接受能力,必须具有可行性、操作性和可检测性。

(二) 重点、难点分析

备课时要吃透教材,明确本节课完整的知识体系框架和教学目标,并根据学生原有的知识基础和接受能力,在此基础上做出预见,确定本节课必须解决的关键性问题及学习时易产生困难和障碍的地方,这就是教学的重点和难点。教学设计时必须删繁就简,突出重点,以便让学生轻松、清晰地掌握知识和技能。要分析学生知识构建和技能内化时遇到的难点,找到问题的症结,通过铺垫、启发、分析等方法,化解难点,也可借助现代化教学手段,从新的角度思考来破解难点。

(三) 教学过程

教学过程是教案的核心部分,包括教学内容的具体安排、教学步骤的确定、教学方法与手段的选择、时间的分配等。它可以按照以下几个步骤进行:

1. 导入新课(约 5—10 分钟)

温故而知新,教师提问与引导复习上节课内容,学生回答教师问题,随老师讲授进入对新课的了解。目的是引入新的授课内容,调动学生学习兴趣,便于学生对内容的把握。其中须注意考虑以下问题:① 设计是否新颖活泼?是否能激发学生学习新课的兴趣?② 怎样进行?复习哪些内容?③提问哪些学生?需用多少时间?

2. 讲授新课(约 20—25 分钟)

结合课前预习,教师自然转入新课学习内容,教师利用 PPT 和板书展示基本概念和基本理论(板书设计)。教师在讲授新的内容时,要把握教学节奏,对课程重点与难点给予充足的时间讲解清楚,学生认真聆听老师的讲授内容,教师要不时地以提问等方式,了解学生对知识点的把握情况。讲授新课部分是课堂的重点部分,要把握好以下问题:① 如何针对不同教学内容,选择不同的教学方法? ② 怎样提出问题,如何逐步启发、诱导? ③ 教师怎么教? 学生怎么学? 详细步骤安排以及需要用的时间。

3. 巩固练习(约 5—10 分钟)

教师要引导学生对设定话题提问并开展讨论。教师引导学生回顾本次授课内容,开展相互讨论,目的是通过相互学习加深理解,通过解疑释难促进对讲述内容的掌握。教师也可通过部分学生黑板板演或者课堂小练习的形式,了解学生学习的具体效果。在巩固练习环节,须注意的问题有:① 练习设计要精巧,有层次、有坡度。② 怎样进行? 谁上黑板板演? ③ 需要多少时间?

4. 归纳小结(约 5 分钟)

总结学习内容,教师结合板书口头总结本次课内容,帮助学生理清本节课知识点结构,强调重点、难点的内容,介绍涉及的相关参考书。学生随老师总结快速记忆和复习。目的是全面总结复习,为下次课做好准备。在此环节,教师要思考以下问题:① 怎样进行,是教师还是学生归纳? ② 需用多少时间?

(四) 板书设计

板书设计包括 PPT 呈现的内容和教师主板书的内容:

(1) PPT 呈现的新课内容应简明扼要,提纲挈领,随教学逐步呈现,不宜过于详细,否则学生没有时间看,来不及反应,也来不及思考,更来不及记录。

(2) 为配合 PPT 教学,提倡板媒结合,一般主板书的内容应是教材中最重要的提纲挈领式的内容,根据板书内容学生可以回忆起本课所讲的全部内容,如讲课的二级提纲、重要时间、地点、人名等。板书应工整、清楚,让所有学生看得清。

(五) 作业布置

在编写教案时教师要恰当选择作业的内容与分量,要根据知识的重难点以及学生的掌握情况,考虑以下问题:① 布置哪些作业内容。要考虑到课本知识巩固积累和运用,兼顾知识的拓展性与学生运用技能和能力的培养。② 教师要考虑需不需要给学生以解题提示、点拨或必要的解释。

三、教案编写的基本原则

教学是一种创造性劳动,一份优秀教案是编写者的教育思想、教育智慧、动机经验、个性特点和教学艺术的综合体现。教师在写教案时,应遵循以下原则:

(一) 科学性原则

所谓科学性,就是教师要认真贯彻课程标准精神,遵循教育教学发展规律,按教材内在逻辑结构,结合学生实际来确定教学目标、重点、难点。设计教学过程,应避免出现知识性错误,这是教案编写的首要原则。那种远离课程标准,脱离教材完整性、系统性,随心所欲另搞一套的教案是不可取的。一个好教案首先要依标合本,具有科学性。

(二)创新性原则

教学有法,教无定法。教材是死的,但教法是活的,课怎么上全凭教师的智慧和才干。同一章节内容,可以采用不同的教学方法进行讲授。每位教师在备课时要去学习大量的参考材料,充分利用教学资源,听取名家指点,吸取同行经验,但最终课还是要自己亲自去上,这就决定了教案要自己来写。教师备课使教学内容从课本内容到胸中有案,再到书面教案,继而到课堂实际讲授,是对教师教学基本功和教学能力的综合考量,是一种教学智慧的运用。教师在自己钻研教材、广泛涉猎相关教学参考资料的同时,学习如何选择为教学目标服务的素材,如何消化吸收有利于教学效果提升的好的经验和方法,如何通过巧妙构思、精心设计,最终破解重难点,这些都是对教师个体创新能力的考验。

(三)差异性原则

由于每位教师的知识、经验、特长是千差万别的,学生的知识基础、生活阅历、个性特征也都是不一样的,教学工作是一项创造性的工作,因此,写教案不能千篇一律。在分析教材的基础上,要结合本地区的特点、自身的特长、学生的具体情况,具体问题具体分析。教师要发挥自己的聪明才智和创造力,根据不同学情、班情而编写出适合的教案,做到因地制宜,因材施教。

(四)艺术性原则

所谓教案的艺术性就是构思巧妙,能让学生在课堂上不仅能学到知识,而且得到艺术的欣赏和快乐的体验。教案要成为一篇独具特色的"课堂教学散文"或者是课本剧。所以,教师要一切从实际出发,充分考虑教案的可行性和可操作性,简繁得当,开头、经过、结尾要层层递进,扣人心弦,达到立体教学效果。教师的说、谈、问、讲等课堂语言要字斟句酌,该说的一个字不要少说,不该说的一个字也不能说,做到安排恰当。

(五)可变性原则

由于教学面对的是一个个活生生的有思维能力的学生,又由于每个人的思维能力不同,对问题的理解程度不同,常常会提出不同的问题和看法,教师又不可能事先都预料到。在这种情况下,教学进程常常有可能离开教案所预想的情况,因此教师不能死抠教案,把学生思维的积极性压下去。要根据学生的实际改变原先的教学计划和方法,满腔热忱地启发学生的思维,针对疑点积极引导。为达到此目的,教师在备课时,应充分估计学生在学习时可能提出的问题,确定好重点、难点、疑点、关键。学生能在什么地方出现问题,大概会出现什么问题,怎样引导,要考虑几种教学方案。出现打乱教案现象,也不要紧张。要因势利导,耐心细致地培养学生的进取精神。因为事实上,一个单元或一节课的教学目标是在教学的一定过程中逐步完成的,一旦出现偏离教学目标或教学计划的现象也不要紧张,可以在整个教学进度中去调整。

四、关于教案的问题探讨

(一) 教师能否"越"案半步?

教案是教师上课的依据,但它不是固定不变的,上课也绝不是按图纸施工,教学中存在很多变数,课堂中会有意想不到的突发事件,所以教师必须有教育机智,在课上要因材施教,因势利导,一节好课往往是在师生互动中生成的。这离不开事前的精心设计,离不开课前大量的准备工作。因此,才有"课上十分钟,课后十年功"的说法,如果我们注意会发现凡是课上得好的老师,在生活中总在备课,在收集上课资料,教案也在不断修改。正因为教师在教案上下足了功夫,吃透了教材与学生,在课上才能随机应变,万变不离其宗,始终围绕教学目的,大体不离教案,而不会出现"放出去,收不回"的结果。

要注意的是另一种情况,把教案当一种形式,由一位比较好的教师执笔,采用规范形式编制教案,其他同课程教师都用这个教案,通过复印,年年套用,不同班级、不同学生采用同一教案。教师讲课还是各行其是,与教案不一致。此时教案只是应付检查的一种形式,根本起不到应有的作用。

(二) 写出教案是备课的结束?

教案写好以后,备课并没有结束,还有一个熟悉教案的工作,特别对新教师和年轻教师来说格外重要。授课老师,在上课时,主要精力除了讲课外,还要考虑学生的学习基础和学习习惯,不时观察学生的反映,调整教学内容,变换教学方式,营造教学氛围,活跃课堂气氛,还要不断组织教学,随机应变处理课堂违纪事件。所以课前一定要对教学内容非常熟悉。

怎样熟悉教案呢?可以通过在头脑中默想将要讲的内容:一共讲几个问题,先讲什么,后讲什么?在讲第一问题时,准备讲几点,要突出哪一点,如何展开?学生如果不懂怎么办,如何换一种方式?像这样一个一个问题过一过。

要通过默想提前进入课堂教学情境,一步一步展开教学,设想要讲的内容学生愿不愿意听,如果不感兴趣,如何采用学生喜闻乐见的形式,如何采用简洁明了的方式,或者创设情境由学生来说,或者通过组织讨论来解决。

默想时要考虑所讲内容之间的衔接,要自然地由一个问题转入下一个问题,环环相扣,使之具有逻辑性与系统性。还要考虑讲得是否清楚、明白,有没有更好的表达,各部分是不是围绕教学目标,比重是不是恰当,有没有喧宾夺主。

经过推敲没有问题后,在不看教案的情况下再从头到尾在头脑中过一遍,如果通畅,没有新问题,熟悉教案就可以了。如果发现新问题,就要寻求解决方法,仔细推敲,确定后在教案上做出记号,重新将教学内容在头脑中过一遍。有些责任心强的教师上课当天早晨,还将教学内容在头脑中默默过一遍。

（三）理想的教案是什么样的？

理想的教案不在于外表的漂亮、印刷的精美，而是看起来经过多次翻阅，显得很旧，上面有多次涂改、补充和更正，有醒目的标志，有红笔划杠的教案。这才是真正上课用的教案，是教师上课的依据，而不是应付检查的摆设。

另外，理想的教案应有"课后反思"这一栏，记录教师上课后的感想，不管课前考虑如何周到、细致，教学总会出现意想不到的情况，所以课后及时思考上课中发现的问题，记录下在课后进行反思就非常重要了。如教学是否适合学生的需要与水平，备课时还有哪些问题没有考虑到，课上哪几处没有讲清，哪些地方强调还不够，从上课效果看有哪些地方需要改进等。教师的教学不是一次性行为，记录下课后的感悟、自己亲身的经验和教训，对下一轮教学的改进和教学效果的提高无疑具有重要的作用。

拓展阅读

和青年教师谈备课

一、教学要有特色

1. 理论上突出创新意识和实践能力的培养

全国第三次教育工作会议发出了深化改革全面推进素质教育，大力培养世界所需要的具有民族精神、创新能力和实践能力的素质人才的号召。因此，编写的教案要根据每节课的教学特点，重点突出培养学生的创新精神和实践能力。

2. 操作上要突出现实性

编拟的教案要根据国家的需要具体设计教学方案，使它既符合国情，又适合国家的未来需要；既符合校情，也适合学情。

3. 内容上要新

在当今科学技术迅猛发展的时代，新技术、新方法、新概念层出不穷。因此，编拟的教案应在遵循大纲的同时，力求反映当代科学技术的新成果。

4. 技术上突出现代化教学手段

为使学生理解教材，备课中应根据教材特点，选择适当的图文、影像、声音等立体媒介，来补充学生感性知识的不足。

二、钻研教材要得法

教师在备课过程中不仅要理解教材，而且要对大纲和教材进行详细和透彻的剖析，达到"致广大、尽情微"，狠下一番功夫，取精用宏，把凝练的教材内容娴熟于胸。而教案是教师通过精心设计并落实于文字上的教学材料。那如何钻研教材呢？

1. 整体把握

从全局上了解全套教材的性质、内容、编排原则、训练线索及体制，做到对每册教材的教学内容心中有底，从而居高临下，进退自如。

2. 探索序列

从知识纵线上进行行列梳理,在训练线的落实方面,增强整体效应,熟悉不同类别的训练的地位和作用。

3. 理解单元

单元是教学的基本单位,具有教学内容的整体性和教学编排的实践性。因此,对每个教学单位的理解,是对教学设计和实施教学的重要环节。对单元的理解应从以下几个方面着眼:发掘本单元的教学重点、难点,为强化重点、突破难点需要为学习过程创设的情境和条件;发掘本单元辐射和延伸的知识以及为掌握本单元内容需要培养的技能;了解本单元内容的主要特点;了解编者编排本单元的用意。

4. 落实课时

对章节教材的钻研,是教师创造性劳动的一个重要方面,是设计教学、改革教学,提高教学质量的关键。教师要把理解教材的任务落实到具体的课时中。

5. 综合分析

这是一种知识点的横向联系的方法,即跳出单元和章节的圈子,从某一侧面把教材的有关内容放在一起进行比较研究。

6. 采众家之长

备课时在自己独立钻研教材后,间接吸取他人的经验,参与他人对同一教材内容的教学,以补充、深化、印证自己的教案。

三、编写教案的原则

1. 确定教学目标

现行中学生物教学大纲对本学科教学目的总的要求是通过教学实现教育的三种职能,即对学生的知识教育、态度观念教育和能力培养。这一总的教学目的要求,是要通过每一堂课的教学目的来逐项落实的。因此,教学目的确定是否准确,事关重大,不能草率马虎。

2. 教学内容的组织

教学内容是根据教材内容确定的。但教学内容不等于教材内容的口头化,更不是教材内容的搬家,应有轻重缓急主次之别,即在已经确定的教学目标指导下将其知识结构中的重点、难点准确地发掘出来并落实在教案中。在教学内容固有的哲理中发掘思想教育因素,选择生动的教学事例和适当的教具等,以增强教学内容的感染力和启发性。

3. 选择教学方法

在组织教学内容时,必须筛选一节课的教学方法。教无定法,但教要得法。得法的标志是所选的教学方法符合教学内容的需要,有利于发挥教师的特长,有利于调动学生的学习主动性,有利于充分利用学校的教学设备,有利于提升教学质量。选择教法时,还要考虑如何指导学生学的问题。只有把教法与学法有机统一起来,才是最佳选择。

第三节 案例分析

《搭石》教案

第一课时

【设计理念】

基于五年级学生的能力,以自读课文、自学生字新词为突破点,既能抓住课文内容的线索,又巧妙地融入语言练习和语言运用,让课堂富有浓浓的语文味。

遵循阅读教学规律,加强朗读指导,扣住技能训练重点,注重快速默读能力的培养,以读代讲,把读说写相结合,让学生成为课堂的主人。鼓励学生大胆想象,大胆表演,既激发了学生的爱好,又培养学生的创新能力。

【教学目标】

1. 认识本课9个生字,会写7个生字。正确读写"汛期、间隔、谴责、懒惰、清波漾漾、理所当然"等词语。联系上下文理解词语"脱鞋挽裤"。

2. 正确、流利地朗读课文,训练默读课文。

3. 了解什么是搭石,以及搭石的作用。

【教学重点】

1. 自学生字,读通课文。

2. 了解什么是搭石,以及搭石的作用。

【教学难点】

理解"脱鞋挽裤"中"挽"的意思。

【教学准备】

多媒体课件。

【教学设计】

一、揭示课题,导入新课

1. 教师板书课题,学生齐读课题。

2. 学生据题质疑。

设计意图:思维从疑问始,读题质疑,以疑促思。

二、自读课文,初步感知

1. 学生自学生字词:

汛期　间隔　谴责　懒惰　平衡　伏下　一行人

脱鞋挽裤　协调有序　清波漾漾　人影绰绰　理所当然

指导书写7个生字,展示评点。

2. 学生默读课文。

要求:用较快的速度默读课文,读的时候集中注意力,不要回读。

了解课文的主要内容,记下所用的时间,完成课后练习的第一题。

3. 全班交流自学情况。

设计意图:引导学生自学,在阅读实践中提高学习能力,养成良好的学习习惯。

三、再读全文,了解课文大意

四、研读第一自然段,了解什么是搭石

山洪过后,人们出工、收工、赶集、访友,来来去去,必须脱鞋挽裤。进入秋天,天气变凉,家乡的人们会根据水的深浅,从河的两岸找来一些平整方正的石头,按照二尺左右的间隔,在小溪里横着摆上一排,让人们从上面踏过,这就是搭石。

1. "脱鞋挽裤"的"挽"什么意思呢?(卷起来)"挽裤"就是把裤脚卷起来。

2. 引读:如果小溪里没有搭石,人们出工、收工、赶集、访友就必须——脱鞋挽裤。

3. 一次又一次的脱鞋挽裤,你体会到了什么?(不方便、麻烦,说明搭石的作用)

4. 学生齐读第一自然段。

设计意图:联系上下文理解词语的意思,掌握自学理解字、词的方法。

五、布置作业,练习巩固

1. 抄写生字、词语,摘抄自己喜欢的句子。

2. 有感情地朗读课文。

设计意图:通过恰当的练习,积累语言文字,提高运用语言文字的能力。

【板书设计】

5. 搭　石

山洪过后　　　脱鞋挽裤　　不方便

进入秋天　　　踏过搭石　　方便

第二课时

【设计理念】

遵循阅读教学规律,加强朗读指导,扣住技能训练重点,注重快速默读能力的培养,以读代讲,把读说写相结合,让学生成为课堂的主人。鼓励学生大胆想象,大胆表演,既激发了学生的爱好,又培养学生的创新能力。

阅读是学生个性化的行为,在教学中努力引导学生在情感的体验中参与对文本的多元解读,读出真情,读出滋味,读出个性。同时,在充分尊重学生多元感悟的前提下,发挥教师的引领点拨作用,提升学生感悟内涵。

"生活中并不缺少美,而是缺少发现美的眼睛。"引导学生去"寻找美、发现美、欣赏美、感受美",以学生最感兴趣的学习方法——"寻找美的风景"为"教学触发点",通过多媒体课件的情景创设和教师的语言渲染,让学生在朗读、默读的技能训练中,感悟"搭石"这一寻常事物所蕴含的不寻常的画面美、人情美,使学生的心灵受到启迪,情感得到熏陶。

【教学目标】

1. 联系上下文理解清波漾漾、人影绰绰、理所当然等词语的意思。

2. 正确、流利、有感情地朗读课文,默读课文。

3. 体会搭石上蕴含的美,感受乡亲们的美好情感,并从中受到感染、熏陶。

4. 学习作者从不起眼的事物中发现美、感受美的方法,培养留心观察、用心感受的习惯。

【教学重点】

让学生从乡亲们摆搭石、走搭石的一幕幕情景中,体会其中的人性美。

【教学难点】

体会作者是怎样通过平凡的事物让我们感受到美的。

【教学准备】

多媒体课件。

【教学设计】

一、复习旧知,导入新课

师生共同回忆第一课时学习内容。

上节课我们初读了课文,分析了第一自然段。

提问:什么是搭石?

齐读:进入秋天,天气变凉,家乡的人们会根据水的深浅,从河的两岸找来一些平整方正的石头,按照二尺左右的间隔,在小溪里横着摆上一排,让人们从上面踏过,这就是搭石。

没有搭石:人们出工、收工、赶集、访友,来来去去,必须脱鞋挽裤。

在作者眼里,搭石不仅是过小溪的一种方式,也构成了家乡的一道风景(板书:风景)。

齐读:搭石,构成了家乡的一道风景。

设计意图:检查复习,梳理巩固第一课时的学习内容,实现温故知新。

二、深入局部,探究体验

1. 读一读:默读课文。

画一画:用波浪线画出给你留下印象最深的画面。

想一想:你从中体会到了哪些"美"?

写一写:在这些句子旁边写上自己的感受。

提示:先自己学习,再小组内合作交流。

教师提醒:默读便于思索,请大家用较快的速度默读这个部分,读的时候注意力集中,还要边读边想:有哪些美的画面?还有哪些美的事情?

(设计意图:把学习的主动权交给学生,以学定教,顺学而导。)

研读重点一:一行人走搭石

每当上工、下工,一行人走搭石的时候,动作是那么协调有序!前面的抬起脚来,后面的紧跟上去,踏踏的声音,像轻快的音乐;清波漾漾,人影绰绰,给人画一般的美感。

1. 学生朗读本段,找出最能体现画面美的词语。

2. 指导学生发现"嗒嗒"、"清波漾漾"、"人影绰绰"等词语,引导体会画面的美。

3. 指导学生联系上下文理解"绰绰""协调有序"的意思,体会和谐相处,互相照顾的淳朴乡情。

4. 生朗读体会。

板书:画面美

研读重点二:整理搭石

上了点年岁的人,无论怎样急着赶路,只要发现哪块搭石不平稳,一定会放下带的东西,找来合适的石头搭上,再在上边踏上几个来回,直到满意了才肯离去。

1. 教师指导学生通过朗读交流感受,引导学会抓住"无论"、"只要"、"一定"、"直到"等关联词语感悟家乡老人可亲可敬一心为他人着想的美好品德。学会朗读的轻重音变化,读出感情。

2. 生感情朗读。

研读重点三:面对面走搭石、遇上老人走搭石

如果有两个人面对面同时走到溪边,总会在第一块搭石前止步,招手示意,让对方先走,等对方过了河,俩人再说上几句家常话,才相背而行。假如遇上老人来走搭石,年轻人总要伏下身子背老人过去,人们把这看成理所当然的事。

1. 引导探究,怎样才能读好本段?

2. 生通过阅读思考、表演感受、同伴交流所得,抓住"总要"、"理所当然""伏下"等词语想象画面,体会互相礼让,敬重老人的传统美德。

3. 生朗读体会。

板书:人情美

(设计意图:让学生在反复品读中感受"搭石",从而走进淳朴的民情,感受美好的民风。)

4. 拓展想象:假如……人来走搭石……

三、总结升华,提高认识

1. 师指导联系课题,研读课文最后一段所表达的情感。提升对"搭石"的更深层次理解。

2. 朗读升华。

3. 齐读:搭石,构成了家乡一道风景。

板书:美

(设计意图:深入体会,升华情感,感悟普通"搭石"中所蕴含着的崇高的人性美,感悟文本的表达方法。)

四、读写结合,课外延伸

小练笔:美的瞬间

(设计意图:学以致用,练习表达,读写结合。)

【板书设计】

5 搭 石

风景(美) { 画面美
人情美

(孙茂宏)

小班谈话活动:说说吉祥话

【活动目标】

1. 学说新年吉祥话,初步了解中国新年的传统习俗。
2. 进一步感受新年喜庆、热闹的气氛。

【活动准备】

1. 歌曲《恭喜恭喜》。
2. 拜年及老人、叔叔、阿姨等人物的图片。

【活动过程】

一、出示新年拜年图片,欣赏歌曲,感受过年的氛围

师:孩子们,过年了,真开心,大家都在干什么啊?(互相拜年)

二、学说吉祥话

1. 师:"拜年的时候,会说些什么好听的话呢?"(引导幼儿自由表达)

教师小结:"拜年时要说很多的祝福话,比如:过年好!春节好!恭喜恭喜新年好!这些话叫作吉祥话。"

2. 讨论:

(1) 对爷爷、奶奶、外公、外婆说什么吉祥话呢?

(2) 对叔叔阿姨又说什么吉祥话呢?

(3) 对小朋友呢?

(4) 小结:见到不同的人要说不同的吉祥话,如对爷爷、奶奶、外公、外婆可以说:"寿比南山,身体健康!"对叔叔阿姨可以说:"恭喜发财,万事如意。"对小朋友可以说:"学习进步。"

三、游戏:说说吉祥话。

1. 同伴间相互拜年,并学说吉祥话。如:祝你新年快乐、身体健康、万事如意等等。
2. 教师扮演不同的形象,如:外婆、奶奶、阿姨等,请幼儿针对不同的人物说吉祥话。

总结:这些好听的话就是吉祥话,是祝福的话,新年里人们都用这种方法相互祝福。

【延伸活动】

串班活动——说说吉祥话

(欧阳可珺)

两位数加两位数(进位)教案

【教材分析】

两位数加两位数(进位)教学内容是在学生已经学习了口算两位数加一位数和整十数、笔算两位数加两位数(不进位)基础上教学的,它为进一步学习多位数笔算加法做准备。教材呈现的例题,取材于现实,来源于生活,贴近学生生活实际,体现了数学知识的生活气息。例题在计算过程中着重解决两个问题:一是理解并掌握进位加法中"满十进一"

的方法;二是在进位加法的笔算过程中领悟从个位加起的必要性和合理性,从而使学生在理解的基础上完整地掌握笔算加法。例题的得数是整十数,"试一试"的得数不是整十数,这样安排有利于学生理解"满十进一"的原理,便于学生循序渐进地探索进位加的计算方法。教材还安排学生说一说笔算加法的注意点,对加法的计算法则进行初步总结。"想想做做"先帮助学生掌握基本的笔算方法,再引导学生解决一些实际问题。这样安排有利于学生进一步理解进位加法的法则,形成一定的计算技能,体会数学与生活的联系。

【学情分析】

学生在学习本课内容之前,已经有了两位数加两位数(不进位)和两位数加一位数(进位)的基础,而且已经对竖式计算有了初步的掌握。因此,学习这部分知识对少数学生来讲可能并不陌生,它只是学生原有知识的一种延伸和深化。另外,这部分内容是学生今后学习"多位数加多位数"和"笔算乘法"的基础,是100以内笔算加法中的重点,也是难点。学生理解算理、掌握算法有一定的难度,为了突破难点,在探索算法过程时要让学生充分体会、比较、总结。

【教学目标】

1. 让学生经历探索两位数加两位数(进位)算法的过程,通过对算法的比较分析,得出两位数加两位数的进位加法的计算方法,使学生理解"满十进一"的算理,并能正确地进行计算。

2. 初步培养学生的动手能力、语言表达能力和运用知识迁移学习的能力。

3. 在自主探索计算方法的过程中获得成功的体验,增强学习数学的信心,养成独立思考与善于倾听的习惯。

【教学方法】

本节课主要采用探究法、讨论法。

【教学过程】

一、创设情景,导入新课

师:过几天就是小明的生日了,小明的妈妈想送给他两件生日礼物。星期天他们一同来到了超市,初步选择了以下几种物品,它们价格如下:

物品	格林童话	文具盒	书包	水壶
单价(元)	34	16	48	23

如果从这里面选购两样,有几种选择?各需要多少钱?请在自己的卡片上列出算式,会算的请写出得数。(老师巡视,选择不同的列式贴到黑板上)

34+16=   34+48=   34+23=
16+48=   16+23=   48+23=

师:请同学们把我们学过的已经会计算的分成一类,没有学过的、暂时还不会算的分成另一类。

34+23=   16+23=
34+16=   34+48=   16+48=   48+2=3

两类算题有什么不同?(引导学生说出:已经学过的这一类两位数加两位数是不进位的,没有学过的这一类是有进位的。)

分别指名两位学生上台板演没有进位的两道算式,然后进行评讲,最后提问两位数加两位数(不进位)的法则。

师:下面我们就来学习有进位的"两位数加两位数"。(揭示课题)

二、理解算理,探求算法

师:下面,我们一起来研究怎样计算34+16

出示探究要求:

1. 不仅要计算出得数,而且要说出这样计算的道理。

2. 必要时,可以摆小棒或者拨算珠帮助计算。

3. 先独立探究,然后在小组中交流、研究你们的计算方法。

汇报时学生可能的答案:

1. 有的学生摆小棒,整捆的放在一起,单根的合在一起。因为共有10根,所以正好又1捆,合起来一共有5捆,即是50根。

2. 有的学生在计数器上拨算珠。两个数相加后,十位上有4颗珠,个位上是10颗珠,要拨去个位上的10颗珠,同时在十位上拨1颗珠。结果是50。

3. 有的学生列出竖式,试着计算。

$$\begin{array}{r} 3\ 4 \\ +\ 1_1\ 6 \\ \hline 5\ 0 \end{array}$$

师:上述三种方法都得到了同样的答案,哪一种计算的方法比较简单方便呢?

下面我们就来重点讨论列竖式计算的方法。

师:为什么列竖式时两个加数的相同数位要对齐?

个位满十了怎么办?有什么道理?结果中能不能写成410?十位上3加1得4,为什么横线下写5呢?

为什么要从个位加起?能不能从十位加起?

那么,请同学生总结一下,两位数加两位数(进位)的计算法则是什么呢?(引导学生总结算法:1. 相同数位对齐;2. 从个位加起;3. 如果个位相加满十,向十位进一。强调十位上的数相加时,不要忘掉加上来自个位的进位。同时,教师板书算法。)

三、及时巩固,形成技能

1. 用竖式计算:(解决开始时学生提出的问题)

34+48=   16+48=   48+23=

让学生独立计算,并指名三名学生板演,然后再评讲。

加数	45	9	58	49
加数	29	61	24	8
和				

2. 让学生独立计算,并指名口答。

3. 某班领走了44袋牛奶,还剩28袋。原来有多少袋牛奶?

$$□○□=□(\ )$$

让学生独立计算,并指名口答。

本题的条件是什么?问题是什么?怎样列式?为什么用加法计算?答案是什么?

4. 大汽车有23辆,小汽车比大汽车多17辆。小汽车有多少辆?

$$□○□=□(\ )$$

让学生独立计算,并指名口答。

本题的条件是什么?问题是什么?怎样列式?为什么用加法计算?答案是什么?

(如果课堂还有剩余时间,可以补充下面的开放题。)下面竖式的□里可以填什么数?

$$\begin{array}{r} 3\ 5 \\ +\ 2\ □ \\ \hline 6\ □ \end{array}$$

四、课堂小结,提炼知识

今天我们一起学习了有进位的两位数加两位数,你学会了什么本领?下课后,看看生活中还有哪些问题需要用加法来解决,自己先试一试,回校后再和同学们交流。

板书设计

两位数加两位数(进位)

$$\begin{array}{r} 3\ 4 \\ +\ 1_1\ 6 \\ \hline 5\ 0 \end{array}$$

1. 相同数位对齐;

2. 从个位加起;

3. 满十进一。

(刘明祥)

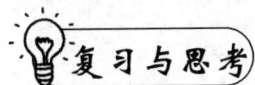

本章总结

　　教案是教师备课形成的结果,是教学的路线图,是保证教学取得成功,提高教学质量的重要条件。本章第一节厘清了教案的概念,阐述了教案与讲稿、PPT的区别,第二节阐述了教案编写的前期准备工作、教案的内容、撰写原则以及和教学的关系思考,第三节收录了部分教师的优秀教案,为师范生撰写教案提供范例。

复习与思考

1. 教案和备课有什么关系?

2. 教案的主要内容有哪些?

3. 撰写教案的原则有哪些?

4. 撰写教案时要注意哪些问题?

练习与反馈

一、选择题

1. 教案以什么为编写单位?(　　)
   A. 课程内容　　B. 课时　　C. 教学步骤　　D. 教学方法

2. (多选)教案中的教学过程包括。那些部分?(　　)
   A. 导入新课　　B. 讲授新课　　C. 巩固练习　　D. 归纳小结

3. (多选)备课主要包括哪几个方面?(　　)
   A. 钻研课程标准、教材和参考资料　　B. 设计教法
   C. 批改作业　　D. 撰写计划

4. 撰写教案的基本原则不包括(　　)。
   A. 差异性　　B. 可变性　　C. 传统性　　D. 艺术性

二、判断题

1. PPT 就等于教案。　　　　　　　　　　　　　　　　　(　　)

2. 教案就是备课的结束。　　　　　　　　　　　　　　　(　　)

3. 教案偏重于教学内容上的选择与撰写。　　　　　　　　(　　)

4. 教案的艺术性是指灵活完成教学进度。　　　　　　　　(　　)

第五章 说 课

　　说课是一种教研活动,是教学活动的预演,说课活动能有效调动教师投身教学改革,学习教育理论,钻研课堂教学的积极性,是提高教师素质、提高教学水平和课堂教学效果的重要途径。本章主要介绍了说课的含义、准备工作及关注要点,分享了优秀的说课案例,帮助师范生学会准备说课,从而能在专业发展中不断提升自己的教学水平。

第一节 说课的准备工作

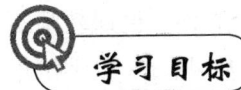

1. 了解什么是说课。
2. 掌握说课要做好的准备工作。

一、说课的概念

　　"说课"是教师在备课的基础上,在授课之前,对领导、同行或评委,用口头语言讲解某一课题的教学设想及其依据的一种教研活动,它是教师将教材理解、教法及学法设计,转化为"教学活动"的一种课前预演。说课时,教师要阐明教什么、怎样教和为什么要这样教的理论依据,它旨在提高教师的素质和课堂教学的水平。

　　说课不是讲课,它是备课写教案和课堂施教的内在蓝图与"潜台词"。通过说课,让听课教师更加明白应该怎样去教、为什么要这样教,进一步明确教学的重点、难点,理清教学思路,从而提高课堂教学的效率。

二、说课前的准备工作

(一) 知识准备

　　知识准备的内容很多,其中比较重要的是教学大纲、教材知识、教学对象以及其他相关知识。

（1）研究大纲。学科教学大纲，是指导学科教学的纲领，教材是根据大纲编写的，这一点说课教师往往忽略。说课前，教师一定要研究教学大纲，掌握大纲所规定的教学任务、教学目标以及教学要求。

（2）研究教材。熟悉所说教材的编写意图和教学目标，了解知识的承接性和延续性，对知识系统的内在联系要做到心中有数，还要掌握本课在本教材中所处的地位和作用，明确重点、难点。

（3）熟悉交叉学科知识。教师要扩展知识视野，使之具备多学科多层次的知识结构，这样才可以使说课具有深度和广度。

（二）理论准备

说课要在理论指导下研究教学内容、选择教学方法、设计教学过程，否则说课就没有高度，就是无本之木。因此，教师在说课前要针对教学实际需要，有计划、有步骤地学习教育学、心理学、学科教学方法等相关理论。

（三）技术准备

（1）明确说课的内容和要求。要想说好课，首先明确说课要说什么。关于说课的内容，没有什么固定不变的框框，通常包括说教学目标、说教材、说学生、说教学方法和教学程序这几项内容，其中说教学方法包括教师的"教"和学生的"学"两个方面。说课教师不但要说出怎样教，而且还要说清"为什么要这样教"的理论依据（包括大纲依据、教学法依据、教育学和心理学依据等），使听课者既能知其然，又能知其所以然，达到理论与实践的有机结合。

（2）掌握说课的技巧。语言表述在说课中具有重要地位。要加强说的训练，要有说的功底，注重语气、语量、语调、语速、语感；要进入角色，脱稿说课不能用背的语调，要用"说"或者"讲"的语气，设计意图则用说明性语气，二者要有区别；要注意教师所处的位置，要和讲课相同，板书和操作等活动要自然和谐，落落大方。

说课内容要分清主次，不能平均使用力量，不能眉毛胡子一把抓，要把主要力量放在说教学程序上，只要说清"是什么"和"为什么"即可。

（3）准备好说课所需的教具。教具是在课堂上用来讲解说明某事物属性或原理的物品，范围很广，品种很多，按其作用分可分为感官教育教具、数学教育教具、语言教育教具、科学文化教育教具、日常生活教育教具及音乐教育教具等。由于儿童思维发展特点，决定了教具在教学中具有不可或缺的作用，所以在说课时，要根据教学内容及重难点，准备好必要的教具，如儿童玩具、教学模型、实物、教学标本等。通过教具的直观性，可以使知识更加具体化、形象化，为学生感知、理解和记忆知识创造了条件。教具还具有实践性，实物媒介大多是可以触摸、使用、解剖的，可以培养学生的感觉能力和学习兴趣，也可以通过儿童拆玩具、学生解剖动物等培养学生的思维能力和动手技能。

(四) 心理准备

说课要求教师在短时间内说完一节课的整体思路,如果说课教师心理压力过大,很容易在说课时失去心理平衡,形成心理障碍,从而影响正常水平发挥,这就需要说课教师在活动之前,做好充分的心理准备。

第二节 说课的基本要求

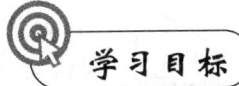

1. 了解说课的内容。
2. 掌握说课的基本要求。

说课,既是一门科学,也是一门艺术。教师把握好说课艺术,需要关注以下六个方面。

一、把握好节奏

(一) 内容详略得当

说课内容的详与略是影响说课节奏的首要因素。说课的时间只有 10—15 分钟,但内容很多,如果要面面俱到,"眉毛胡子一把抓",说课的节奏就不分明,甚至时间不够,在这种情况下有的教师就会草草结束这节课的说课内容,那么这节课的说课效果也就可想而知了。有的教师会采用拖延时间的方法,但说课的时间过长就不符合说课的基本要求。因此,必须分清说课内容的主次,区分详略、轻重,既顾及一般内容又突出重点,在说课时要根据内容的主次,使用不同的教学手段和时间分配。对重点、难点要灵活运用教学方法说深说透,对一般内容可以话语简洁,一带而过。

(二) 语速快慢结合

教师在说课过程中语速的快慢是说课节奏最直接的体现。教师说课时语速应快慢结合、错落有致,说得太快或太慢都会影响说课效果。如果教师在说课时,语速过快,频率过高,在短时间里,听课者会一时难以接受;如果语速太慢,重复过多,听课者的注意力就会分散,也不会产生良好的说课效果。语速的掌握没有什么特别的规定,通常应根据说课内容具体而定,一般来说,大家所熟悉的内容可以讲得快些,生疏的内容语速要放慢一些,讲一般内容时要快,讲重难点内容时要慢。

(三) 语调强弱得当

所谓语调,主要指教师说课时声音的高低起伏。教师的语调"高八度",拉开嗓门一个劲地喊,听课者听之刺耳,闻而生厌;语调轻而沉闷,则会给听课者压抑感,犹如催眠曲,使听课者昏昏欲睡,注意力也不易集中;语调平淡无味,缺乏抑扬起伏,显得过于呆板,听课者也不感兴趣。所以,教师在说课过程中语调要高低兼用,强弱得当,要做到"高低起伏,抑扬顿挫",才能引起听课者兴趣,提高说课效果。

(四)时间长短相宜

说课时间一般 10—15 分钟,这个时间区间,究竟怎么用,教师要根据内容自己确定,做到长短相宜。教师要充分利用好分分秒秒,力求取得最佳说课效果。

影响说课节奏的因素还有很多,作为一名教师,我们应在自己的工作岗位上不断地去实践、探索、研究,从而提高说课效果。

二、让教法独具特色

德国著名学者海因·曼麦说:"用幽默的方式说出严肃的真理,比直截了当地提出来更能为之接受。"那么在说课活动中,教师说教法时,也需说出自己的教学风格。要有独特的教学风格,就必须做到"五有"。

(一)有爱岗敬业的教学情怀

教师具有敬业精神和真挚的教学情怀,才会在平时的说课中刻苦钻研业务,认真分析每个学生的个性特征,对教学内容的处理、教学方法的选择、教学方案的设计、教学过程的组织做到一丝不苟。精心设计、斟酌,形成自己的教学特色。反之,教师在说课中不思进取,套用现成的教案或书中的东西,就会出现不管学生实际,千篇一律的教学模式。

(二)有坚实的专业知识基础

学识水平越高、业务能力越强的教师,越能正确地把握教材的重点、难点,在说课中厚积薄发,得心应手,高屋建瓴,左右逢源。倘若专业知识不坚实,应付说课尚且捉襟见肘,谈何创新,谈何能形成自己的教学风格?随着知识经济时代的到来,对我们教师提出了更新更高的要求,提高自身的专业素养是每个教师的基本职责。

(三)有善于学习的品格

"兼采众长、为我所用"乃是明智之举。只有在一次次的教学实践中吸收他人精华,不断地锤炼自己,提高自己的业务能力,才能逐步形成自己的教学特点。如果故步自封、闭门造车、孤芳自赏、夜郎自大,则必然妨碍自身发展,或向着歧路发展,难以融入教学大潮之中。

(四)有勇于创新的意识

独创性是说课特色的灵魂。别人的经验,只有与自己的教学实际相结合,根据实际情况如班级、学生、学科、教材等,形成自己一套教学方法与手段,才能形成自己的风格。一味模仿,不思创新改革,只能是鹦鹉学舌,难成正果。

(五) 有个性化的学科特点

教学特色首先要有本学科的特色,如语文的优美与广阔,数学的简洁与逻辑,自然的实验与现象,等等。脱离学科教学特点的教法难以很好地适应学科教学。其次特色既然是一个教师所特有的,就要展现这个教师的个性,风格迥异,或稳健持重、儒雅整洁,或风趣幽默、自然流畅。

三、突出教学重难点

(一) 确定教学重点和难点应注意的几个要点

1. 根据教材的知识结构,从知识点中梳理出重点

首先,理解知识点。要理解这部分内容整体的知识结构和内容间的逻辑关系,再把相应的教学内容放到知识的结构链中去理解。其次,理解整个单元的知识点,特别是要详细地知道每节课的知识点,在教学中做到不遗漏、不添加。如果知识点是某单元或某内容的核心,是后继学习的基石或有广泛的应用等,那么它就是教学重点。教学重点一般由教材决定,对每个学生是一致的。一节课的知识点可能有多个,但重点一般只有一两个。

2. 根据学生的认知水平,从重点中确定好难点

教学重点和难点与学生的认知结构有关,是由学生原有认知结构与学习新内容之间的矛盾而产生的。把新知识纳入原有的认知结构,扩大原有认知结构的过程是同化。当新知识不能同化于原有的认知结构,要改造认知结构,使新知识能适应这种结构的过程是顺应。从学生的认知水平来分析,通过同化掌握的知识点是教学重点;通过顺应掌握的知识点既是教学重点,又是教学难点。当然,在实际教学中,由于学生个体认知水平的差异,同化的知识对有的学生而言,也是学习难点;顺应的知识对有的学生而言,不一定是学习难点。总之,要根据学生实际,在把握重点的基础上,确定好难点。

(二) 突出重点、突破难点的主要策略

1. 把握好重点和难点是突出重点、突破难点的前提

我们知道,要想在说课中做到突出重点、突破难点,首先,要深入钻研教材,从知识结构上,抓住各章节和每节课的重点、难点;其次,要认真研究学生,根据学生实际的认知水平,并考虑到不同学生认知结构的差异,把握好教学重点和难点。说课前的精心准备、准确定位,是说课突出重点和突破难点的前提条件。

2. 找准知识的生长点是突出重点、突破难点的条件

每一学科都是系统性很强的学科。那么教学就是要借助于学科的逻辑结构,引导学生由旧入新,促成由已知到未知的推理,认识简单与复杂问题之间的联系,不断完善认知结构,不断实现知识的迁移。新知识的形成都有其固定的知识生长点,找准知识生长点,才能突出重点、突破难点。我们可依据以下两点找准知识生长点:第一,有的新知识与某

些旧知识属同类或相似,要突出"共同点",进而突破重、难点;第二,有的新知识由两个或两个以上旧知识组合而成,要突出"连接点",进而突破重、难点。

3. 采用合适的教学方式是突出重点、突破难点的关键

教师的教学应该以学生的认知发展水平和已有的经验为基础,面向全体学生,注重因材施教。教师要发挥主导作用,处理好讲授与自主学习的关系,通过有效的措施,引导学生独立思考、主动探索、合作交流,使学生理解和掌握基本知识与技能、思想与方法。即根据学生实际,采用合适的教学方式是突出重点、难点的关键。

4. 信息技术的合理应用是突出重点、突破难点的保障

当前,现代信息技术已经成为学生学习和解决问题的强有力工具。因此,在突出教学重点和突破教学难点的过程中,要充分发挥现代信息技术的优势,化动为静,化隐为显,化难为易,化抽象为直观,并通过与传统技术的联合、互补,有效促进教学重点、难点的突破。

四、提高说课有效性

(一)说教材起点要高

教材是进行教学的评判凭据,是学生获取知识的重要来源,为了把握好教学目标、教学重难点,教师要站在高点俯视教材,即教师说教材起点要高。任何一门学科,都有一个相对完整的学科知识体系。每节课的内容都是这个体系中的一部分,教师除了准确说出本节课的内容、知识点外,还要准确把握本节课内容在知识体系中的地位、作用和前后关系,深入了解教学大纲对本单元的要求,从而准确把握大纲对这节课的要求。这样,本节课的教学目标、重点也就可以准确确定。同时,结合学生认识水平制定出本课的教学难点及突破方法和手段。教师只有站在高点,制定的教学目标才能全面、适当、具体。

(二)说教法要有新意

说教法包括说教学方法、教学手段、教学媒体的运用。具体内容包括采用的教学方法及依据,教学媒体使用的具体细节和所要起的作用。教师在熟悉教材的前提下,必须突出学生的主体地位,即学生自身发展的主体,其自主性、能动性和创造性应当充分受到尊重,给予其展现的机会。在教学方法上,必须体现教与学的交融,重视教法与学法的相互转化。教师的教是教学生去学,教是为学服务的,教是为了"不教"。在教法的具体选择上要准确、具体,要有新意,传统的"一支粉笔、一本书"的教学方法既难以吸引学生,又难以体现以"教师为主导、学生为主体"的原则。在说课时要说出符合本课教学的有新意的教学方法,如通过各种媒体的运用采用启发式教学、讨论式教学等。只有教法新颖、得当,教师才能有条不紊地施教,学生才会兴趣盎然地受教。当然,教法有新意,不是要教师一味求新、求异,教师要从教材的实际出发,从学生的实际出发,遵循"由浅入深,循序渐进,由感性到理性"的认识规律。总之,"教学有法,而无定法,贵在得法",教师必须找准出发点,采取切实可行的教学方法,从而实现教学所要达到的目的。

(三) 说学法要灵活

说学习方法,重点要说出如何根据学生的知识基础、生活经验及能力等情况确定学法,以及制定依据、具体安排,教给学生哪些学习方法,培养学生哪些能力,激发学生学习兴趣,调动学生的学习积极性。由于班级学生的基础各不相同,学习态度也各不相同,只有学法灵活、合理,才能激发学生的情感和思维,调动学生学习的积极性。在说课时说出如何树立面向全体学生的思想,实行分层优化,采取建立帮带小组,实行小组讨论等方法,使"优生能吃好、中等生能吃饱、差生能吃了"。采用灵活的学法,同样要遵循理论联系实际的原则,以及传授知识和发展能力相结合等原则,做到"主体参与,分层优化,及时反馈,激励评价"。

(四) 说教学程序要精练

说教学程序是说课的重点。即说说你准备怎样安排教学的过程,为什么要这样安排。说教学程序要精练,要体现科学性,循序渐进,不要过于烦琐,要与流水账式的条款罗列区别开来。作为说课的重点,说教学过程要精而不简,把自己教学中的几个重点环节说清楚,主要有新课的导入、课题的提出、新知识的展开、重点训练、巩固练习、课堂小结、作业布置、板书设计及时间如何支配等。在几个过程中要特别注意把自己教学设计的依据说清楚,如何突出重点、突破难点以及各项教学目的的实现,教学过程中双边活动的组织及调控反馈措施。教学过程的每一个环节对整个说课的效果都有很大的影响。例如,新课导入的启迪性,课题提出的新颖性,新知识展开的循序渐进性,重点训练的有效性,作业布置的合理性,板书设计的巧妙性等。

此外,说课有时还要说疑,对于教师在备课中自己拿不准的疑点,在说课前虚心地求教其他教师,在说课中敢于说出自己的疑问,共同探讨,从而提高教学效率。一堂好的说课,对从教育学到心理学,从语言表述到整体结构的构思,都提出了很高的要求,要做到这些,并非易事,还需要认真学习,深入研究,不断探讨。

五、加强学法指导

说学法是说课内容的重要组成部分,是教师说课活动中的一个难点,也是检测教师在备课时是否摆正学生主体地位的主要手段。说学法要求教师既说学生用什么方法、为什么要选用这些方法和怎样运用方法,也说在课堂上怎样实施学法的指导,怎样使学法的指导渗透在学习活动中。说学法,要遵循教材的地位、特点及学生的实际需要。

(一) 如何把学法指导渗透到教学中

1. 要体现出坚持全过程和全面的指导

学生学习的各个环节是相互制约的。因此,在说课过程中,要体现出对学生学习的每一个环节的指导,如果只在学习的某个环节进行指导而忽视了另外的环节,就难以取得理想效果。作为教师,需依据本学科特点,征求学生的意见,结合学生的年龄特征,给学生制定如下学习流程:观察(质疑)—预习(了解)—听课(理解)—复习(掌握)—应用(巩固)。对上述每一个环节都提出几项具体要求,让学生按照要求去做。另外,学生的学习活动还涉及态度、基础、能力、心理、环境等因素,所以学法指导必须对上述各种因素也要加强指导,使学法指导渗透到各方面,贯穿于教学的全过程。

2. 要针对学生特点和实际问题进行个性化指导

心理学研究表明,中小学生年轻好动,知识面较窄,思维能力较差,注意力不能持久。因此,在说课时要体现出对学生的指导具体、生动、形象,通过典型事例,对学生进行启发和引导,侧重于具体学习技能的培养,使学生养成良好的学习习惯。另外,学生的智力、基础、态度、接受力、理解力均存在差异,所以对不同类型学生的指导应有所区别。

3. 要注重激发学生的学习积极性

这是对学生进行学法指导的根本目的,即改变学生的"要我学"为"我要学"。指导学生弄清学习的目的和要求,形成学习的内在需要,产生自觉的学习行为。成功的学习是学习进取的催化剂,在学习中,要鼓励学生实践,增加学生学习成功的体验,激励学生主动地学习。

(二)学法指导应注意的几个问题

1. 讲民主,忌强迫

学法指导过程中,教师仅是个指导者,由于学生也有他们自己的学习方法,所以要给学生留出思考、尝试、选择的空间,非强制监督性的建议,更易于被学生接受,从而唤起学生的自主意识,做学习的主人。

2. 有计划,忌盲目

对学生进行哪方面的指导,在什么时间指导,都要认真考虑,要有目的性、计划性、系统性,切忌随心所欲,想到哪说到哪,否则不会起到应有的作用。

3. 有耐心,忌急躁

一个好的学习方法需要长时间的强化巩固才能形成。因此,教师在这方面要有耐心,有针对性地反复强化,鼓励学生在学习中细心体会成败得失,总结深化,切忌急于求成。

4. 有应变,忌呆板

随着学习内容的不断拓展和学习程度加深,有些学习方法要不断调整、完善、改进,而且学生的实际情况也是千差万别、不断变化的,这就要求学法指导也要与时俱进,切忌把某一种方法当成"万能钥匙",否则学法指导很难落到实处。

六、掌握说课技巧

要让说课脱颖而出,必须做到以下几点:

(一)心态良好

由于说课者面对的对象不是学生而是评委,评委又大多由本专业领域的资深人士担任,因此,调整好说课的心态,克服怯场心理是非常重要的。说课者应具有稳定的情绪,抱有一颗平常心,不急不躁而又信心满怀,相信通过自己的努力,教学水平一定能得以充分地发挥,否则,就有可能发挥失常,导致说课失败。

(二) 深挖教材

教材是教师说课的重要依托,说课质量的高低,取决于对教材分析的深入程度。简言之,要做到发人所未发、言人所未言,做到人无我有、人有我新。如果能挖掘出让评委教师耳目一新的东西,效果会更好。

(三) 饱含激情

激情是一种迅速强烈地爆发而时间短暂的情感。巴甫洛夫说:"科学是需要人的高度紧张性和很大激情的。"45 分钟的课堂让教师始终充满激情有点困难,但说课的几分钟里面饱含激情是完全可以做到的。激情能激励说课人克服胆怯,忘我投入;激情能感染听课人,营造氛围;激情就像催化剂,能为教师的说课增光添彩,事半功倍。

(四) 巧用语言

说课语言可分为独白语言和教学语言,两种语言的使用是有区别的,也是有技巧的。

说课时使用较多的是独白语言,教材分析、教学依据、教法学法、过程叙述都要用这种语言。独白语言要用足够的音量,清晰地传入在场的每一个人耳朵。语速的缓急要适当,语调的轻重抑扬要恰如其分,让听者从你的顿挫升降中体会出说课重点、难点和内容的变化。

新颖有趣的课堂导语、简明扼要的结束语以及富有启发性的提问语,宜使用教学语言,说课者要把听课人看成是自己班上的学生,语气要生动,有亲和力,力求感染学生,调动学生思维的积极性。同时,把听者带入到你的课堂教学中去,未进课堂却仿佛看到了你上课的影子,推测到了你的课堂教学效果。

巧妙使用教学语言,目的就是要把精彩的课堂内容用最恰当的语言形式表现出来,达到"说的比唱的好听"的效果。

(五) 扬其所长

聪明的说课者总是想方设法地把自己最得意的东西展示给评委,普通话标准的可以把说课语言表现得淋漓尽致,粉笔字漂亮的可以在板书课题时露一手,善于抒情者可以以情感人,精于设计者可以在教学环节的安排上别出心裁……总之,要"八仙过海,各显神通",哪一面漂亮就重点"秀"哪一面。

第三节 说课后的反思提升

1. 明确说课后反思提升的重要性。
2. 掌握说课后反思提升的基本思路。

一、说课后自我反思的重要性

在教学实践中,我们发现有部分教师说课后,不进行说课反思,一方面是由于思想上不够重视,说课结束就意味着任务的完成,一堂课后,不作任何填写;另一方面,有的教师为了应付检查,在说课前就已经写上反思内容,而没有真正理解"反思"的重要作用所在。为什么要反思?"反思教学"就是教师自觉地把自己的课堂教学实践,作为认识对象而进行全面而深入的冷静思考和总结。同样,说课反思也是对自己说课的过程得失进行总结和思考,是一种用来提高自身的业务、改进教学实践、优化教学的方式。通过反思可以不断地记录教学过程中的得失和感悟,可以不断地审视我们的教育教学理念和教学行为的效果。写教学反思,有话则长,无话则短,贵在及时,贵在坚持。长期积累,必有"集腋成裘、聚沙成塔"的收获。美国心理学家波斯纳提出了教师成长的公式:成长=经验+反思。著名教育家叶澜有句名言:"一个教师写一辈子教案难以成为名师,但如果写三年反思则有可能成为名师。"这些名言充分说明了教学反思的重要性。

二、说课后自我反思的基本思路

(一)反思导语设计是否起到了引领课堂的作用

说课开始了,开场白成了进入说课的引子,分量不重,但是不可缺少。精彩的导语可以恰如其分地营造说课氛围,最大限度地激发听课者的兴趣。

那么在说课结束后,导语就是我们首先要反思的内容。有时候老师过分地注重了语言的精美和华丽,却忽视了导语必需的简洁、明快;有时过分简洁,却又让听课者无法把握老师的教学意图,疑惑不解。我们的导语是否完成了肩负布置说课任务的使命?是否真正起到了引导的作用?这些都需要老师在说课前对说课过程进行合理构思,以便确定最恰当的导语。

(二)反思教学行为是否达到教学目标

新课标要求我们在制定每节课(或活动)的教学目标时,要特别注意培养学生的科学素养,科学素养一般从知识、能力、情感态度与价值观"三个维度"来确定,因为对学生的可持续发展来讲,能力、情感态度与价值观,其适用性更广,持久性更长。许多知识都随着时间的推移而被遗忘,更何况当今知识更新的速度极快,只要具备获取知识的能力,就可以通过许多渠道获取知识。所以,情感、态度、价值观必须有机地融入说课内容中去,并有意识地贯穿于说课过程中,使其成为说课内容的血肉,成为说课过程的灵魂。

(三)反思是否创造性地使用了教材

教材,历来被作为课程之本,而在新的课程理念下,教材的首要功能只是作为教与学的一种重要资源,但不是唯一的资源,不要局限于课本,要适时补充相关发展趋势与有关知识点等材料,给学生提供丰富多彩的学习营养。同时,教师不仅是教材的使用者,也是教材的建设者。我们在创造性地使用教材的同时,可以在"说课后反思"栏中对教材使用的经验与体会进行梳理与总结,为教材的使用提供建设性的意见,使教师、教材和学生成为课程中和谐的统一体。

(四)反思说课过程是否存在着"内伤"

要反思自己是否在刻意追求所谓的"好课"标准:教学环节中的"龙头""凤尾""铜腰"一个个精雕细琢,教学手段中的"电媒""声媒""光媒"一个不能少。这种"好课"似乎无懈可击,但有没有给听课者留有思考的空间?有没有关注学生情感、态度、价值的变化?学生的创造性何在?对这些"内伤"必须认真回顾、仔细梳理、深刻反思、无情剖析,并对症下药,才能找出改进策略。

(五)反思说课过程中是否迸发出"智慧的火花"

说课,不仅仅是一种告诉,更重要的是如何引导听课者在情境中去经历、去体验、去感悟。说课过程中,说课者常常会于不经意间产生出"奇思妙想"、生发出创新火花,教师不仅应在说课时及时捕捉这些细微之处流露出来的信息,加以重组整合,更应利用说课后反思去捕捉、提炼,这样,既为教研积累了第一手素材,又可拓宽教学思路,提高说课水平。将其记录下来,可以作为教学的宝贵资料,以供研究和共享。

(六)反思说课过程是否关注学生的个性差异

学生的个性差异是客观存在的。成功的教育者,必须根据学生的个性特长、禀赋优点,因材施教,因人施教,因类施教,充分发挥学生的个性特长,让性格各异的学生争奇斗艳,各领风骚,让每一个学生都有施展才能的天地与机会。换言之,成功的说课设计应关注如何让基础好的学生"吃得好"、跑得快,让中等生"吃得饱"、跑得远,让学困生"吃得了"、不掉队。因此,在说课中,无论是情境的创设还是内容的呈现,无论是问题的设置还是释疑解惑,均应"为了一切学生",多层次、多维度、多渠道地开展教育活动。因为教育的最大使命就是尊重学生的个性差异,尽可能地在说课设计中创设条件发展学生的思维能力,培养学生的思维品质,促进全体学生的发展。

（七）反思说课过程中多媒体的运用是否恰到好处

多媒体课件在说课中的作用是有目共睹的，它具有信息量大、简洁灵活、传递迅速、形象直观、声画兼备、操作简便等特点，已经被越来越多的教师接受应用。它可以解决说课中的许多难题，可以有效地创设情景，提供丰富的教学材料。但是，有些老师走入了多媒体教学的误区：说课中的每一个环节都要运用多媒体，媒体成了说课的中心。老师讲解的很少，教学目标被淡化，重点得不到突出，促使听课者看得眼花缭乱，目不暇接。有的教师为了追求课件的精美，花费了大量的时间和精力，没有时间去钻研教材、深入学生，反而降低了教学效果。因此，我们要认识到，在教学中，多媒体不是万能的，它不能代替师生之间的情感交流，它只是说课的一个辅助工具，只有在需要的时候用到它，才可以达到让它为我们教学服务的目的。

（八）反思教学过程设计是否遵循认知规律

教学过程是一种特殊的认知过程，它包含两方面的意义：其一，教学过程本质是一种认知过程；其二，这种认知又不同于一般认知或其他形式的认知，它是在教师有目的、有组织、有计划的指导下，学生主动地接受人类间接经验和知识的师生共同活动的过程。在这个过程前，教师为了使学生能掌握教学大纲及教材规定的知识要求和能力要求，必须精心制定最优化的教学方案，编制教材教法程序，运用多种教学进行科学组织和设计。在教学过程中，按照拟定的设计方案，随时结合现状修正方案并将之实施。教学过程应充分体现教师的主导作用和学生的主体作用。根据所教学科的特点，在教学过程设计中，尽量让学生通过自己的探索、思考、观察、操作、想象、质疑和创新等丰富多彩的认识过程来获得知识，让结论和过程有机地融合起来，使知识和能力得到和谐发展。一个教学过程设计的优劣，显然要由最终的教学效果和时间效益来评定，而教师的教学过程的设计水平直接决定了学生的学习效果和课堂教学的效益。

拓展阅读

好课是反复"打磨"出来的

1. 立足高远，夯实功底

孔子说："学而不已，阖棺乃止。"在快速发展的今天，每个教师更应该为教而学，与时俱进。所谓"学高为师，身正为范"，我们必须拥有专业领域最扎实的基本功，熟悉最前沿的专业发展趋势，才对得起脚下的三尺讲台。我觉得老师要上好课，首先要精心备课，而备课内容不局限于教材，要了解这个课程背后整个行业或者整个社会的发展动态，教师需要看到知识点之间的联系，看到知识点之后蕴含的哲理，看到课程之间的衔接，看到国家发展的大背景、大蓝图等。做一个好教师，站点必须高，基础必须实。

2. 以终为始，不忘初心

知识会更新，技术会过时，但素养是一个不会过时的话题。教师在授课的过程中，应该始终不忘以人为本,以提高学生的能力、素养为核心。我精心设计教学问题,设计学生作业,努力培养学生的逻辑思维能力和专业核心素养,这是比"讲"更高级的"导",而"导"的根本在于不忘初心,以学生为本。作业是课堂的延伸,是教学环节中非常重要的一环。由于课程内容在不断变化,学生的素质每年也是不一样的,所以作业的设计尤其要精心构思,必须要切合学生的实际,关键在度的把握,既要有挑战性,实现巩固所学知识,又不能太难,否则达不到训练的目的。所以,教师工作是一种良心活,只有本着对学生负责的精神,认真做好教学的每一项工作,从细处入手,无私奉献,才无愧于人类灵魂工程师的称号。

3. 博观约取,厚积薄发

台上10分钟,台下10年功。讲好一堂课,教师首先要拥有渊博的知识,真正吃透并讲出课程的精髓。其次,讲课是一门艺术,除专业外,教师还需要掌握演讲的艺术、沟通的技巧,熟悉教学规律,把握学生心理,才能真正提高教学效果。因此,课堂上的精彩依靠课堂之外的功夫。我的这一堂课,教材上只有一页,但准备它,我花了一个月的时间。在教学设计中运用了由静到动、从抽象到具体的思维方式,例如,运用动画的形式对教材中的难点进行动态演示,不仅可以让学生更直观地了解其中的原理,还可以启发学生思考,加深他们对知识点的理解。教学设计中还将教学内容与中国的古典故事——庖丁解牛联系起来。用庖丁解牛的典故导入课堂,不仅吸引了同学们的注意,让枯燥的算法与中国的智慧故事联系起来,既完美体现了算法的思想,又展现了人类高级智慧的相通之处。在知识点讲授结束后,我还给出了两个算法,每个算法各给出了一个实例。既然是为解决同一个问题,为何不用同一个实例呢?有比较才有鉴别,运用对比手法更具有说服力。

(王圆圆)

第四节 说课案例

大班科学活动《大树挂水啦》说课稿

一、说活动背景

春游时,小朋友们正叽叽喳喳地讨论着柳树,突然昊昊惊叫起来:"老师,快看,大树还挂水呢,是不是生病啦?"这么一叫,小朋友们都沸腾了。树为什么要挂水,在当时情境中我也解释不清,但我知道这是一个孩子们感兴趣的教育内容。于是我说:"这个问题老师也不太清楚,我们回去一起查查资料,弄明白大树挂水的原因,好吗?"因此,我抓住孩子们的兴趣点,设计生成了为期一周的"周围生活中的树"主题活动。本节科学活动旨在和孩子们共同学习的过程中,引导幼儿利用资源、主动学习,探究"树为什么要挂水?""树生病了怎么办?"等知识经验,从而保护幼儿的好奇心,满足他们探究的欲望,在查阅资料、访谈他人、观察比较、动手操作的同时,萌发幼儿喜爱树、爱护树、保护树的情感,从小树立热爱自然、热爱科学、绿色环保的意识。

(《指南》指出:成人要善于发现和保护幼儿的好奇心,充分利用自然和实际生活机会,引导幼儿通过观察、比较、操作、实验等方法,学习发现问题、分析问题、解决问题。)

二、说活动目标

本次活动,我制定了以下三个目标:

1. 对大树挂水的原因进行探究,初步探寻问题的答案。
2. 用图表记录、归纳、验证大树挂水的原因,体验与人合作探究的快乐。
3. 在积累树木生长知识的过程中,萌发热爱、尊重、保护自然的情感。

(目标是活动的起点和归宿,目标的适宜性是本次活动设计的根本,本次活动的目标是我结合《指南》之科学领域5—6岁儿童发展的指标、幼儿的学习特点而制定的。)

三、说活动准备

1. 幼儿和家长一起再去观察大树挂水的情境,收集有关树生长过程的知识。
2. 教师查找资料,了解树生长过程中常见的疾病和为什么要挂水的准确资料。
3. 调查表《大树挂水啦》。
4. 制作"树为什么要挂水"的动画课件。

(活动准备是为了完成活动目标服务的,幼儿是通过尝试操作与验证获得经验,活动准备必须与目标、活动主体的能力、兴趣、需要等相适应,所以,我既进行了物质准备,又考虑到幼儿的知识经验准备。)

四、说活动过程

1. 观察图片,分享发现

谈话:小朋友们,秋游时我们看到有大树挂水了,这段时间小朋友们又和家长一起观察、探索了大树为什么会挂水的原因,并用自己喜欢的方法记录下来,谁愿意来将自己的发现与大家分享。

(请几名幼儿上来展示自己和家长完成的调查表,有照片、图画、家长的文字记录等。)

刚才几个小朋友展示了大树挂水的原因,你们都同意吗,你同意哪一种?有没有别的想法?

教师把幼儿的发现以表格的形式记录并统计。

猜想序号	猜想记录	同意猜想票数
猜想1		
猜想2		
猜想3		
…		

(此环节,我从幼儿的收集、查询入手,能激发起幼儿的兴趣;在自主收集资料的过程中,幼儿也获得了粗浅的知识,因此,抛出的问题幼儿能够接得住,有表现的欲望也就有学习的欲望。记录表格的出现,一方面引导他们在日常生活中学会归类,另一方面通过猜想,引出发现这一环节。)

2. 播放动画,记录发现

导语:刚刚小朋友都讲述了自己和家长的发现和想法,那大树到底为什么要挂水?我们来听听故事吧。(欣赏第一遍)

大树挂水的原因你们都听清楚啦,我们再来听一遍,好好数数大树挂水的原因是什么,究竟有几种?

(《指南》指出:幼儿的思维特点是以具体形象为主,应注重引导幼儿直接感知、亲身体验进行科学学习,不应对幼儿进行灌输和强化训练。因此我用动画故事的形式鼓励幼儿在探究的过程中动脑寻找答案。)

哦,大树挂水的原因,你们找到了吗?那把你们的发现记录下来吧。

交代记录的要求,幼儿操作。

	大树挂水啦	
(大树挂水的图片)	记录人:	
	1	
	2	
	3	
	……	

(《指南》建议:通过拍照和画图等方式保留和积累有趣的发现,同时也要求能尝试整理、概括自己探究的成果,因此,我通过这一环节让幼儿动手操作,记录自己的发现,整理探究结果,当然也为最后的验证做好铺垫。按要求操作是归纳经验、顺利完成活动的保证,因此,我把记录要求重点讲解。)

3. 验证结果,分享快乐

导语:小朋友的发现都记录好了,请你把自己的记录结果统计到表格里,看看、比比现在的发现与刚才的猜想哪里不一样?

师生完成最后的表格,统计归类最后的结果:(1)树生病虫害了,要注射药物,比直接喷洒效果更明显,而且不会造成环境污染;(2)刚移植的树通过挂水来促进根系快速发展,提高树木的成活率;(3)名贵树木缺少营养,可以通过挂水补充。

	大树挂水啦		
猜想序号	猜想记录	同意猜想票数	验证结果
猜想1			
猜想2			
猜想3			
……			

(总表→分表→总表,旨在支持幼儿独立思考,引导与同伴合作探究,与分同伴分享交流的能力;猜想→发现→验证,环环相扣的过程不仅获得丰富的感性经验,充分发挥形象

思维,同时让幼儿初步懂得发现问题、探究问题、解决问题的步骤及过程,学会用统计来表述探究的结论。)

4. 迁移经验,爱护大树

导语:大树挂水的原因我们找到了,那你们还发现大树有什么秘密?我们能为大树的健康生长做些什么? 在平时的生活中,我们要保护大自然,你觉得应该做些什么?

(迁移经验,以小见大。这一环节一方面发散幼儿的思维,再现日常生活中的观察经验,培养幼儿喜爱观察、善于发现、乐于探究的能力;另一方面也引导幼儿关注自然,知道自然与人们的关系,从而懂得热爱、尊重、保护自然。)

回去后请小朋友和家长一起再去仔细观察:你观察的大树是因为什么原因要挂水?林业科技人员给大树挂的是什么水?挂水后大树有什么变化?用自己喜欢的方式记录下来,下次再来与大家分享,好吗?

(养成持续观察的兴趣,提升学习的能力,萌发热爱、保护自然的情感。)

五、说活动设计的思考

1. 活动来源于生活

张雪门说:"生活就是教育,五六岁孩子在幼稚园生活的实践,就是行为课程。"这种课程"完全根据于生活,它从生活而来,从生活而展开,也从生活而结束,不像一般的完全限于教材的活动"。由此可见,生活是课程的基本要素,本次活动来源于孩子的发现。

2. 活动依据于《指南》

活动设计以《指南》为依据,我充分借助环境资源,发挥材料的作用,通过引导幼儿观察、探索、发现、归纳等方式,培养他们合作学习的意识和探究技能等,从而体验发现的快乐、科学的奥秘,把孩子们引向科学探究之路,丰富他们的科学经验,引导他们建构初步的科学概念,在科学启蒙的道路上快乐成长!

3. 活动呈现于自主

活动设计中,我充分相信孩子的能力,在"孩子在前、教师在后"的原则下,通过同伴的发现、自己的探索等方式,引导幼儿步步深入,得出结论,从而把零散的知识经验化为科学的、完整的知识经验。

附原创故事《大树挂水啦》:

今天的天气真好! 小鸟喳喳和妈妈出来游玩,他们一会儿飞到东,一会儿飞到西。

他们飞到公园里,刚蹲在树枝上休息。忽然,喳喳叫起来:"妈妈,快看,这棵大树吊水啦,是不是生病了?"妈妈说:"宝贝,你自己问问树爷爷吧?"于是,他飞过去问:"树爷爷,您为什么挂水?"树爷爷说:"你们看,我这儿有个窟窿,里面住满了虫子,我生病了,而喷洒药水会污染环境,所以就给我挂水啊!""哦,知道了,谢谢树爷爷,祝您早日康复!"

他们又飞呀飞,看到了路两旁一排排的树木都挂起了水。他们着急地问:"妈妈,这么多的树都生病了,怎么办?"妈妈笑着说"宝贝,不要着急,这些树是刚栽下的,它们挂水不是因为生病,而是为了增强树木的营养,促进根系更好地生长,保证刚栽下的大树能够成活。"妈妈又说:"还有一些名贵的树,在树干上打孔注射可以快速补充树木的水分、营养,保证树能够活得更长久!"喳喳扑扑翅膀,点点头:"哦,我明白大树挂水的原因啦!"

这一天,喳喳可真开心!

(夏丽华)

中班科学活动《绿杨春》说课稿

一、说活动目标

1. 通过观察绿杨春的外形及泡水前后的变化,了解茶叶的制作过程,初步感知茶叶多样性的特征。
2. 能运用各种感官参与活动,乐于用语言和身体动作表达对茶叶的认识。
3. 丰富有关茶叶的知识,产生对茶叶的兴趣。

二、说活动准备

1. 活动前和幼儿共同收集各种茶,如普洱、乌龙、白茶,以及花茶和水果茶。
2. 内装绿杨春的小茶叶包、纸盘、透明杯子人手一份,开水,茶叶的制作观察幻灯片。

三、说活动过程

(一)通过感官感知雨花茶的特征

1. 出示内装绿杨春的小茶叶包。

今天沙老师带来了一样东西,它就藏在这个小袋子里,如果不打开纸包,怎样才能知道这里面藏的是什么?(雨花茶的包装为不透明的一次性茶泡袋)

2. 大家来猜一猜纸包里藏的是什么?(幼儿人手一袋绿杨春)
3. 怎样才能知道你们猜的对还是不对呢?(幼儿打开验证,并将茶叶倒进纸盘内)
4. 今天老师带来的这个茶叶,就是我们扬州的特产——绿杨春。

(鼓励幼儿想出多种办法,并通过摸、捏、闻等方法,对绿杨春有初步的认识,同时增强对观察活动的兴趣。)

(二)观察茶叶的特征

1. 现在,请你看一看、捏一捏、摸一摸、闻一闻,说一说绿杨春是什么样的?(当说到绿杨春有的直直的,有的弯弯的,可以请幼儿用动作来表示)
2. 集体交流:谁来说一说,绿杨春是什么样子的?

(鼓励幼儿通过各种感官,感知绿杨春的颜色、形状、硬度等特征,并用清楚的语言进行交流。)

(三)观察泡水后的茶叶

1. 绿杨春有什么用?
2. 泡茶还需要什么?怎样泡?(根据幼儿的讨论,教师逐一出示开水、茶杯等)
3. 小结:泡茶需要茶杯、开水,泡茶时先放茶叶,再加入开水。
4. 请小朋友想一想,加入开水后,茶叶会有什么变化?

(幼儿结合日常生活,知道绿杨春可以泡茶、煮茶叶蛋等,同时了解泡茶需要的用品和泡茶的顺序。)

(四) 幼儿自己动手,感知茶叶的变化

1. 幼儿泡茶,并观察茶叶在开水中的变化。(教师引导幼儿仔细观察茶叶的变化,并用语言描述)

(幼儿根据已有经验猜测,同时也为幼儿进行有目的的观察提供依据。)

2. 游戏《小茶叶》。教师扮演泡茶人,小朋友扮演小茶叶,学习用身体动作表现茶叶的特征以及茶叶在开水中的变化。(鼓励幼儿大胆表演)

3. 品尝、交流,说一说绿杨春的味道。

4. 观察泡过后的绿杨春:你刚才看到的绿杨春是什么样子的?现在的绿杨春又是什么样子的?

(通过泡水前后的对比,进一步巩固了解茶叶的特征。)

(五) 观看幻灯片,了解茶叶的生产过程

1. 你们知道绿杨春是怎么来的?它生长在哪里?怎样从嫩绿的叶子变成干干的茶叶?

2. 播放幻灯片。

3. 小结。

(幼儿先借助已有的经验讲述,再有针对性地观看幻灯。)

(六) 延伸活动

1. 除了我们扬州的特产——绿杨春之外,你还知道有哪些茶叶?(教师根据幼儿的讲述,逐一出示准备好的茶叶)

2. 茶叶的种类非常多,有普洱、乌龙、大红袍等,另外还制作了各种各样的花茶、水果茶,让人们能够品尝到不同口味的茶。(班级设置中国茶叶展,将师生共同收集到的各类茶叶布置在展台上,并做上名称标记,供幼儿观察、欣赏、了解)

(讨论和展示收集到的各种茶叶,使幼儿进一步了解茶叶的多样性,鼓励幼儿利用日常的观察,了解不同的茶叶在外形和口感上的区别。)

中班原创童谣游戏《搭三轮 逛扬城》说课稿

一、说活动背景

扬州是一座声名远扬的历史文化古城,在深厚悠久的文化滋养下,不仅孕育出爽快朗直的本土方言,还繁衍了一些清新朴实的本土民间童谣。近两年我园一直致力于童谣课程的研究,扬州方言童谣也成为园本童谣课程的一个主要内容,以《指南》为背景的课程游戏化就是让幼儿园课程更适合幼儿、更生动、更有趣、更有效地促进幼儿新的经验。基于这种理念,作为幼教工作者的我也不禁思考:如何让童谣真正融入幼儿生活,走进幼儿世界? 创作方言童谣游戏的想法便油然而生。将方言元素结合游戏,是原创童谣的立脚点,不仅符合新《规程》的要求,也符合传承本土文化的理念。眼下正值春季,恰逢扬州"烟花三月旅游节",我在班上常耳闻孩子们私下交流旅游节的相关话题,因此,结合我班幼儿的

经验、兴趣,我设计了这节具有本土特色的童谣游戏《搭三轮 逛扬城》。

二、说活动目标

《指南》提出:"会说本民族或本地区的语言,发音正确清晰。"《幼儿园工作规程》指出:"游戏是幼儿园的基本活动。"根据以上要求,结合中班幼儿年龄特点和语言发展水平,我从认知、能力和情感三方面提出了本次活动的目标:

1. 准确、有节奏地用本土方言吟诵童谣,感受扬州童谣的韵味。
2. 边念童谣边愉快地游戏,在玩中交流,体验合作的乐趣。
3. 增进对家乡的了解,激发热爱家乡的情感。

三、说活动重难点

准确、有节奏地用本土方言吟诵童谣;边念童谣边愉快地游戏。

四、说活动准备

活动准备为活动的成功开展提供了可能,本次活动我将做如下准备:

经验准备:

1. 有说本土方言的经验,了解本地的风景名胜。
2. 与家长共同收集"烟花三月旅游节"的知识。

物质准备:

1. 交警帽子一顶、指挥棒一根。
2. PPT(柳絮、扬州著名景点、扬州小巷、三轮车等图片)。

五、说教学途径

整个活动我以幼儿为主体,主要通过分享经验—获得经验—提升经验—拓展经验四个层面逐层推进,实现目标。

我主要运用了直观演示法、启发提问法、"迁移法"等教学方法。

我注重幼儿自身的学习和体验,主要采用了谈话讨论法、情境表演法、小组合作法、角色游戏法等学法,幼儿在看看、听听、想想、说说、玩玩的轻松气氛中,全身心地投入活动,创造性得以充分发挥。

六、说活动流程

《指南》在语言领域中提出:"应为幼儿创设自由、宽松的语言交往环境,让幼儿想说、敢说、喜欢说并能得到积极回应。"《指南》同时建议:"幼儿园应多为幼儿提供需要大家齐心协力才能完成的活动,让幼儿在具体活动中体会合作的重要性,学习分工合作。"根据以上要求,结合本次活动的目标,我设计了以下活动流程:

(一)聊扬城,激发参与的兴趣

1. 猜节日,导入话题

春天到,扬州城里真热闹,中外游客赶过来,一场盛会齐来开。什么会,像过节,小朋友们快来猜。

2. 观PPT,经验交流

扬州有哪些有名的景点?

我们扬州不仅有美丽的公园,小巷子也很有特色呢,你走过哪些小巷子呢?

如果你是小导游,可以借助什么交通工具带外地游客去逛小巷?

(第一环节分享经验,以"猜"启动。首先通过童谣猜节日的形式导入,既吸引了孩子的兴趣,更激起了孩子对后续活动的各种好奇与期待。紧接着的开放性提问,将幼儿从对"烟花三月旅游节"的宏观话题拉回到具体的生活与经验,使其有感而发,直抵关键词"搭三轮"。幼儿通过观看PPT,交流分享,充分表达,增进了对家乡扬州的了解,目标三得以实现。)

(二)念童谣,感受方言的趣味

1. 欣赏童谣

教师有表情地用方言念童谣。

今天老师就要和你们玩个游戏,名字叫"搭三轮 逛扬城",玩这个游戏需要先学会一首扬州方言童谣《搭三轮 逛扬城》。

2. 理解童谣

你们见过烟花吗?你知道这里的烟花指的是什么吗?

(结合PPT,简单解释"烟花"是指漫天飘舞的柳絮。)

你坐过三轮车吗?和谁一起坐的?感觉怎么样?

为什么叫搭三轮,猜猜这个"搭"是什么意思?(幼儿相互讨论)

扬州话里的"搭"有好多种意思,而这里的"搭"意思就是乘坐。

3. 吟诵童谣

(1)结合PPT,集体朗诵。

(2)自由组合,上台吟诵。

(第二环节获得经验,以"问"助动。结合PPT,我围绕重点,通过直观演示法、启发提问法,帮助幼儿理解童谣内容,引导幼儿用方言念准童谣《搭三轮 逛扬城》。童谣的流传主要通过口口相授,若想发音不走样,原版首先要标准,所以这里,我们要提醒小朋友念时注意童谣的发音、节奏和韵味,让他们能从中体验到扬州方言的魅力。幼儿自由组合上台表演,一方面尊重幼儿,为他们提供自主选择的机会,另一方面也给胆小羞于独自表演的幼儿壮胆鼓劲。目标一得以实现。)

(三)玩游戏,体验合作的快乐

1. 小组交流——三人如何组合"搭三轮"

小朋友,老师请你们先讨论一下,根据这个童谣,三个人可以怎样组合成搭三轮的造型?

请每组幼儿演示组合造型。

大家共同评选出最合理的(既方便游戏,造型又美)三轮车造型。

2. 商定玩法——游戏玩法及规则

小朋友边念童谣边模仿柳絮飘做自由飞舞动作,当念到"三个朋友搭三轮"时,立刻自由结伴三人抱成团,合作成搭三轮车的样子,边念童谣边慢跑,落单的小朋友,就担任交警,"三轮车"要听从交警的指挥。完整念完一遍童谣后"三轮车"停下来,游戏重新开始。

3. 共同游戏

教师幼儿共同游戏,提醒幼儿要边念童谣边做动作进行游戏。

4. 自主游戏

教师及时提醒遵守游戏规则,不要提前抱成团,当念到"三个朋友搭三轮"时,再去找搭档。

5. 提高难度

鼓励幼儿自由组合三轮车队,并说出将要前往的景点(如瘦西湖、大明寺等)再前行。

(第三环节提升经验,以"玩"生动。我围绕难点进行,通过小组合作法、迁移法,幼儿在"搭三轮"的过程中,充分享受到了自由、自主、创造、愉悦,这正如维果斯基所说"游戏就像一个放大镜,能使儿童潜在的新能力在真实情景中表现出来之前,就在游戏中首先展现他们"。在此游戏中幼儿体验到了童谣游戏的乐趣和合作创造的快乐,目标二得以实现。)

(四)亲子乐,体现活动的价值

鼓励幼儿和家长一起玩"小导游"游戏。

大家扬州话讲得真不错,童谣念得也好听,玩得非常开心,我们扬州有这么多好玩的地方,小朋友们可以回去试着和爸爸妈妈一起玩这个游戏,你做小导游,搭着小三轮领着爸爸妈妈逛逛美丽的扬州!老家不在扬州的小朋友也可以试试用你们的家乡话和爸爸妈妈来玩这个游戏哦。

(最后的延伸环节,拓展经验,以"亲"推动。我们一直提倡:"应该实现活动在生活中的延伸,可利用多种教育方法,让幼儿继续在游戏中感受快乐。"所以我鼓励幼儿回家和爸爸妈妈一起玩亲子游戏,相信在这样的亲子氛围中幼儿一定更能勇敢地说、大胆地想、自由地玩,从而为幼儿的终身发展打下良好的基础,同时也能让我们扬州的地方文化得以更好地传承。)

附童谣原文:　　　　　搭三轮　逛扬城

丁　璐

三月到,烟花飘,

4.18,招手笑,

三个朋友搭三轮,

扬州城里跑一跑。

(张明慧)

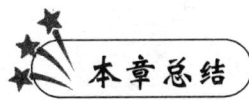

本章总结

说课是一门科学,也是一门艺术,它是教学活动的预演,说课活动能有效调动教师投身教学改革、学习教育理论、钻研课堂教学的积极性,是提高教师素质、提高教学水平和教学效果的重要途径。本章分为三节,第一节讲述了说课的概念,分别介绍了教师说课前在知识、理论、技术、心理等方面的准备工作。第二节阐述了说课的基本要求,包括把握好节奏、让教法更具特色、突出重难点、突出说课有效性、加强学法指导、掌握说课技巧等几个方面，它是本章的重点内容。第三节阐述了加强说课后反思提升的重要性和基本思路。

1. 如何提高说课的有效性？
2. 说课后为什么要进行反思？

一、选择题

1. 说课的时间一般多长？（　　）
  A. 3—5分钟 B. 5—10分钟 C. 10—15分钟 D. 15—20分钟
2. （多选）说课的准备工作主要包括哪些部分？（　　）
  A. 知识准备 B. 理论准备 C. 技术准备 D. 心理准备
3. 说课的主要内容是（　　）。
  A. 教学目标 B. 教学程序 C. 学情分析 D. 总结反思
4. 把握好说课的节奏包括哪几个方面？（　　）
  A. 内容详略得当 B. 语速快慢结合 C. 语调强弱有错 D. 时间长短相宜

二、判断题

1. 说课就是截取讲课的一部分。（　　）
2. 说课时应平均安排各部分内容。（　　）
3. 语言表述在说课中具有重要地位。（　　）
4. 说课的每一个环节都应使用多媒体。（　　）

第六章　课堂教学

> 课堂作为教师教学的主要阵地,是教师教书育人的最前线。课堂教学成功与否直接决定了教师的教学效果,是师范生专业发展中的关键。上好课不仅是一门技术,更是一门艺术。本章主要介绍了提升课堂艺术的几个方面、课堂教学的常用教学方法以及怎样选择合适的方法,以期师范生能从中汲取所需的知识,提升自己的教学水平和课堂教学魅力。

第一节　课堂教学艺术

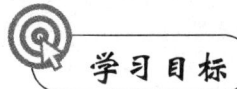

1. 了解课堂教学的基本含义。
2. 掌握课堂教学艺术魅力的几个方面。

一、什么是课堂教学

课堂教学与"个别教学"相对,把年龄和知识程度相同或相近的学生,编成固定人数的班级集体,按各门学科教学大纲规定的内容,组织教材和选择适当的教学方法,并根据固定的时间表,向全班学生进行授课的教学组织形式。

二、课堂教学艺术的魅力

有一位教育专家曾经说过:"成功的教师分两种,一种是学术型,一种是表演型。"相信很多人赞同这个观点,但教育界的学术研讨中,对教学表演艺术的理论,均提及不多,多数研究方向是教育的"科学""技巧"和"手段"。事实证明:两位教师,采用同样的教学方法和教学工具,但由于两人的语气、表情等个人魅力的因素差异,会产生截然不同的教学效果。这就是表演艺术的水平差异造成的。教师上课时,面对的是几十个甚至上百个学生,他(她)首先要做的,是能抓住学生的眼球,能牵引学生的思路,能控制上课的节奏,教师的语言绝不能平淡枯燥,教师的表情绝不能呆板无趣,教师的肢体动作绝不能一成不变。想让一堂课精彩生动,教师与演员何异？所以说,真正能称得上"大师"的教师要想上好一门课,一定是重视学习和研究表演艺术,成为"演技派"教师。

一节成功的好课,与教师的教学艺术是密不可分的。在课堂教学中,教师若能掌握、发挥好课堂教学的各种教学艺术,必然会收到良好的教学效果。

(一) 语言表达艺术

教师的语言艺术在课堂教学中具有重要地位。优美、流畅、动听的语言能够牢牢地吸引学生的注意力,使整个课堂教学处于一种张弛有度、轻重适度、缓急合理的良性状态。这种优美的语言艺术应表现为:声音洪亮、抑扬顿挫、语速适中、生动准确、娓娓动听。在教学中若能根据不同的教学内容恰到好处地运用语言艺术,灵活多变地设置各种不同的教学情境,诱导学生"入境""动情",必然有助于激发学生的学习兴趣,获得良好的教学效果。

(二) 创设情境艺术

在课堂上教师一定要排除一切杂念,以饱满的精神状态和教学激情全身心地投入课堂教学当中,这样不仅可以为学生创造一种气氛热烈、趣味盎然的学习情境,而且还能使学生由于受到教师教学激情的感染而全身心投入学习中去。在这样轻松愉快的教学氛围中,教师既能保持清晰流畅,又促使语言生动活泼,还能使学生的学习情绪饱满、思维活跃。

(三) 教态表现艺术

教态是教师讲课时的心情、表情、动作、神态、姿态等体态的表现,是伴随教师开展课堂教学的一种重要辅助手段。学生在课堂上不仅要通过教师有声语言的讲解而"察其容",而且还会通过教师的教态而"观其色"。因此,教态对教学的效果,起着非常重要的作用。教师的教态艺术表现在:

1. 得体大方的饰态

教师进入课堂,学生首先观察教师的服饰仪表,一般而言,教师的课堂服饰一定要整齐、清洁、庄重、大方,切记奇装异服,美艳俗气,从而影响学生上课的注意力。

2. 恰如其分的姿态

人们常说:"情动于中而形于外。"学生可以根据教师站或坐的姿势、手势和动作,推断出教师对这堂课大概的态度、情感和兴趣,主动地配合教师搞好课堂教学工作。第一,开放式姿势。教师开放式姿势站立时需两手和两脚不交叉,身体稍微前倾,这样教师给学生的感觉是坦诚可信的,表明他在很乐意、热忱、活泼、不拘谨地给学生上课,并愿意接受学生的提问和帮助学生解决疑难问题。如果取封闭式姿势,即站立时两手交叉,则表明教师对学生持怀疑、审视、静待、冷漠、轻慢、保守的态度,显然是不可取的。第二,适当地走动。

一般来说,教师的走动以围绕讲台为宜。走动幅度过大,会使学生过多注意教师的走动情况,分散听课的注意力。当然在与学生讨论问题、阅读课文或考查测验时,可走下讲台观察学生的情况。走动时须稳健、庄重,避免身体触碰学生和课桌、文具,更不能碰撞出其他声音,造成学生的哄堂大笑。第三,做到"坐有坐相、站有站样"的效果。在课堂上教师应注意自己的每一个细小动作,站时身板挺直,昂首挺胸,显得端庄、伟岸,使学生从心理上感到既庄重又轻松。第四,在学生回答问题时,保持适当的距离,尽量避免给学生造成不必要的心理压力。对于不善于发言或比较胆怯的学生,要恰到好处地点头微笑,尽管点头不都是表示赞同,但这种动作能有效地鼓励和示意学生继续谈下去。第五,适当地打手势。因为打手势往往反映教师具有积极情绪,是重视课堂教学和乐意给学生上课的象征。但是,打手势太多、太频繁,则可能给学生留下浮躁、不端庄的印象,学生的反应也是不满意的。第六,不要用一根手指来指着学生。尤其是在学生回答问题时,因为教师在课堂上用一个手指指着学生会使学生感到教师态度强硬,不够尊重他们的人格,容易产生反感的情绪,这样不利于学生对知识的掌握。

3. 必须具有热情亲切的眼态

眼睛是"心灵的窗户",在课堂教学中,师生之间通常都是以目光接触来表达各种思想和感情的。由此可见,运用眼睛的"目光语言"是提高课堂效果的一个重要方面。在课堂教学中,师生之间保持适当的目光接触,有助于教师从学生的眼神中得到课堂教学效果的信息反馈,使学生感到教师在情感上与之亲近、思路上与之共融、知识上与之交往。这样一来,学生的听课注意力就会集中,教师所传授的知识就容易得到吸收。

4. 必须具有良好稳健的心态

教师如果在良好的心态下授课,精神饱满、情绪高涨、思路开阔、反应敏捷,对教学内容阐述清楚、运用自如,语言丰富,表达准确,比喻恰当,授课艺术得到最大限度的发挥,课堂气氛活跃,学生感觉轻松,这对于提高课堂教学效果大有好处。

(四) 激发学习兴趣艺术

兴趣作为一种行为的动力,它将推动学生积极、主动、自觉地学习,因而在教学中,教师要始终观察学生的学习状态,注意培养和激发学生的学习兴趣。这既可以激发学生的学习热情,又能拓宽学生的思维能力。在课堂教学中,教师声情并茂的讲解,使师生间的情感得到充分的交流,有助于教师取得预期的教学效果。

(五) 随机应变艺术

一位合格的教师还应具备应处理课堂教学中各种突发事件的能力,这种应变能力的高低也直接体现出教师的自身素质问题。比如,在课堂上,有的学生淘气,把一只刚会飞的小鸟或一只大青蛙带来,不小心发出了鸣叫声,因而影响到了其他学生的注意力。这时,作为教师,面对这种突发事件不要惊慌,掌握好随机应变的教学艺术,迅速稳定学生的学习情绪,控制好课堂秩序,圆满完成教学任务。

在教学中,教师的语言艺术、创设情境艺术、教态表现艺术、激发学习兴趣的艺术、随机应变艺术是相互联系、密不可分、缺一不可的,也是上好每堂课的重要保障。

第二节 教学方式

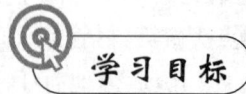

1. 熟悉几种常用的教学方式。
2. 了解怎样选择合适的教学方式。

一、常用的教学方式

(一) 启发式教学

1. 什么是启发式教学?

启发式是指教师以学生为学习的主体,从学生的实际出发,依据学习的客观规律,灵活运用各种教学方法和手段,充分调动学生学习的积极性、主动性和创造性,激发学生内心活动,引导学生通过独立思考,融会贯通地掌握知识,探求新知,发展智能,提高分析问题、解决问题能力的一种教学方式。

启发式教学是教学原则与方法体系的最高境界,对各种教学方法起着定向、调节和控制作用。在所有教学方法中都应该贯彻启发式教学的思想,在教学的各个环节都应该倡导和重视启发式教学思想的运用。

2. 如何进行启发式教学?

启发式教学是当前实施素质教育、培养创新型人才必须积极采用的一种教学方式。运用启发式教学必须做到以下几点:

(1) 加强学习,正确认识和理解启发式教学

启发式教学不是一种具体的教学方法,是一种教学方式,它并没有固定的教学格式和环节。上课伊始就让学生带着问题去探究是启发;在课堂结束时留一些问题让学生去思考也是启发;教师有意识地向学生提出问题,并引导其解决问题是启发;教师让学生通过实践或讨论发现、思考、解决问题也是启发。启发式教学可以通过教师的生动讲述来实现,也可以通过一问一答、一讲一练等形式来体现。所以说,启发式教学是一种对各种教学方法和教学活动都具有指导意义的教学思想。无论采用什么教学方法,只要贯彻了启发式教学的思想就是启发式教学。

(2) 创设民主教学环境,注重师生互动交流

启发式教学把学生看成是认识活动的主体,要求师生双方在教学过程中相互尊重、相互信任、相互配合,以形成民主、融洽、和谐的教学气氛,使学生积极、愉快地参与到教学之

中。民主是启发式教学的精神实质,它是师生创造性地完成教学任务并实现"教学相长"的重要保证。没有民主,师生之间将缺乏真诚的交流与合作,也就谈不上启发式教学了。所以,在教学过程中,教师要努力创设自由、平等、民主的课堂环境,充分尊重学生的人格,尊重学生的个性,使学生没有压抑感,没有心理负担,身心愉悦地投入学习中去。

(3) 坚持以学生主体,发挥教师主导作用

启发式教学强调,学生是学习和发展的主体,一切教学活动都必须以调动学生的积极性、主动性、创造性为出发点。学生的学习与发展归根结底要依赖本人的主观努力,任何人都代替不了。因此,在教学过程中,要尊重学生的主体地位,引导学生充分发挥主观能动作用,这是启发式教学的实质。

但是,强调学生的主体地位并不意味着排斥教师的主导作用。发挥教师的主导作用也同样是教育教学内在的必然要求。但教师主导作用的发挥必须以尊重学生的学习主体地位为前提。也就是说,教师必须在"引导"上下功夫。施教主动,贵在引导,妙在开窍。教师的引导要立足于使学生自己思考,自己理解,从而达到"自奋其力,自致其知"的效果。这是教师发挥主导作用的落脚点。

(4) 进行教法改革,加强学法指导

"启发"一词本身就包括教师的"启"和学生的"发",它深刻地反映和揭示了教学活动的多边性以及教法与学法的同一性。注重学法指导是启发式教学的一个重要特征。"启"要求教师对教法进行改革,"发"要求教师对学生的学法进行指导。也就是说,要把教法改革与学法指导有机结合起来,使两者相互协调,相互促进。一方面要把教法改革建立在研究学法和学情的基础上,以提高教法的针对性和有效性;另一方面,在探索和选用教法的过程中,要引导学生掌握适合自身特点的学习方法。在课堂教学中,教师不能停留在讲清楚知识点上,还要揭示出规律,为学生指出科学的思维方法和学习方法,要为学生提供一种自我探索、自我思考、自我创造和自我表现的机会,使学生在掌握知识的同时,掌握学习的方法与思维的要领,从而培养学生的自学能力。

(5) 善于创造情境,启发学生思维

启发学生的思维,培养学生思维的主动性、灵活性,是启发式教学的核心内容。在教学过程中,教师要把重点放在启发学生的思维上,要让学生展开充分的思维活动,从而实现掌握知识与发展智能的有机统一。教师应该利用多种途径和方法来启发学生的思维,从而促进学生智力的发展和能力的培养。比较好的方法是教师通过创设情境来启发学生的思维。具体来说,有以下几种做法:第一,创设"愤悱"情境,引导学生思维。当学生跃跃欲试,处于愤悱境地时,教师才去启发和点拨。第二,创设激奋情境,唤起学习激情。学生一旦有了学习激情,就会把学习当作一种乐趣,就会产生巨大的内驱力。第三,创设悬念情境,激起学生的好奇心。创设悬念情境,可以引起学生的好奇,激发学生强烈的求知欲。

(6) 运用问题导向,提高学生能力素质

在教学过程中,教师不断地提出问题,启发学生思考问题、解决问题,这是启发式教学常用的一种方法。具体来说,要把握以下要点:第一,讲课要生动、形象,引人入胜,要随时能提出一些有趣的问题,使学生轻松、愉悦地学习。第二,要给学生留有思考的余地,教师

要鼓励学生提出问题,培养学生自己分析问题、解决问题的能力。第三,要从事物的发展顺序和知识的内在逻辑上提出问题,引导学生有条理地学习和思考,从而培养他们的逻辑推理能力。第四,要根据"跳一跳能摘到桃子"的原则,利用学生好胜心强的特点,提出一些难度较大的问题,激发学生的探索兴趣,培养学生的学习毅力。第五,要以浅显的例子来启发学生探寻问题中的哲理,从而培养学生思维的批判性和深刻性。第六,要把对同一课题的各种不同观点都摆出来,并且教师不要急于发表自己的看法,要让学生自己去思索和选择,从而培养他们的探索精神和鉴别能力。第七,要列举有典型代表性的问题和实例,让学生进行联想,从而培养学生"举一反三""触类旁通"的思维能力。第八,要着重讲解课题的现状和发展趋势,把需要解决的问题提出来,鼓励学生去探索,并且要从正面和反面提出问题,让学生进行对比,从而培养学生辩证思维的能力。

(二)讲授式教学

1. 什么是讲授式教学?

讲授式是典型的传统教学方式。讲授式是教师通过口头语言向学生系统传授知识的一种方式,它是使用最广泛的教学方式,也是最古老的教学方式。对于有些教学内容,如一些难度较大的概念、公式等,学生很难通过自学来掌握,这时,就需要教师进行讲解。

2. 讲授式教学的注意点

讲授式之所以备受指责,主要是因为在运用过程中教师把它单调化、机械化了,无视学生主体的学习兴趣和热情,没有充分发挥学生的学习主动性。

实行讲授式教学时要做到以下几点:

(1) 避免满堂灌,要有重点地讲

长期形成的习惯和表现欲使得教师普遍爱说话。但是,教师应适当地控制自己,应避免满堂灌,要有重点地讲。这是教师运用讲授法时特别要注意的。

(2) 不居高临下,注重与学生交流

讲解应该是教师的发言,而不是教师居高临下式的注入。教师不应以教训学生的心态进行讲解,而应以与学生交流的心态进行讲解。讲解时,教师应该娓娓道出自己的学习心得,而不应对学生进行信息轰炸。

(3) 展示思考过程,注重过程控制

讲解时,教师应该展示自己的思考过程,而不光是结果。教师应该把自己对教材的理解,包括成功与失误,全部告诉学生。经验告诉我们,如果教师把自己定位成一个正在学习的人,那么他就能最有效地促进学生学习能力的提高。

(4) 注意学生的表情,有效调节讲课节奏

讲解时,要注意学生的表情。如果发现多数学生的注意力已经分散,这时,不管自己的兴致有多高,也不管讲的内容有多重要,教师都应该停止讲解,因为接下来的讲解将是低效劳动。教师必须趁学生注意力集中时,把最重要的内容讲完,这样有利于提高教学效果。

(5) 讲究语言艺术,正确运用体态语

讲解时,语言要清晰、准确、生动、有趣,要尽量做到深入浅出,通俗易懂。对新出现的

术语,要先做解释。声音要清晰,音量要适当,音高要合理,语速要恰当,语调要丰富,富有感情。另外,教师还要正确运用体态语。

(6) 恰当运用教学手段,避免以"机灌"代替"人灌"

教师应多运用实物、模型等直观教具来辅助讲解,恰当地使用现代教学手段来辅助教学,但要避免以"机灌"代替"人灌"。

可以将讲授式穿插在导学式、探究式、讨论式、课题式等教学方式中,也可以单独使用,这要视情况而定。

(三) 导学式教学

一个人的在校学习时间是有限的,也就是说,一个人不可能在老师的指导下学习一辈子。要想在学业上有所进步,在事业上有所成就,还得靠自己不断地学习与探索。再者,一个人仅凭在校期间学到的有限的知识,是适应不了社会发展的。当今世界,科技迅猛发展,知识日新月异,一个人如果不会学习,就会被社会所淘汰。未来的文盲不再是不识字的人,而是不懂得怎样学习的人。因此,实行导学式教学,培养学生的自学能力,是现代教学对每一位教师的基本要求,也是实施素质教育,实行课程改革的需要,更是现代科学技术飞速发展对人才培养的要求。

1. 什么是导学式教学?

导学式教学就是教师指导、引导学生学习,其目的就是要培养学生的学习能力。在当今的教学方式中,如果说课题式、探究式是最新颖的,那么导学式就是最重要的。

2. 如何进行导学式教学?

(1) 解放思想,转变观念

陶行知先生说:"先生的责任不在教,而在教学,而在教学生学。"叶圣陶先生强调:"教是为了不需要教"。布鲁姆说:"95%以上的学生是可以学好的,只是时间问题;95%以上的学生是会学的,只是方法问题。"洋思中学的先进教改理念是"课堂教学的过程是学生学习的过程""不学不教,先学后教,以教导学,以学促教"。

教师必须认识到,自己不是知识的唯一来源,在信息时代,学生在许多方面完全可能比教师知道得多。教师的角色已经发生了转变,他是一个学习者、组织者、指导者、帮助者。在教学过程中,教师要努力做到,让学生自己阅读课本,让学生主动探索新知,让学生相互讨论难疑点,让学生思考问题、解答问题,让学生归纳概括,让学生寻找、揭示规律。只有这样,导学式教学才能真正落到实处。

(2) 加强指导,在"导"字上下足功夫

学生的自学能力不是天生就有的,更不是无师自通的,它必须在教师的指导和帮助下,才能逐步形成。在具体的教学过程中,教师应做到以下几点:

第一,要指导学生预习和复习。在学习新知识之前,教师要指导学生复习旧知识和预学新知识。教师要为学生编写或指导学生自己编写一些复习与预学的提纲,要为学生指明学习新知识的目的、要求、方向与任务。教师要努力为学生创设新旧知识联系的纽带,让学生自觉地从旧知识的复习中导出新知识。

第二，要指导学生分析教材。教师要指导学习分析教材、理解教材。如指导学生在书上画重点、做记号，写批注，记疑难点；指导学生做读书笔记和卡片；指导学生一边阅读一边分析，一边阅读一边做笔记，一边阅读一边思考。教师不仅要教给学生学习的通法，如怎样预习、复习、听讲、解题、阅读、思考、解疑、讨论、做实验等，还要根据学科特点教给学生分析教材的方法。

第三，要指导学生进行课外阅读。教师要指导学生进行课外阅读，要让学生有目的、有选择地读一些课外书籍，以扩大学生的视野，丰富学生的知识，进一步提高学生的学习能力。教师要给学生提供必要的资料信息，告诉学生到哪里去找相关资料。

(3) 预学检查，以学定教

教师在上新课前一定要采用多种方式对学生的课前预学情况进行检查。教师可有代表性地直接检查若干位学生的课前预学情况，也可指定若干位学科组长或小组长在课间或课内对学生的课前预学情况进行检查。当新课内容较多时，预学检查可在课前进行，以免占用上课时间。

教师通过以上检查，可以了解学生的知识掌握情况，并以此来决定课堂上该指导什么，该启发什么，该详讲什么，该略讲什么。

教师可以根据反馈信息，组织学生进行课内自学，也可以通过适当的启发、讲解、讨论、练习等，有针对性地帮助学生掌握教材的重点，解决疑难问题，分析错误原因，并启发学生积极思考，引导学生找寻知识的内在联系与规律。

(4) 实行"小先生制"

有些学生的自学能力比较差，而有些学生的自学能力比较强，这就很容易产生两极分化。怎么办？除了对自学能力差的人适当降低标准，搞分层次教学，以及在课内外多辅导他们之外，一个很好的解决方法就是实行"小先生制"。"小先生制"就是组建学习小组，让学习成绩优秀的学生多帮助学困生。这样做既能使学困生得到有效帮助，又能减轻教师的负担，还能起到锻炼优秀学生的作用。

(5) 遵循客观规律，循序渐进

学生的学习能力的培养不可能一蹴而就，而是要有计划、分步骤地进行。要根据学生的学习能力发展的客观规律来培养学生的自学能力。学生的学习能力的培养可以参照我国教学论专家江山野先生的有关研究结果。他把学生的学习能力客观发展进程分为五个阶段，即完全依靠教师阶段、基本依靠教师阶段、相对独立学习阶段、基本独立学习阶段和完全独立学习阶段。

(四) 讨论式教学

讨论式教学早已成为西方发达国家课堂教学的基本方式。但是，由于受传统讲授课模式和班级统一授课制的影响，讨论式教学在我国没有引起足够的重视，直到20世纪80年代才逐渐被重视起来。近年来，随着课程改革的深入和推广，讨论式教学引起了人们的高度重视，不少教师把讨论式当作一种基本的教学方式。

1. 什么是讨论式教学？

讨论式教学是在老师的指导或参与下，学生以集体（全班或小组）的形式，围绕某个或某几个中心论题开展讨论，各抒己见，相互交流，相互启发，相互学习，通过信息的多向交流而获取知识、解决问题、发展智能的一种教学方式。

2. 讨论式教学的特点

第一，讨论式教学是开放式的教学。在课堂上参加讨论活动的每一个学生都有自由表达见解和发挥才能的机会。学生不但要听取他人的发言，而且自己要准备发言，这种发言虽然要围绕讨论的中心议题，但发言的内容不受教材限制。同时，学生还要评价他人的发言情况，并要提出论据，因为只有这样才能说服别人。这种开放式的课堂教学不仅能为学生提供较广阔的思维活动空间，让学生真正成为学习的主人，而且有利于培养学生的思考能力、创新能力和表达能力。

第二，讨论式教学是多向信息交流的教学。课堂讨论是一种信息交流活动，这种信息交流不同于讲授法的单向信息交流，它是讨论成员之间的多向信息交流。从同学的发言中，学生可以及时获得反馈信息，从而调整自己的观点与认识。在多向信息交流中，同学们可以取长补短，集思广益，以达到共同提高的目的。

3. 讨论式教学的一般步骤

第一，选好讨论题。讨论题的选择非常重要，要根据教学的具体目标、教学内容和学生的知识水平来确定讨论题。一般来说，要选和教材的重点、难点有关的问题或带有普遍意义的问题让学生讨论；要选有启发性、可以从不同角度理解的问题让学生讨论；要选有多种解决方法的问题让学生讨论；要选与学生的生活有关的问题让学生讨论。这样可以促使学生开动脑筋想问题，让他们有言可发。

讨论题的难易程度要符合学生的实际，不能太难，也不能太容易。讨论题应简要明确，不能模棱两可，要有思考性和启发性。老师要善于从学生提出的有关问题中选出适合作为讨论题的问题。

第二，定好讨论形式。课堂讨论的形式是多种多样的，有全班性的讨论，有前后桌之间的讨论，有同桌两人之间的讨论，有时还可根据某种需要组成专门小组，也可指定某个人就某个问题做专题发言。目前，很多老师采用前后桌4人小组讨论或6人小组（好中差搭配）讨论的形式。无论采取何种形式，都要从实际出发。讨论之前都要让学生有足够的时间做好必要的准备。

第三，组织好讨论。在讨论过程中，教师要鼓励学生大胆地发言。教师还要教给学生发言的技巧，如发言时要抓住主要矛盾，要论之有据，论之有实，不空发议论，不离题太远。教师还要教育学生，在讨论中既要善于发表自己的意见，又要虚心听取别人的意见，争论时要心平气和，注意团结友爱，与人为善，不要让争论变成冲突。

在整个讨论过程中，教师要随时注意学生的动态，要在组间巡视、指导，及时搜集反馈信息，以便及时控制、调整讨论活动，把握讨论的方向。教师布置讨论题时，要做必要的解释，还要提出具体要求，交代注意事项。如果学生无言可发，教师要做必要的点拨，以帮助学生打开思路，使讨论活动顺利进行。要特别注意的是，教师要让学困生参与讨论和发言。如果学生的发言离了题，教师要设法把学生引到讨论题上来；如果学生的发言有独到之处，教师要加以肯定和鼓励；如果学生的发言有错误，教师应适当指出，并提醒学生纠正。

第四，做好小结。每次讨论结束后，一般要做简短的小结，小结可以由教师来做，也可以由学生来做，还可以由师生共同来做。对讨论过程中出现的疑难问题或有争论的问题，教师要阐明自己的看法，要实事求是地评价学生的发言情况。对某些有争论的问题，允许学生保留自己的看法。有时为了培养学生的探究能力，教师可以对某些讨论题不给出任何结论，而是让学生以后继续探讨。

4. 讨论式教学的适用条件

这堂课是否适合运用谈论式教学，不能千篇一律，要视具体情况而定。例如，有些学科的概念、原理、公式比较统一，一般来说，难以提出明显的可以怀疑的问题，所以，在进行概念、原理、公式的教学时，不一定要组织学生讨论。但在运用这些概念、原理、公式解题时又可以组织学生开展讨论。有些学科比较适合运用讨论式教学，如历史、艺术等学科，这些学科中的许多观点存在着争论，比较适合用讨论的方法进行教学。通过讨论，学生能比较各种观点的异同，从而形成自己的看法。但是，也不是说每节课都要采用这种教学方式。以上的看法不是绝对的，教学中是否要组织讨论，应视具体情况而定。

此外，讨论式教学，还要看班级情况、学生基础等因素，有些讨论式教学适合在课堂纪律较好、学生的自我控制能力较强、学生的基础较好且思维比较活跃的班级里开展。如果一个班级的纪律较差或缺乏骨干学生，分组讨论时，讨论活动有可能失去控制或学生无言可发。这样的讨论不仅达不到促进学生的智能发展的教学目标，而且会影响课堂教学活动的顺利进行。

5. 实行讨论式教学应遵循的原则

第一，需要讨论时才讨论。也就是说，对于讨论事先不要定得太死，有时候可以临时组织讨论，有时候可以取消计划好的讨论。这要看学生有没有需要、讨论能否产生实效。

第二，有不同意见时才讨论。讨论是为了听到不同的声音。教师发现学生对某一个问题有不同的见解或不同的思路的时可以组织学生讨论，意见的反差越大，就越容易激起学生讨论的兴趣。在大家看法相似的情况下组织讨论，很可能不会产生多少新信息，反而会浪费宝贵的教学时间。

第三，有真问题时才讨论。所谓真问题，指的是学生确实不明白而且想弄明白的问题。真问题还包括教师自己的问题。教师要把自己确实有疑问的地方开诚布公地向学生提出，让学生讨论。

通常情况下，讨论式是一种辅助的教学方式。在讲授式、启发式、导学式、探究式、课题式的教学中，遇到比较集中的问题时，都可以用讨论的方式加以解决。

（五）练习式教学

许多教学方式（如探究式、导学式、讨论式、课题式）都有利于发挥学生的主体作用，培养学生的探究能力和学习能力。但是,学生的基础知识是否扎实、基本技能是否熟练,必须通过练习才能得到答案。除了平日适当地留作业以外,教学一个阶段后,教师要留专门的时间,让学生系统、完整地做练习,以巩固学生的基础知识。

1. 练习式教学的一般步骤

首先,教师引导学生简要回顾上节课或上一阶段所学知识,并提出练习的任务、目的、要求、意义及方法;接着,教师做示范性辅导,学生做尝试性练习,教师及时反馈、评价和矫正学生的尝试性练习中的错误;然后,学生独立做练习,教师有目的地巡视辅导,并有针对性地指导学生做练习;最后,教师根据巡视辅导过程中收集到的反馈信息,对学生的练习完成情况进行评价和小结。

2. 怎样进行练习式教学

(1) 精选练习题。要上好练习课,首先应设计好练习题,这是上好练习课的基本保证。设计练习题时必须做到目的明确,紧扣课标,重点突出,纵横联系,科学严谨,由浅到深,难易适中,题量适度。其次,练习要多样化,可以设计出诊断性练习、巩固性练习、对比性练习、针对性练习、操作性练习、综合性练习、发展性练习、创造性练习,等等。有时需要综合使用多种功能的练习。

(2) 加强练习方法的指导。教师要教给学生做练习的方法,要做必要的示范。教师应该要求学生认真审题,细心解答。应先要求正确与规范、后要求熟练与速度。要求学生在学习中遇到困难时,先复习课本内容,实在想不出来再请教同学或老师。教师要重视培养学生做完练习后进行检查的好习惯。

(3) 加强解题速度的训练。提高学生做练习的速度是练习式教学的一大任务。教师要注重培养学生的时间观念和效率意识,力求让学生在短时间内采用最佳的方法解决问题。切忌长时间让学生自由练习,因为长时间无速度要求,必然使学生养成散漫的习惯。

(4) 注意练习结果的信息反馈。教师应及时、客观地评定学生的练习,表扬表现好的学生,帮助学生纠正在练习中出现的错误,并给出改进的方法。

做练习自然是枯燥的,难以引起学生的兴趣,所以这种课也不可过多,而且不要连续上,以免学生疲倦,要特别注意不要让学生做重复性的无效劳动。

(六) 探究式教学

1. 什么是探究式教学?

探究式教学法又称发现法、研究法,是指学生在学习概念和原理时,教师只是给他们一些事例和问题,让学生自己通过阅读、观察、实验、思考、讨论、听讲等途径去独立探究,使学生获得知识、技能、情感与态度的发展,特别是探索精神和创新能力的发展的教学方式。探究式教学的重心或出发点在于学生,以学生自主探究或者合作探究为主要学习方式,以培养思维能力为核心,探究是学生的探究,教要为学服务,而不是学服从于教。

探究式教学以问题为载体,它适用于大量的学科性的课堂教学,尤其是理科教学。探究式教学和课题式教学有相同之处,都是以问题为载体,但是它们还是有区别的。课题式教学所选择的问题是紧密结合生活实际的,教学可在课内也可在课外完成,且大多在课外完成;而探究式教学所选的问题必须紧密结合学科教学目标,且教学一般在课内完成。

2. 探究式教学的一般程序

(1) 创设问题情境。探究式教学总是围绕课程中的某个知识点而展开。与基于问题的学习不同的是,这个知识点并非选自社会生活中的现实问题,也不是由学生自由选择而产生的,而是由教师根据教学目标的要求和教学的进度来确定。一旦确定了这个学习对象后,教师就要通过问题、任务等多种形式,使用适宜的教学手段来创设与此学习对象相关的学习情境,引导学生进入目标知识点的学习。

(2) 确定探究问题。学习对象确定后,为了使探究式学习取得成效,需要在探究之前向全班学生提出若干富有启发性,能引起学生深入思考,并与当前学习对象密切相关的问题,以便更好地让学生带着这些问题去探究。这一环节至关重要,所提出的问题是否具有启发性、是否能引起学生的深入思考,这是探究性学习是否能取得效果乃至成败的关键。这类问题要由教师提出。

(3) 自主(或小组)探究。探究性教学模式因为采用"自主、探究、合作"的学习方式,所以,一节课的教学目标主要靠学生个人的自主探究加上学习小组的合作学习活动来完成,因此,本环节成为探究性教学模式中的关键教学环节。在实施过程中要处理好教师、学生、信息技术三者之间的关系。教师起到引导、支持的作用,学生要充分发挥学习的主动性与积极性,信息技术要成为学生探究的认知工具。在不同的学科,所使用的认知工具有所差异。人文学科往往可以通过让学生上网查找资料来达到促进学生自主探究的目的,而在数理学科中可以使用相关学科的仿真软件、实验室、作图工具等。

(4) 协作交流。学生只有在经过了认真的自主探究、积极思考后,才可能进入高质量的协作交流阶段。也就是说,协作交流一定要建立在自主探究的基础之上,才能为学生提供思路交流、观点碰撞、成果分享的平台。教师在此过程中要起到组织、协调、引导的作用。

(5) 总结提高。教师引导学生对探究的问题进行回答与总结,对学习成果进行分析归纳,并可联系实际,对当前知识点进行深化、迁移与提高。

3. 实行探究式教学时的注意点

第一,要创设良好的探究学习环境。首先要有齐全的教学材料、教学仪器等,而且这些材料要围绕某个知识主题来安排;其次要有民主、和谐的课堂气氛,要让学生没有压力,能自由寻找所需要的信息,自己做设想,并以自己的方式检验设想。

第二,要确定恰当的供学生探究的问题和目标。一节课之中,问题不宜过多、过浅或过深;问题的指向性要比较单一,否则只会泛泛而探,探而无效。探究问题可先由学生提出,然后由教师进行选择,也可由教师提出,然后组织学生探讨。此外,探究的形式要体现学科的特点,切不可千篇一律。如语文学科要体现其语言的训练要求,体现工具性与人文性的统一;数学学科要注重数学知识、技能与数学思维训练的统一;自然、科学等学科则要注意从情景(现象)入手,提出问题。

第三,教师的作用在于组织、指导和适时参与。教师切忌让学生的探究活动打上自己的思维定式的烙印,而是要千方百计、最大限度地调动学生参与探究的积极性、主动性。教师要引导学生恰当地把握思维的广度、深度,使学生参与的程度更高。在学生进行探究学习的起始阶段,教师要选择有关课题,并做出示范,要引导学生逐步过渡到独立进行探究学习的阶段。

第四,不能离开学科知识与技能的掌握。探究式教学是要改变学生获取知识与技能的途径与方法,要让学生自主地、科学地获得知识与技能,从而学会学习,增长才能。离开学科知识与技能的探究式教学,是徒劳而无实效的。

(七) 课题式教学

1. 什么是课题式教学?

课题式教学是新一轮课程改革提出的崭新的教学方式,多数老师没有使用过,所以,对多数老师来说,实行课题式教学是有一定难度的。但只要经过一定的实践,广大老师和家长都可以指导学生进行课题研究。

课题式教学是指教师围绕课程实施中带有普遍性的重点、难点问题,组织合作团队,通过理论学习、课例研究、持续跟进等研究行动进行的研究活动。

2. 课题式教学的一般程序

首先,师生共同确定一个实际问题,这个问题可以是学习生活中的,也可以是社会生活中的,如环保问题、资源问题、教育问题、卫生问题、住房问题、贷款问题、交通问题、人口问题、文物保护问题,等等;接着,教师指导学生设计解决方案;然后,组织学生收集资料,引导学生进行研究,力求解决问题;最后,写出论文或报告。

3. 课题式教学的主要特点

第一,问题性。问题性是课题研究性学习在呈现方式上的重要特点。这些问题有的是学生自己发现的,有的是教师提出的,一般具有很强的可探究性。第二,探究性。课题式教学是以学生的探究性学习为基础的。探究是一种有着多个层面的活动,学生通过实验、观察、联想、分析、思考等学习活动,主动去概括原理、法则,去寻求解决问题的方法、途径,这是探究学习过程中的主要环节。第三,自主性。不论是探究的能力,还是问题意识和创新精神,都是通过学生亲身实践才能逐步形成。对于知识的内化也必须通过学生的主动建构来生成。第四,合作性。人只要相互合作,彼此帮助,就会在与他人的协作中,实现仅凭自己的力量无法实现的理想。课题研究式教学,就是以小组合作方式完成学习内容,学生在实施过程中锻炼了沟通与协作的能力。

实施课题式教学,可以有效避免直接学习基础知识和基本技能的枯燥性,可以充分调动学生的学习积极性,因而有利于提高学习效率和培养学生能力。课题式教学模式着眼于未来,更好地适应知识经济和信息化时代对学生知识、能力及素质的需求,是完成创新能力素质培养的有效手段之一。

(八) 讲座式教学

1. 什么是讲座式教学?

讲座式教学法是为了适应素质教育的改革需要,进一步拓宽学生知识面,培养学生的创造性思维的一种教学方法。具体做法是把一个年级甚至更大范围的学生集中起来上大课、听报告。主讲教师大多是聘请的校外专家、学者等,使学生能听到专家级、大师级的学者讲课,这样做可以开拓学生的视野,活跃学生的思想,激发学生的学习兴趣。法国人把这种课叫"权威课"。这有一点儿像课外活动,但它与课外活动有一定的区别,它是被安排在教学计划中定期举行的,而且其内容与教材结合得比较紧密。这种讲课人当然不是能够长期兼课的,所以这种讲座课每学期只能组织一两次,但如果组织得好,讲座课的作用是很大的。

2. 讲座式教学的内容

在内容上,讲座式教学法以某一课题为中心,紧紧围绕这一中心涉猎其他相关或相似的学科知识,力求"人文科学化""科学人文化",文理知识相互融合,以增进中心内容的深度、厚度和广度,整合知识结构,使相关知识重新组合。这样,就把固定的、一成不变的静态教学,变成了可以吞吐自如的动态知识结构。

讲座的内容要有所选择,一般选以下几方面的内容:第一,本学科的概况,包括学科的基本特点、基本思路、发展趋势等全局性的东西。第二,本学科的难点,即一般教师讲起来有困难或者讲授效果不好的内容。第三,把学生的疑难问题集中起来,请专家答疑。这种讲座不但能教育学生,还能提高教师的水平,一举两得。

二、怎样选择合适的教学方式

教学方式是为学习方式服务的,教学方式的选择还受许多因素的影响和制约,这就要求我们在选择教学方式时,全面、综合地考虑,权衡利弊,择善而从。

1. 根据教学目标选择

教学目标不同,所采用的教学方式也应不同,要选择那些有利于更好地完成教学目标的教学方式。如若着眼于培养学生的自学能力,可采用导学式;若着眼于培养学生的技能、技巧,可采用练习式;若着眼于培养学生的探究能力,可采用课题式或探究式。

2. 根据教学内容选择

对不同学科或相同学科的不同内容的教学,应选择不同的教学方式。如对文科教学,可较多地采用讲授式、启发式、导学式等;对理科教学,就可以较多地采用课题式、探究式等;对数学的教学与对语文的教学,所采用的教学方式也应有所区别。

3. 根据学生的实际选择

不同的教学方式对学生的知识、智力水平等的要求不同,应该选择那些适合学生年龄特征、身心发展水平的教学方式。

4. 根据教师的特点选择

教学方式的运用总是要通过教师来实现的。每个教师在选择教学方式时都要考虑到自身的学识、能力、性格及身体素质等诸方面,尽量做到扬长避短,选择最能表现自己的才华、施展自己的聪明才智的教学方式。如果一个语文教师具有较好的嗓音、较强的表达能力,那么他就可以多采用讲授式;如果他具有较为深厚的学识和启发引导的能力,那么他就可以多采用启发式和导学式。

5. 根据教学条件选择

教学的物质条件包括学校提供的图书、设备、设施等。超越现有的教学物质条件,选择、运用一种不适当的教学方式,往往会加重师生的负担,影响教学效果。

6. 灵活运用多种教学方式

在具体的教学活动中,教师只会一两种教学方式是不能很好地完成教学任务的,他必须掌握多种教学方式,至于在实践中具体要用几种教学方式,何时变换教学方式,各种教学方式分别占多大比例等,要视具体情况而定。

总之,教师一定要用发展的眼光来选用教学方式。首先,要根据学生学习能力的客观发展进程来选用适合的教学方式,也就是说,教学方式的选择要与这个阶段学生的学习能力相吻合;其次,要根据教学目标、教学内容、教学条件和教师自身的特点等灵活地选用一种或几种教学方式。

 **拓展阅读**

教师要演好三个角色

教学是一门艺术,其艺术性反映在教师身上,就是要做好三个角色:编剧、导演和演员。

1. 一个好编剧:精心准备的教学脚本

对于计算机来说,脚本是软件运行时的指令。对于教师来说,教学脚本相当于教师的教案,教案是教师上课的教学文件,是上课的教学规划和蓝图。教师要上好课,必须要进行备课。教师要认真研究教材,在吃透教材的基础上,要思考以下问题:如何针对不同教学内容,选择不同的教学方法?哪些是教学重点?哪些是教学难点?课堂中如何设置有梯度的问题?如何逐步启发和引导学生理解新知?教师怎么教?学生怎么学?如何营造良好的教学氛围,活跃课堂气氛?详细步骤如何安排?教学时间如何分配?这些问题都需要教师认真思考,并做出统筹考虑,最后写好教案,精心准备的教学脚本顺利完成。

2. 一个好导演:引人入胜的情节安排

每节课刚开始的"黄金十分钟"是课堂教学成功与否的关键,这个十分钟把握不好,纵使后面你讲得眉飞色舞,也是枉然,还没等教师把冗长的概念和枯燥的理论讲完,绝大部分学生已昏昏欲睡。这个地方应该向美国大片学习。美国大片开场白很少"板着脸"弄出一堆宏大叙事的文字背景介绍,而是或故弄玄虚,或摆个大场面,把你口味吊足,让你觉得这节课的内容有意思,有价值。

"黄金十分钟"不能搞"教学八股"。可以把难懂的知识点,与实际生活联系起来,教学的方式可以根据教学内容和学生情况进行恰当的选择,有了感性认知,再升华为理性,学生的接受程度要容易得多。对于幼儿园教育、中小学教育,更是如此,要尽量多用直观、形象、生动的教学形式,这样才能取得良好的教学效果。

3. 一个好演员:让学生一起参演

对一般人而言,为什么通俗音乐比古典音乐受欢迎程度高?去过音乐会现场的老师知道,通俗音乐的歌手往往能够调动台下观众的参与度,把台下气氛搞得非常热烈,好像每个人都是演唱会的主唱。而交响乐音乐会则是单向信息输入,你要是在台下跟着哼一句,场务就会把你赶出去。课堂教学要做"通俗音乐",不能做"古典音乐"。

作为一个好"演员",要做到"四动"。一是要"动眼",要观察学生的精神状态,特别要找三个观察点,好学生一个,中等学生一个,后进生一个。如果后进生都听得津津有味,说明自己教学效果不错,反之,如果连好学生都哈欠连天,说明这段教学内容要给自己打个大大的问号,是教学内容有问题,还是教学方式有问题,还是学生有问题?二是要"动手",不能做"路人甲",要像个演员,有声音、有手势、有表情,做到"多维信息"表达;三是要"动脑",不能做教案的留声机,课堂举例子,不能天马行空,要脚踏实地,有意识让学生成为自己的"道具",比如课堂举例,没有必要说"张三、李四",为什么不能用班上学生姓名代替呢,一方面给这个学生提了神,另一方面其他学生参与度也会好很多。四是要"动脚",不做木头人,有些教师从一上课开始就"钉"在讲台上,"高高在上",不接地气,而是要"深入群众",特别是要经常看看"后排"学生在干什么,有没有全身心听课?

一个好教师,应该是好编剧、好导演、好演员三位一体,剧本是基础,编排是核心,表演是关键,教学中要围绕学生学情变化不断变化剧本、编排和表演,真正做到传道授业解惑。

(王丹)

第三节 课堂教学艺术实例

一、把控节奏与过渡,让思考自然生成

乘法的初步认识

【教学过程】

师:今天,我们一起去游乐园玩,好吗?

生:好。

师:出示图片:热闹的游乐园。提问:从图上你获取了哪些信息?能提出哪些数学问题?

生:根据坐过山车的图片,我提出一个问题:坐过山车的小朋友一共有多少人?

师:你能列算式解答吗?

生:3+3+3+3+3=15(人)。

师:这位同学回答的真棒,还有没有其他同学需要回答?

生:根据坐旋转木马的图片,我提出的问题是:坐旋转木马的小朋友一共有多少人?列算式计算为:6+6+6+6=24(人)。

生:根据坐小火车的图片,我提出的问题是:坐小火车的小朋友一共有多少人?列算式计算为:2+2+2+2+2+2+2=14(人)。

师:请同学们一起观察3+3+3+3+3=15,6+6+6+6=24,2+2+2+2+2+2+2=14这三个算式,思考:有什么共同点?

生:它们都是加法算式,并且每个算式中的加数都是相同的。

师:同学们回答的真棒!老师问问大家,能不能用一种简洁的方式来表达上面的三个算式呢?

生:乘法。

师:由例子2+2+2+2+2+2+2=14引出乘法的记号与乘法的定义,用乘法来表示这个加法算式,并且板书2×7=14 或 7×2=14,带领同学们读、写这个乘法算式。提出要求:请同学们自己用乘法算式表示刚刚剩下的两个加法算式:3+3+3+3+3=15,6+6+6+6=24,改写后怎样读,怎样写?

……

师:乘法在我们的生活中有哪些应用?

生:某班级有8排座位,每排有5人,一共有多少人,可以用乘法列算式表示;学校的教学楼有5层楼,每层有10个教室,一共有多少个教室,可以用乘法列算式表示等。

(引导学生们想出更多生活中息息相关的例子来。)

【教学反思】

将数学思想蕴含在数学知识中,做到春风化雨、润物无声才是数学教学的上策。可是怎样才能做到教学的春风化雨、润物无声?本节课尝试了让数学来源于数学游戏的情景,学生自己提出问题、讨论问题、解决问题,再到现实生活中解决问题。如何让这些众多的内容有机地整合在一些,形成一种明快的节奏感,让课堂动听,需要教师充分深刻理解和准确把握教学内容的精神实质,从而有意识地变换讲授的速度与音量,启迪学生思考,使课堂处在有规律的动态变化之中。

【核心观点】:课堂教学对过渡的要求

1. 过渡要顺其自然

一堂课的教学内容由众多模块构成,教师在讲授时应在一个部分与另一个部分之间插入适当的话语使之自然衔接起来;过渡生硬、不自然,会影响教学思路的贯通,影响学生对学习内容的接受与理解。要较好地做到"过渡自然",教师在讲授中必须要注意这两个方面:一方面,要注意把握部分与部分之间的内在逻辑关系,如在本节课中提出乘法概念时,之前做了一个过渡性的铺垫问题:"能不能用更简洁的方式来表达这个算式?"这个问题起到了承上启下的作用,自然地引出了下一个教学内容。另一方面,过渡中要注意运用富于变化的语句,或者采用不同的方式方法使之衔接起来。如本节课中在解决2+2+

2+2+2+2+2+2+2=14 到 2×7=14 或 7×2=14 表达后,由于存在相仿的思维过程,因而自然地过渡到下面的问题:"请同学们自己用乘法算式表示刚刚剩下的两个加法算式:3+3+3+3+3=15,6+6+6+6=24。"

2. 过渡要引起思考

过渡往往发生在由紧张转入舒缓的时刻,这客观上也就为启发学生进行积极思维提供了某种可能性。因此,教师此时表达的过渡性语句不应仅仅满足于连接前后两部分的内容,而应富有启发性,让学生在进行一番思考的基础上完成前后两个部分内容的自然过渡衔接。

例如,在讲完3+3+3+3+3=15,6+6+6+6=24,2+2+2+2+2+2+2=14这三个例子后,问一问:"同学们,上面的三个式子有什么共同特征?"在这里,老师要停顿一下,留时间与空间给学生观察。这是培养学生观察与思考的一个好机会,教师充分利用这个机会,学生就会开动脑筋、细心观察,发现这三个式子中的共同特征,这个问题的过渡,就会顺利引出加法算式能改写为乘法算式的特征要求的探讨,本节课的教学难点与后面练习中所谓的困难自然迎刃而解。同时这个过渡问题可以培养学生的观察与思考能力,任何一项伟大的发现都是从观察开始的,数学是启迪学生思维的重要课程,是启迪智慧的试金石,老师们一定要好好挖掘这些问题,找到能够启迪学生智慧的"火花",让学生们去观察、去思考。

3. 过渡要富有节奏

过渡要富有节奏是在上面过渡自然与引发思考的基础上提出的,是对整节课提出的要求。具体表现在整节课的节奏要能体现明确的教学意图,本节课要传授哪些知识?要解决哪些问题?其中哪些知识和问题是着重讲解和解决的?在此基础上决定主次轻重,这样形成的过渡和节奏有利于教学意图的顺利解决。体现清晰的教学思路,这节课一共有哪几个环节?其中居于中心地位是哪一个?前后环节之间有着怎样的联系?讲课时怎样做到张弛有度?讲课时怎样根据教学内容的变化使语调也有高低起伏变化?这些问题都梳理清楚了,整个教学过程的过渡和节奏便会变得异常清晰和流畅。这样富有节奏的过渡,学生们时而听教师的讲述和指导,时而自己朗读思考,背诵和复述,同学间互相讨论、交流,整堂课过渡自然、节奏感强烈,教学目标能很好地贯彻和落实。

把控课堂教学的过渡与节奏,是教师课堂教学艺术的一种综合表现,是需要广大教师,特别刚刚走上工作岗位的新教师去不断学习、体会和积累的。

(刘明祥)

二、寻找幼儿的"最近发展区",给予支架

小班体育活动《小蚂蚁运粮食》片段

【教学过程】

1. 创设游戏情境,学习运送粮食的动作

师:蚂蚁宝宝们,你们长大后需要每天出去找粮食,搬运粮食,所以我们不仅要每天锻炼身体,拥有强壮的身体,还必须要学会很多运粮食的本领。今天我们就来跟妈妈学习运粮食的本领。我们仔细观察第一个本领:抬头爬。

师:小手小手撑撑地,屁股屁股抬一抬,小头小头点一点。

师:我是怎么做的?儿歌里是怎么说的?

生:撑地。

师:用哪里撑地?

生:小手。

师:请说完整。

生:小手小手撑撑地。

师:还有什么动作?你们也可以用动作表示。

师:我们请小蚂蚁们试一试,但还有一个要求,筐子有红色的、黄色的、蓝色的,红色的粮食放在红色的筐子里,黄色的粮食放在黄色的筐子里,蓝色的粮食放在蓝色的筐子里,你们有没有信心把对面的粮食又快又准确地运送回家呢?

师:小蚂蚁们,开始运粮食咯!

师:蚂蚁宝宝们,你们运了这么多的粮食,可是,有没有把粮食都放对呢?请你们检查一下。

生:这个不对。

师:应该怎么办呢?

2. 配合儿歌练习抬头爬的动作

师:你们发现在运粮食的过程中有什么困难的地方?出现了什么问题呢?

生:掉下来了。

师:什么掉下来了?请说完整。

生:粮食掉下来了。

师:怎么办呢?你们觉得怎么运会让粮食不掉下来呢?

师:小朋友找到了方法,妈妈这里有个儿歌,就是说的这个本领。小手小手往前爬,小脚小脚往前爬,小头小头抬起来,粮食粮食筐里待。

师:宝宝们,我们一起把头抬起来,试试看。

3. 幼儿自由探索爬有坡度的小桥

师:蚂蚁出去运粮食的时候,会遇到各种困难,不仅要走平地,还要走弯曲的小路,过

小桥呢。你们怕不怕？

师：不怕！

师：离我们不远处就有一座小桥，赶快爬过来，我们来看看怎么过小桥，请勇敢的蚂蚁宝宝拿一袋粮食放进身后的筐里，先来试试看。

师：小蚂蚁们遇到了什么困难呢？

生：粮食跑出来了。

师：是上坡的时候还是下坡的时候呢？

师：想想看，往下爬时有什么好办法能让粮食不掉下来？请小朋友再试一试。

师：你们是怎么战胜困难的？

生：反过来。

师：请你做一做怎么反过来。

师：哦，他是在下坡的时候倒着爬的。

生：使劲抬头。

师：说得真准确，使劲抬头。你也做一做。

师：蚂蚁宝宝真勇敢，我们一起为他们鼓鼓掌，我们也来试试吧！

……

【教学反思】

发展性原则是幼儿园教育活动设计的重要原则之一，教师应该充分理解与研究幼儿的生活经验、已有知识、学习方式等，制定科学合理的活动目标，选择恰当的活动内容，灵活使用多样化的活动方法，做到心中有幼儿，让幼儿在体验、探究、交往中获得主动发展。

【核心观点】：心中有幼儿，"支架"要恰当

1. 找准最近发展区，层层递进

"最近发展区"是苏联著名的心理学家维果斯基提出来的，他认为学生的发展有两种水平：一种是学生的现有水平，指独立活动时所能达到的解决问题的水平；另一种是学生可能的发展水平。两者之间的差异就是最近发展区。教学应着眼于学生的最近发展区，为学生提供带有难度的内容，调动学生的积极性，发挥其潜能，超越其最近发展区而达到下一发展阶段的水平。因而，活动目标的制定、内容的选择都考虑略高于幼儿已有的能力，让幼儿"跳一跳，够得到"。本次活动基于小班幼儿已有的爬行水平，提高爬行要求，幼儿通过小蚂蚁运粮食的游戏情境练习抬头爬、运东西爬、运东西越障碍物爬，每一步都恰切地寻找到孩子爬行能力的"最近发展区"，使活动的难度层层递进，促进幼儿爬行能力的发展。

2. 恰当地提供"支架"，促进幼儿主动发展

"支架"一词是从英文"scaffold"翻译过来的，也译为"脚手架"，本来是建筑行业的一个术语，具体指"建筑楼房时搭起的暂时性支持，这种支持会随着楼房的建成而被撤掉"。"支架"被引申到教育学中，指的是"一种支持孩子努力的系统，且非常敏感地融入孩子的需要"。在教学活动中，教师应该充分理解幼儿的已有能力，通过恰当的支架促进幼儿主动发展。在本次活动中，教师综合运用多种方式解决重难点。如儿歌辅助教学法。教师创编了幼儿最好的行动"伴奏"——儿歌，将动作的要领编入儿歌中来帮助孩子学习。如

"小手小手向前爬,小腿小腿向前爬,小头小头抬起来,粮食粮食不掉下来""小手小手撑撑地,屁股屁股抬一抬,小头小头点一点,粮食粮食倒出来"。这样的儿歌短小精悍、朗朗上口、易于记忆,它能较好地帮助幼儿记牢动作要领,既有效又有趣。再如自由探索法。"探索运粮食下坡的方法"是本次活动的难点,幼儿自主尝试、自由探索,主动寻找解决问题的办法。这里的自由探索建立在幼儿能够"抬头爬""倒粮食"之后,使难点落在了幼儿的"最近发展区"内,富有挑战,幼儿也能通过努力获得成功感。在自由探索的过程中,同伴也发挥了有效的"支架"作用。

(李　莉)

三、游戏课堂,培养幼儿自学能力

中班社会活动《开车去兜风——认识交通标志》片段

【教学过程】

1. 进行伴随音乐开小汽车的游戏

师:小朋友们,春天来了,暖阳阳的,我们一起开车出去兜风啦!我们把小手伸出来握拳,握好方向盘,排成一队前进。准备好了吗?

生:准备好了!

师:出发啦! 嘟嘟嘟!

生:嘟嘟嘟!

(沿着教室里设定好的路线前进)

师:小朋友看到了什么呀?

生:花和草。

师:这个一道一道白色的是什么?

生:斑马线。

师:还看到了什么?

生:红绿灯。

师:好的,小汽车继续前进

师:前方有一个三角形的牌子,你们看到了什么图案?

生:有一个小人。

师:很好。

师:到家啦,小汽车可以休息了,小朋友们把小手放下。

2. 认识一些常见的交通标志及重要性

师:我手上有一些图片,小朋友们回忆刚才看到的还有平时出去在路上看到的,告诉我图片上的东西的名称。

师:我们过马路要走哪?(指着斑马线的图片)

生：斑马线。

师：为什么要从斑马线上过马路呢？

生：安全。

师：对了，斑马线的作用就是引导我们安全地过马路。

师：什么时候能过马路？红灯还是绿灯？

生：绿灯。

师：很好，只有在指示灯是绿灯的时候才能过马路。

师：这里有个小人过马路的三角形的标志是人行横道标志。它有什么作用？

生：告诉我们这里可以过马路。

师：对啦，在有人行横道的地方，在绿灯的时候走过斑马线，就能安全地过马路了。

师：安全地过马路有什么好处呢？

生：不会被撞到，不用进医院。

师：是的，安全最重要了。

师：小朋友们在马路上还看到过哪些标志？

生：看到过有箭头的标志，有直的，有弯的。

师：是不是这样的？（拿出图片）这是指示道路方向的标志。

生：还有大人牵着小孩的。

师：这是步行的标志。

师：小朋友们在生活中还看到过哪些标志？

……

【教学反思】

现代儿童学习观认为，孩子的学习应该是主动的学习，是一个充满趣味的学习过程，是使孩子身心获得自由、全面、和谐发展的学习。新课程改革要求我们幼教工作者必须重新认识幼儿，应根据幼儿特点，反思幼儿园的课程，思考什么是幼儿的学习，什么是幼儿真正的有意义的学习。

【核心观点】：课程"游戏化"培养幼儿自主学习能力

幼儿的自主学习，即孩子在幼儿园中按自己的想法和心意，选择自己的喜好、自己的水平、自己的行为方式，独立地来接触信息，获得经验，提升认识，自主地发展。然而，要实现幼儿的自主学习，必须尊重幼儿的心理特点和教育教学规律，课程"游戏化"是实现幼儿自主学习的有效途径。《幼儿园教育指导纲要（试行）》明确规定："幼儿园'以游戏为基本活动'"。为此，幼儿园教学要以游戏为基本活动，将教学游戏化，寓教育于游戏之中，为幼儿提供平等表现机会，使幼儿的能力、个性得到和谐发展，让幼儿在教学活动、日常生活中积极探索、主动活动、思维活跃。

1. 营造幼儿喜欢的学习环境，让幼儿"行动"起来

《幼儿园教育指导纲要》总则中明确指出："幼儿园应为幼儿提供健康、丰富的生活和活动环境，满足他们的需要，使他们在快乐的童年生活中获得有益于身心发展的经验。"从孩子的学习特点告诉我们，孩子的自主学习不是自发的，是需要物质环境的支持，是在物

质环境中通过感受和经验来学习的,教师应该提供关注孩子个体的、生动直观的环境,让孩子自主学习。在自主学习中,我们遵循独立体验的原则,即让孩子在有独立操作、摆弄、探索、发现的环境里,享有个体获得体验的机会,个体独立地学习。物质材料是幼儿各种能力发展的抓手,我们积极努力搜集各种自然材料,如交通标志图、包装材料、各类废旧饮料瓶、鞋盒、纸盒、化妆品盒、药品盒、牙膏盒、小石子、贝壳、沙子、五谷杂粮、玩具、建构材料等,让孩子在操作这些材料的同时,得到充分的发展。我们搜集材料的目的是为幼儿营造一个宽松的物质环境,形成安全的探究氛围,让每个幼儿都有机会参与尝试,对发展幼儿的探究能力至关重要。

2. 利用幼儿的好奇心,让幼儿"探索"起来

皮亚杰认为,学习是主体主动活动的过程,应让幼儿通过自行操作去建构知识。这句话道出了自主学习的真谛。教师可以充分运用幼儿的好奇心,指导他们去探索未知的世界,促进孩子的自主性发展。例如,当发现幼儿产生对某个事情兴趣的热点时,作为教师必须在第一时间敏锐地感觉到孩子们自发生成问题中十分有价值的东西。于是,教师就有意识地将几个幼儿的兴趣点转化为全班的兴趣点,让幼儿都来参与讨论,发表意见。例如,当某个幼儿看到交通事故的场面后,会提出不少与之相关的问题:"这个人怎么会倒在地上了?地上怎么有这么多血啊?这个人为什么会被汽车撞呢?这个人会死吗?为什么会撞起来?……孩子们有很强烈的好奇心和探索欲,喜欢追问很多为什么。所以教师可以设计《认识交通标志》的主题活动。师生一起分头收集资料和信息,也可以孩子和家长一起准备相关资料和视频,邀请交警为幼儿进行交通安全讲座,让孩子了解生活中的各种交通标志,加强安全防范,提高安全意识,从而建构交通安全知识。

3. 教师多运用鼓励性语言,让幼儿"自信"起来

在心理学上,皮格马利翁效应是指他人的评价和暗示将引导某人朝着他人所期待的方向发展,因此,良性的心理暗示在某种程度上能帮助幼儿树立自主学习的自信心,在孩子的学习遇到障碍时,教师应多运用鼓励性的言语,及时提供一些材料,建议一些行动,使孩子跨越障碍,克服困难,激发幼儿主动探索、自主学习的热情和信心。教师应该是一个主持人,既不强加自己的观点,也不偏向于某一个孩子的想法,耐心地给予孩子相互磨合的时间和空间,调动幼儿学习的积极性、主动性,增强幼儿的自信心。如大班"吹泡泡"活动时,有些孩子得出"大管子能吹出大泡泡,小管子能吹出小泡泡"的结论时,教师没做肯定和否定,只是让孩子吹吹看,结果发现刚才的孩子得出结论并不十分正确,最后,孩子通过反复试吹,得出泡泡的大小与泡泡液的多少、吹的速度等都有关系。孩子们通过教师的鼓励和自己的反复操作、反复探索,得出了结果,从而变得更加自信。

4. 创造与同伴游戏的机会,让幼儿在实践中"互动"起来

幼儿只有经历一次次的互动,才会真正地掌握知识、技能与思维的方法,才会真正提高解决问题的能力,同时在情感、态度等方面得到更好的发展。作为教师,尽可能多给幼儿创造与同伴学习和做游戏的机会,让幼儿在实践中学会互动,从小形成团队合作精神。老师以大孩子的身份参与到幼儿活动中去,当孩子发生争吵时,尽量不当"裁判员",而是根据区域情景的需要对幼儿的语言和动作做出应答式的反馈,也可以偶尔提出问题,适当

进行引导。例如,谁都要当善良的小羊,没有人愿意当可恶的大灰狼,怎么办呢?一块蛋糕三个人吃,会怎么样?在教师积极的鼓励和引导下,幼儿交往意识与互动能力逐步得到有效培养。又如,在用橡皮泥捏奥特曼模型时,是由许多小部件组合而成的,一个幼儿不可能独立完成,必须发扬团结协作精神才可能圆满完成。在整个过程中,幼儿必须相互商量、互相配合,形成统一思路,共同创造出形象的手工作品,孩子们的互动能力也在此过程中得到了提高。孩子们主动学习的兴趣和意愿也增强了。

总之,通过幼儿喜闻乐见的游戏化课程、饶有趣味的探索活动等,可以建立幼儿与社会和自然的积极互动,幼儿与幼儿互学互助的伙伴关系,激发幼儿的学习欲望和内在动机,增强自主性,让幼儿真正成为学习的主人。

(蒋　玲)

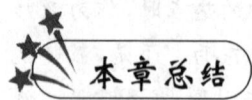

本章总结

教学有法,教无定法,在课堂教学中,如果教师能掌握、发挥好课堂教学的各种教学艺术,必然会收到良好的教学效果。本章共有三节内容,第一节课堂教学的艺术,讲述了什么是课堂教学,并从语言表达艺术、创设情境艺术、教态表现艺术、激发学习兴趣艺术、随机应变艺术等几个方面阐述了课堂教学艺术的魅力。第二节分别介绍了启发式、讲授式、导学式、讨论式、练习式、探究式、课题式、讲座式等几种常见的教学方式,特别是重点强调了教学方式是为学习方式服务的,在选择教学方式时,要从教学目标、教学内容、学生实际、教师特点、教学条件等方面,进行全面、综合地考虑,然后选择一种或几种教学方式,灵活运用于教学中,至于在实践中具体要选择哪几种教学方式,何时变换教学方式等问题,不能一概而论,要视具体情况而定。第三节通过课堂教学艺术实例,让师范生了解并感受课堂教学艺术的魅力。

复习与思考

1. 为什么说课堂教学艺术很重要?
2. 教态有哪几个方面的内容?
3. 启发式教学如何运用?
4. 教学方式如何选择和运用?

选择题

1. 使用最广泛、最古老的教学方式是(　　)。
   A. 讲授式　　　B. 课题式　　　C. 探究式　　　D. 导学式

2. 教师围绕与教学目标紧密结合的问题，组织开展课堂教学的学习方式是(　　)。
A. 讲授式　　　　B. 课题式　　　C. 探究式　　　　D. 导学式
3. 教师指导、引导学生学习的学习方式是(　　)。
A. 讲授式　　　　B. 课题式　　　C. 探究式　　　　D. 导学式
4. 选择教学方式首要考虑的因素是(　　)。
A. 学生特点　　　B. 教学目标　　　C. 教学条件　　　D. 教学内容

判断题

1. 教师要学会表演。　　　　　　　　　　　　　　　　　　(　　)
2. "权威课"是指讲授式教学。　　　　　　　　　　　　　　(　　)
3. 讨论式教学是信息单向流通的教学。　　　　　　　　　　(　　)
4. 教学中每次只能运用一种教学方式。　　　　　　　　　　(　　)

第七章　评　课

本章概述

　　评课是加强教学管理和教学指导,提高教师教学水平和学校教学质量的重要手段,因而具有重要的意义。当前,在评课中,还存在许多问题和误区,必须注意避免并及时纠正。评课具有诊断指导、导向激励、管理调控、评价鉴定、教科研等作用。明确评课的依据、标准、内容和思路是评好课最关键的问题。评课是对教师综合素质的考验,不同的角度、目的、类型、层次的教师,选择评课的内容是不一样的,评价内容具有复杂性。评课方法一般有整体评议法、片段评议法、探讨评议法、特色评议法、重点评议法、经验总结法等。无论选择何种方法评课,都要突出本节课的主要优点、不足、改进教学的建议等内容。要评好课,必须要做到把握要求、认真点评、讲究艺术。

第一节　评课的意义和作用

学习目标

1. 掌握评课的概念。
2. 了解评课的意义。
3. 了解评课的作用。

一、评课概述

（一）评课的概念

　　评课,是指对课堂教学的成败得失及其原因做切实中肯的分析和评价,并且能够从教育理论的高度对一些现象做出正确的解释,是加强教学常规管理,开展教育科研活动,深化课堂教学改革,促进学生发展,推进教师专业水平提高的重要手段。具体地说,评课是指评课者对照课堂教学目标,对教师和学生在课堂教学中的活动以及由此所引起的变化进行评价。评课的类型很多,有同事之间互相学习、共同研讨评课;有学校领导诊断、检查的评课;有上级专家鉴定、评判的评课等。

(二)传统评课的误区及思考

科学正确的评课能较好发挥应有的功能,对当前素质教育的导向起着至关重要的作用。评课是否恰如其分,与评教者的教学理念、知识与水平直接相关。评课中由于多种原因,往往容易出现以下几个问题和几个误区。

1. 只重视教学形式和课堂气氛的活跃,不注重教学实效

有些教师以为进行新课程改革,就是要淡化知识教学,强化能力培养,重在使课堂活跃起来。所以,有些教师在课堂上片面追求形式的多样与新颖,让学生能表演课本剧的表演课本剧,能表演小品的表演小品。为了追求课堂气氛的热闹,片面追求课堂提问人数的数量,认为教师提问人数和次数越多越好,其实许多提问是无效提问。一些没有价值的提问和展示充斥着课堂,虽然课堂上热热闹闹,但是一节课下来学生掌握的知识不多,有些本应该是本节课的重点和关键点,却没有讲清楚。

2. 只重视教师的展示,忽视学生的学习状态

有些教师只追求知识概念的讲解,让学生死背概念公式,然后进行大量的习题练习;有的教师按照预设的教案和PPT机械地灌输,一张一张PPT讲解,把鲜活的有生命的一节课上成一潭死水;有的教师站在讲台只管讲授,对学生的学习状态和学习效果视而不见。这样的课,哪怕教师讲得再好,没有学生良好的学习状态和学习效果,忽视学生的自主学习和自我探索,就不能够算是好课。

3. 只重视学生学习主体作用,忽视课堂中教师的主导作用

有些教师为了发挥学生自主学习的积极性,采用小组合作等形式,把课堂的大部分时间让给学生,认为学生占用的时间越多越好。其实,学生自主时间多少不是衡量课堂教学效果的唯一标准,让学生自主学习,也要综合考虑教学需要、学生的知识基础、学习水平、能力状况等因素,进行有效组织,否则就会成为放羊式的课堂。在课堂的有限时间内,许多学生无法理解的、有一定难度的问题,还是要发挥教师的主导作用,通过讲解或者点拨,帮助学生理解掌握。

4. 只重视现代教学手段的运用,忽视教师教学设计的合理性

有的老师只重视现代教学手段的运用,认为教学手段越复杂越好。教学中,恰当地利用现代教学技术和教学手段会起到事半功倍的效果,但时下有些人认为:教学中应用的现代媒体越先进、手段越复杂、形式越丰富,教学效果就越好,其实不然。选择何种媒体、手段、形式应依据课程内容、学生的认知水平、学校实际、教师素质而定,不可盲目攀比。有的教师一味地重视教学手段,不自觉地脱离课堂内容,致使学生无所适从,眼花缭乱,降低了学习效率。其实,不管教育技术发展到何种程度,教师的体势、板书、语言等传统教学手段都不会被抛弃,我们不是反对采用先进的现代教学手段,而是强调它只是教学的一种辅助手段,要注重它的实际效果,不可盲目运用。

5. 只重视学生回答问题的准确率,忽视学生思维能力的培养

有的评课者认为学生回答问题准确率越高越能表明本节课的成功,学生学得越好。所以导致有些教师在设计问题上避难就易、答案避难就简,提问对象避差(生)就优(生),更有甚者,所提问题纯粹是填充式或简单判断式,根本不需要学生思维,教师一问,全班学生马上集体脱口而出,一问一答,配合得非常"默契",课堂气氛也非常"活跃",评课人也易受感染,认为这是好课。其实不然,真正的好课,需要老师有意识地设置一些"陷阱",借以对学生进行脑力激荡,并通过点拨,使其逐渐顿悟、掌握。这才能体现教师的机智、素质、水平和讲解艺术,那种"一问齐答"、简单复述的问题,根本无法显现出教师的教学能力。因此,在评课时应注重评议教师设置问题的"含金量",问题设计要有梯度,要围绕教学内容来提问题,提问是为教学目的服务的,要关注学生的思维过程,注重学生思维能力的发展。

二、评课的意义

(一) 有助于教师提高教学水平

为了了解教师的教学状况,学校一般都会组织听课,特别是对教学质量不理想的教师的听课,在评课中,既要肯定优点,同时又要对教学中存在的问题重点进行分析,具体要对教师教学设计、课堂组织、选择教法、学生学习状况、重难点的突破、教学程序的安排等做出评价,分析产生问题的原因,提出供参考的对策和建议。教师通过评课的反馈信息可以进行教学反思,了解、掌握教学实施的效果,反省成功与失败的原因所在,及时修正、调整和改进教学工作,提高教学水平。评课的目的不是为了证明,而是为了改进教学方式,提高教学质量。

(二) 有助于提高学校的教学质量

教学工作是学校的中心工作,所有学校的工作都要围绕着教学质量来进行,为此,必须建立教学质量保障与监控机制,开展听课与评课是加强教学质量监控的重要措施,是加强教学管理的重要抓手,评课就是其中重要的环节。听课者从教师设置的教学目标入手,通过对教学全过程和教学效果的观察,进而对教师设置的教学目标和预期教学效果的实现状况进行评估。无论用什么方法进行评估,都会让任课教师明确教学中的优劣之处,对教师今后教学水平的提升起着指导和促进作用,对学校而言,通过这种形式,可以有效促进学校教学质量的提高。

(三) 有助于教师形成自己独特的教学风格

我们经常可以看到,同样的一个学科,同样的一节课或同样的教学内容,不同的教师可以表现出不同的教学风格。有的教师的教学风格是精雕细刻,把教材抠得很深很细,发现了许多学生未能发现的知识点之间的联系及其背后蕴含的哲理;有的教师的教学风格是大刀阔斧,紧紧抓住重点难点,使疑难问题迎刃而解;有的教师的教学风格是善于归纳推理,用逻辑思维本身的魅力把学生吸引进去。在评课中,评课者必须注意去发现和总结授课者的教学经验和教学个性,要对教师所表现出来的教学特点给予鼓励,帮助总结,积极指导教师提炼和丰富自己的教学个性,逐步由不成熟到成熟,使其逐步形成自己的教学风格。

(四) 有助于调节学生的学习活动

通过评课的反馈信息,可以调节学生的学习活动。心理学研究表明,肯定的评价一般会对学生的学习起到鼓励和促进作用,通过肯定性的评价,学生的心理会得到满足感,强化了学习的积极性;否定性的评价虽会使学生产生焦虑,但某种程度上也是动力,可以成为学生学习的内在动力。其实,学生从评课中获得自己学习的有关信息,加深了对自我状况的了解,为下一步的学习策略的调整提供了帮助。坚持正确的学习方法,弘扬良好的班风,自觉矫正不良的学习习惯和错误的学习行为,从而提高学习的效率和效果。

三、评课的作用

1. 诊断指导作用

通过评课,评课者可以帮助教师进行教学诊断,找出教学中存在的问题,以进行有针对性的指导,帮助教师提高专业发展水平。同时,可以发现学生在学习过程中存在的问题,帮助学生改进学习方法,确保教学活动的顺利进行。

2. 导向激励作用

评课的标准在一定程度上是对教学目标的分解,教学目标又是依据国家学科课程标准确定的,因此,评价的标准具有一定的导向作用。它可以为师生指明教学方向和奋斗目标,指引师生不断努力,最终实现教学目标。

3. 管理调控作用

听课和评课是学校教学质量管理和监控的基本手段,学校领导、教学管理部门可以通过评课来了解每个教师课堂教学的基本状况,了解学校教学的整体情况,因此,评课具有一定的管理作用:一方面,可以及时发现教师教学中存在的问题,并给予恰当的指导和帮助;学校通过听课评课,可以掌握教学管理措施的实施成效和师资队伍的教学状况,从而有针对性地进行教学调控;另一方面,可以及时发现教师的特长和教学特点,并帮助他们总结与归纳,引导教师形成自己的教学风格。另外,通过评课,管理者还可以了解学生的学习现状。

4. 评价鉴定作用

评课是对教学态度、教学行为、学习行为和教学效果等进行价值判断和综合评估。评课者通过听课、评课,对教师和学生的素质、能力、表现等有比较全面的了解,这为相应的教学评价和鉴定性工作提供了参考依据。

5. 教科研作用

评课是帮助教师认识教学规律,掌握先进的教学经验和教学方法的一条有效途径。

课堂教学活动中蕴涵着许多规律。如何使教师认识、掌握这些规律,是当前教育科研的一个重要问题,而评课恰恰是解决这一问题的一条有效途径。评课不仅是一项教学活动,也是一项教育科研活动,它是联系教学实践与教学理论的纽带。评课可以为教学研究和教学实践提供必要的信息,也为教师专业成长拓展了一条渠道。

可以看出,评课具有多方面的作用,是集诊断指导、导向激励、管理调控、评价鉴定、教科研于一体的教学活动,是研究课堂教学最直接、最有效的一种方法和手段。

第二节 评课的要素

1. 了解评课的依据和标准。
2. 掌握评课的内容及其特点。
3. 明确评课是教师应具备的一项基本功,是对教师综合素质的考验。

对于教师来说,评课是教师应该具备的一项基本功,也是教师提高自身教学水平的有效途径。怎样评课,这并不是一个新鲜话题。听课后,仁者见仁,智者见智,几乎每个人都能谈出自己的一些看法,有关"怎样评课"的文章也并不罕见。如何评好课,对许多教师,特别是青年教师来说,是一个看似简单而实际很茫然的一个问题。到底应该怎样评课?评课者首先应该明确三个问题:依据什么标准去评价、从哪些方面去评价、按照什么样的思路去评价,也就是要明确评课的标准、内容与思路。这三个问题是评好课的最关键的问题。

一、评课的依据与标准

评课之前首先要了解的是依据什么评课,在明确了课堂教学评价标准之后,依据这个标准,对课堂教学情况做出判断,分析其原因或意义,并提出合理化的改进建议。

(一) 评课的依据

评价课堂教学的优劣,最终还是要看课堂的方方面面是否符合教育教学规律、是否有助于教育目的的达成,而教育教学规律、教育目的等往往体现在有关教育教学理论、法规以及实践经验当中。因此,评课要以有关教育教学理论、教育教学法规、教育教学实践经验为依据。主要依据以下几个方面:第一,教育教学理论。如教育学中的教学原则、教育心理学中有关学习的理论。第二,教育教学法规。如"教学大纲""课程标准"中的课程理念、教学目标、教学建议等。第三,名家教学观点、教学实践经验与课例等。

(二) 评课的标准

通常所说的课堂评价标准,主要是指根据教育教学理论或法规等制定的课堂各方面的具体要求或标准。一个较合理的评课"标准"体系可以包含以下项目:评价内容、一般标准、特殊标准和参考分值等。

如以下几例评课表:

表7-1 ××幼儿园优秀教学活动评分表

评价指标	评价内容	得分	总分
活动目标 (15分)	1. 指向性明确:符合幼儿的年龄特点、班级幼儿的实际水平(5分)		
	2. 适宜性可行:融合情感、能力、知识、技能等方面(6分)		
	3. 达成度较高:能实现预期的教育目标,又把握长期教育目标的能力。也可根据幼儿实际情况生成、更改适宜的目标(4分)		
活动内容 (20分)	1. 一致性:最大限度地包含了活动的目标,是完成目标的适宜内容(5分)		
	2. 适宜性:能基于幼儿原有的发展水平和经验,符合幼儿的需求和兴趣(5分)		
	3. 生活性和科学性:来源于幼儿的现实生活,能引发幼儿的有效学习。有助于形成幼儿的科学精神和科学概念(5分)		
教育环境 (15分)	1. 一致性:能物化教育目标,为教育目标和内容服务(5分)		
	2. 开放性:自然,充分利用、挖掘现有环境资源,拓展幼儿学习和活动的空间(5分)		
	3. 有效性:适度丰富,能有效引发、支持幼儿的活动(5分)		
	4. 和谐性:人际关系和谐,班级氛围安全温馨,能激发和保持幼儿活动的兴趣和积极性(5分)		
教育手段 (25分)	1. 灵活性:把握幼儿的年龄特点和学习方式,采取适宜的教育手段调动幼儿的主体性,应与时俱进,恰当加入现代教学手段(5分)		
	2. 有效性:所采用的教育形式能有效完成活动内容,促进幼儿的发展(5分)		
	3. 灵活性:关注幼儿在活动中的表现和反应,随时灵活调整教育计划和手段(5分)		
	4. 全体性:关注幼儿的个别需要,努力使每个幼儿获得满足和成功,促进幼儿的发展(5分)		
	5. 应答性:用各种方式积极、及时、有效地应答幼儿的需求(5分)		
幼儿反应 (20分)	1. 投入程度:注意力集中,思维活跃,用各种方式大胆地表达和表现(5分)		
	2. 互动程度:敢于、乐于和周围的人、事、物积极互动(5分)		
	3. 发展性:能够运用已有经验提出和解决问题,并在活动中获得新的经验(5分)		
	4. 行为习惯:在活动中表现出良好的卫生、学习、生活习惯,或乐于接受教师良好行为的引导(5分)		

时间:　　　　　　执教者:　　　　　　评分人:

表 7-2 ××市××小学课堂教学评价表

授课教师		班级		时间	
课题		课型		评价人	
评价维度	评价指标			权重	得分
教学目标	符合新课程标准,理清目标层级关系,注重学生的参与性、挑战的层次性,在讲授知识同时注重培养学生的思想品质、情感教育、能力培养			20	
教学内容	符合教学目标的基本要求,找准目标的重难点、知识的生成点			10	
教学准备情况	课前准备充分,教学资料齐全,备课教案规范			10	
课程熟悉情况	熟悉课程体系和内容,讲授流畅,不照本宣科读PPT			10	
内容讲授情况	条理清楚,理论联系实际,通俗易懂,重点、难点突出,无差错			20	
课堂教学互动	教学形式、手段多样有效,气氛活跃,学生反映良好			10	
语言、板书规范情况	使用普通话教学,语言清晰,生动形象。板书设计合理、简洁、工整、美观			10	
教学效果	学生踊跃参与,师生关系融洽,课堂精神饱满,课堂气氛活跃,认知、过程、体验的目标达成率高			10	
总体评价	优点或亮点		合理化建议		总分
					等第

二、评课的内容

要评价一堂课,应该明确评课要评什么,也就是要明确评课的内容。例如,要明确评价教师的基本功,还是评价课堂的结构、教学方法、学生学习的效果。那么,对于一节课,到底可以从哪些方面去评价? 到底应该从哪些方面去评价呢? 评课不是一件很容易的事情,它是对教师综合素质的考验,不同的角度、不同的目的、不同的类型和层次的教师,选择评课的内容是不一样的,评价的内容具有复杂性。

(一) 评课内容的复杂性

对于一节课,可以评价的方面到底有哪些呢? 这实际上是一个很复杂的分类问题。它的复杂性主要表现在以下三个方面。

第一,多视角。可以从不同的视角(或依据不同的标准)去确定评价内容,视角不同,所确定的评价内容也不同。例如,可以从教育学的角度去评价课程的教学目标、教学内容、教学过程、教学原则、教学方法、教师素质等方面,也可以从教育心理学的角度去评价课程的动机的培养与激发、知识的学习、技能的形成、品德与个性的形成等方面,还可以从"课程标准"的角度去评价课程的性质与地位、课程的基本理念、课程目标、实施建议等方面的落实情况。

第二,多层次。评价的内容往往是多层次的,即某一项评价内容往往又包含着若干项较低层次的内容。例如,"课程的基本理念"包括教育目标、学科特点、学习方式、课程内容等;"教师素质"包含教师的知识面、教师的专业功底、各项教学基本功等;"知识的学习"包括知识的理解、知识的迁移与运用等;"教学过程"包含课堂结构的完整性、教学环节之间的逻辑性等;"教学方法"包括教师教的方法与学生学的方法等。同样,某个较低层次的项目,可能还包含着若干更低层次的子项目。

第三,交叉性。即使按照上述同一"视角"所列出的同一层次的评价项目,它们之间往往也是很难绝对清楚地区分开的,也有一些交叉和联系。例如,评价某一"教学方法",往往要涉及"教学目标"与"教学效果";课堂中的同一现象,往往既可以依据"教学原则"去评价,又可以依据"教学方法"去评价;有些现象既可以依据"课程理念"去评价,又可以依据"教学建议"去评价。由此可见,确定一节课的"可评价内容"是很复杂的,是没有什么统一的标准或依据的。一般来说,可以从以下几方面去考虑:教学目标、教学内容、教学过程、教学方法、教学效果、教师素质等。当然,每一个这样的项目中,都还可能包含着若干个更低层次的子项目,如"教学目标"包括目标的广度和深度,"教学内容"包括对教学内容的理解与对教材的处理等,"教学过程"包括课堂结构的完整性、教学进程的逻辑性与时间分配等。

(二)评课的具体内容

评课,有时可能需要对一节课做出比较全面的评价,评价课的方方面面;有时可能只需要评价课的几个方面,甚至只需要评价课的某一个方面。在众多"可评价内容"中,到底哪些是"应评价内容"呢?这要根据评价的目的确定。评价的目的不同,评课的具体内容或侧重点也不同。如果是新教师,评价他(她)的课就应该重点评价他(她)的素质;如果是观摩学习一种新的教学方法,就应该重点评价这个教师的教学方法及学生的学习效果等;一般的评课要考虑教学目标、教材处理、教学过程、教学方法、教学手段、教学效果等几个方面,从这几个方面综合看教师的教学素养和教学基本功情况。

1. 从教学目标上分析

教学目标是教学的出发点和归宿,它的正确制定和教学目标的顺利实现,是衡量课堂教学成效好坏的主要尺度。所以评课首先要分析教学目标。现在的教学目标体系是由"知识与技能""过程与方法""情感、态度与价值观"这三个维度组成的,体现了新课程"以学生发展为本"的价值追求。如何正确理解这三个目标之间的关系,也就成了如何准确把握教学目标,如何正确地评价课堂教学的关键了。有人把课堂教学比作一个等边三角形,而知识与技能,过程与方法,以及情感、态度与价值观就恰好是这个三角形的三个顶点,任何的一个顶点得不到重视,那这个三角形就不平衡。这是一个很恰当的比喻,形象地表现了这三个目标之间的相互依赖的关系是一个有机整体,缺少这三个目标中任何一个目标的达成,一节课就显然不完整了。

2. 从教材处理上做出分析

评析老师一节课上的好与坏,不仅要看教学目标的制定和落实,还要看教师对教材的组织和处理。教材处理是一门科学,是教师进行教学设计,实施课堂教学的必备技能。所谓教材处理,就是对教学内容进行选择与利用,其目的是考虑如何更好地、充分地、有效地利用教材,即我们平时所说的"教什么""选什么教""教什么最好"。在教材处理中体现三个原则:尽可能"实"地运用教材,尽可能"活"地运用教材,尽可能"巧"地运用教材。例如,语文教材处理中所研究的内容:整体处理,长文短教,难文浅教,短文细教,浅文趣教,美文美教,选点精读,穿插引进,比较阅读,课文联读,专题研讨,一课多案等。我们在评析教师一节课时,可以从教师对教材的理解和处理层面,去了解教师有没有认真钻研教材,准确理解和把握教材,创造性地使用教材。

3. 从教学过程上分析

第一,要看教师的教学思路。评课者首先要注重对教学思路的评析,要看教学思路设计符不符合教学内容实际,符不符合学生实际;要看教学思路的设计是不是有一定的独创性,能给学生以新鲜的感受;要看教学思路的层次、脉络是不是清晰;要看教师在课堂上教学思路实际运作是不是有效果。有些老师课上不好,效率低,很大一个原因就是教学思路不清,或教学思路不符合教学内容实际和学生实际。所以评课必须注重对教学思路的评析。

第二,要看课堂结构安排。教学思路与课堂结构既有区别又有联系,教学思路侧重教材处理,反映教师课堂教学纵向教学脉络,而课堂结构侧重教法设计,反映教学横向的层次和环节,它是指一节课的教学过程各部分的确立,以及它们之间的联系、顺序和时间分配。课堂结构也称为教学环节或步骤。课堂结构的不同,也会产生不同的课堂效果。可见,课堂结构设计是十分重要的。通常一节好课的结构是结构严谨、环环相扣、过渡自然、时间分配合理、密度适中的,计算授课者的教学时间,能较好地了解授课者授课重点、结构安排。授课时间设计是指:教学环节的时间分配与衔接是否恰当,包括:① 计算教学环节的时间分配,看教学环节时间分配和衔接是否恰当。例如,看有无前松后紧(前面时间安排多,内容松散,后面时间少,内容密度大)、前紧后松现象(前面时间短,教学密度大,后面时间多,内容松散),看讲与练时间搭配是否合理等。② 计算教师活动与学生活动时间分配,看是否与教学目的和要求一致,有无教师占用时间过多,学生活动时间过少的现象。③ 计算学生的个人活动时间与学生集体活动时间的分配。看学生个人活动,小组活动和全班活动时间分配是否合理,有无集体活动过多,学生个人自学、独立思考、独立完成作业时间太少现象。④ 计算优差生活动时间。看优中差生活动时间分配是否合理,有无优等生占用时间过多,差等生占用时间太少的现象。⑤ 计算非教学时间,看教师在课堂上有无脱离教学内容,做别的事情,浪费宝贵的课堂教学时间的现象。

4. 从教学方法和手段上分析

评析教师教学方法、教学手段的选择和运用是评课的又一重要内容。什么是教学方法？它是指教师在教学过程中为完成教学目的、任务而采取的活动方式的总称。但它不是教师孤立的单一活动方式，它包括教师"教学活动方式"，还包括学生在教师指导下"学"的方式，是"教"的方法与"学"的方法的统一。评析教学方法与手段包括以下几个主要内容：① 看是不是量体裁衣，优选活用。我们知道，教学有法，但无定法，贵在得法。教学是一种复杂多变的系统工程，不可能有一种固定不变的万能方法。一种好的教学方法总是相对而言的，它总是因课程、学生、教师自身特点而相应变化的。也是说教学方法的选择要量体裁衣，灵活运用。② 看教学方法的多样化。教学方法最忌单调死板，再好的方法天天照搬，也会令人生厌。教学活动的复杂性决定了教学方法的多样性，所以，评课既看教师是否能够面向实际恰当地选择教学方法。③ 看教师能否在教学方法多样性上下一番功夫，使课堂教学常教常新，富有艺术性。在教学中，教师注重引导学生将获取的新知识纳入已有的知识体系中，真正懂得将本学科的知识与其他相关学科的知识联系起来，并让学生把所学的已有知识灵活运用到相关的学科中去，解决相关问题，加深学生对于知识的理解，提高学生掌握和综合应用知识的能力。

5. 从教学效果上看

课堂教学是"教"与"学"的统一，而"教"的目的就是为了学生的"学"，学生的学习效果对教学效果评价具有重要意义。一方面是看教学目标达成度如何，教师是否高度关注学生的知识掌握情况；另一方面是看教学效果的满意度，学生在教师的指导下，能否积极主动参与课堂，是否掌握了有效的学习方法，获得了知识，发展了能力，有了积极的情感体验。另外，也可以借助于测试手段。教师上完课后，评课者出题对学生的知识掌握情况，当场做测试，而后通过统计分析来对课堂效果做出评价。

第三节 评课的方法

1. 了解评课的基本方法与类型。
2. 掌握不同类型评课方法的适用范围及要求。
3. 明确评课方法要服从评课目的，为实现教学目标、提高教学质量服务。

一、评课的方法

（一）整体评议法

整体评议法，就是对一堂课的优劣进行整体、全面的评析。主要从教学思想、教材处理、教学结构、教法选择、学法指导、双基教学、能力培养、教学手段、师生关系、教学效果等方面进行全方位的评价分析。对观摩型、检查型、鉴定型的课,较多地使用整体评议法评课。

使用整体评议法评课,能够对一堂课的质量做出全面、客观、公正的评价,能够深入、细致地剖析一堂课。用整体评议法评课,有利于授课者总结经验,发扬优点,克服不足,改革教学;有利于学习者借鉴经验,取长补短,提高自我;有利于领导全面掌握授课教师的课堂教学基本情况。但是,使用整体评议法评课,费时较多,容易使旁听者厌烦。因此,运用整体评议法评课时,要注意突出重点,不要面面俱到,要把握好评课的时间。

(二) 片断评议法

片断评议法,就是对一堂课的某个片断或某些片段进行有针对性的评析。如可以对教师的引入环节、讲授环节、巩固环节中的某一片段或某些片断,就教学观念、师生关系、教法选择、学法指导、能力培养、教材处理等某一方面或某些方面进行较深入的评价分析。对研讨型、诊断型、相互型、观摩型的课,较多地使用片段评议法评课。

使用片断评议法评课,可以节省时间,并且比较容易操作,但要选某个或某些有代表性的片段,不能"只见树木不见森林"。

(三) 探讨评议法

探讨评议法,就是对一堂课中出现的某些新事物(如新教法、新学法、新专题)或某些把握不佳的新问题进行探讨性评析。如在实施新课程的过程中如何看待面向全体学生与因材施教、全面发展与充分发挥个性特长、打好基础与培养创新能力、教师主导与学生主体、教学任务与教学进度、课堂开放与课堂纪律、传统教学方式与现代教学方式、传统学习方式与现代学习方式等之间的关系,就非常值得我们探讨。听课者和教师可以就课堂教学中存在的某些问题或其他教学问题,进行进入探讨,从而形成解决问题的可行方案或决策。

运用探讨评议法评课,有利于学术讨论氛围的形成,有利于新思想、新方法的确立。使用这种方法评课,可以加强评课教师之间的横向交流,对新教师快速掌握教学基本原则与规律非常有用。对研讨型、相互型的课,较多地使用探讨评议法评课。

(四) 特色评议法

特色评议法,就是对一堂课中的某些与众不同的好做法与新创举进行评析。例如,许多课堂教学在新课引入、突出重点、突破难点、动手操作、启发诱导、培养能力、指导学法、创设情境、小组互助、分层要求、分类推进等方面非常有特色,这些非常值得评课者认真评析。运用特色评议法评课,首先,要求评课者能够发现授课者的特色所在,知道哪些地方与众不同,哪些地方有所创新;其次,要分析这些"特色"是否对教学起积极作用,是否符合现代教学的要求,是否符合教与学的规律。

使用特色评议法评课,可以起到鼓励教师创新的作用,有利于发现教师的新经验、新模式、新方法。对研讨型、观摩型的课,较多地使用特色评议法评课。

(五) 重点评议法

评课者要抓住本节课要解决的主要问题、主要目标等进行重点评议,对次要问题作简略评述即可。新课程下的课堂教学评价主要关注学生在课堂上的表现,以学生的思维量、信息量、训练量、参与量与成功体验量等来衡量课堂教学的效果。因此,评议时要把学生的表现作为主要内容,要改变以往"重教师教学,轻学生学法"的评议模式。对研讨型、检查型、相互型、观摩型的课,较多地使用重点评议法评课。

重点评议法虽然是对重要问题进行评析,但是,通过对重要问题进行透彻的评析,也可以看出整堂课的基本情况。另外,使用重点评议法评课还可以节省时间。

(六) 经验总结法

经验总结法,就是对优秀教师、老教师的教学经验进行总结评析。经验总结法评课时,要注意以下事项:首先,要知道授课者有哪些教学经验,例如,是如何挖掘教材的深度,突出教学重点,突破教学难点的;是如何根据学生的实际情况精心地设置疑问与悬念,使学生积极地参与到教学活动中的;是如何精心地设计各个教学环节。其次,要鉴别授课者的经验是否具有先进性、科学性、实用性与可行性。也就是说,要鉴别这种教学经验是否反映了现代教学思想,是否符合现代教学的要求,是否符合学校、学生及教师本身的实际情况。

评课者要在认真评课的基础上,对提炼出来的初步经验进行思考与加工。也就是说,要通过分析、综合、抽象、概括,深化自己的认识,抓住经验的本质,并把它上升到理论高度。这样总结出来的经验才是有价值的。对观摩型、评优型的课,较多地使用经验总结法评课。

(七) 表格评议法

表格评议法,就是根据好课的标准,制定一个比较科学、全面的课学评估表格(或细则),并根据这个评估表格(或细则)评估一堂课的优劣。制定评估表(细则)时,一般来说,要考虑到教学目标的确定、教材内容的组织、教法的选择、师生之间的关系、教学手段的使用、教学特色和教学效果等方面。表格评议法能比较科学、全面地评价一堂课的优劣,使用于评判型、鉴定型的课。但由于评估表的内容要顾及方方面面,所以,一堂课的某些特色或教学经验难以得到充分体现。

(八) 集体评议法

评课的形式主要有两大类,一类是个人评课,另一类是集体评课。凡是评判性(如优质课评选)、鉴定性(新教师考核、教改实验课验收)的课都必须采取集体评议法评课。这样能比较全面、科学、客观、公正地对一堂课做出评价。集体评课的一般步骤如下:

第一,建立评估小组。评估小组的成员业务水平要高,评议能力要强,作风要正派,小组成员一般为5—9人。组长要由教育理论水平高,对课堂教学评估有一定研究,工作认真负责,有较强组织能力的专家或老师担任。

第二,学习评价标准和试评。评估前要组织评估小组成员学习教学评价标准和记分办法,看优秀教师的录像课,并进行试评。试评中若评价标准有不恰当的地方,要及时修改。评价标准和记分办法,一经讨论确定就不能随意改动。

第三,听课与评议。听课前评估小组全体老师要熟悉课程标准、讲课老师的当堂教案、教材内容和教学目标,还要请专人命好课后测验试题。课堂上评议人员要观察并记录好讲课教师和听课学生的实际表现,下课后要抽部分学生进行测验,抽部分学生填写调查表。这些工作完成后即可开评议会。凡参加听课的老师都要参加评议会,评议会上可以请讲课教师谈谈他备课时的想法,以及讲课后的体会或反思。评议人员要根据课堂实际情况、学生测验成绩、讲课教师的想法和体会等实事求是地进行评议。

第四,评判记分。评议人员要客观地评判。一律以评价表上的分数为准,以总平均分鉴定优劣。统计分数时最好去掉一个最高分和一个最低分,这样比较客观。

需要强调的是,无论采用何种方法进行评课,都要服从评课目的,为实现教学目标、提高教学质量服务,都要突出反映以下几方面的内容:一是本节课的主要优点或特色是什么;二是本节课的主要不足或需要探讨的问题是什么;三是评课者有哪些建议,如改进教学的建议、推广经验的建议,等等。

第四节 评课的注意事项

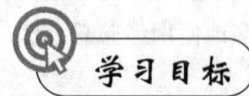

1. 了解评课的注意事项。
2. 了解点评中要努力避免的几种情况。
3. 掌握评课时讲究艺术的几个要求。

一、把握要求

评课之前必须了解该课程的基本状况和发展动态,同时,还必须把握国家新课程改革理念和基本要求,认真研究所听课程标准、教学目标、学生基础等具体情况,为评课做好准备。在教学思想上,要面向全体学生,改变以往的偏重尖子生、忽视大多数学生的不良倾向;面向学生的全面发展,倡导学生的主动发展;重视学生能力培养,改变以往偏重知识灌输、忽视学生能力培养的传统思维。在教学目标方面,要从只注重基础知识与基本技能教学的单一目标,向同时注重基础知识与基本技能、过程与方法、情感态度与价值观教学的三维目标转变。在教学内容方面,从过于注重书本知识传授向"加强课程内容与学生生活以及现代社会和科技发展的联系"转变。在教学方式方面,要从传统的"满堂灌""注入式"

的教学方式向启发式、导学式、探究式、讲解式、讨论式、练习式、课题式、讲座式的教学方式转变。在教学手段方面,要从过去那种完全靠一本书、一块黑板、一张嘴巴、一根粉笔的传统教学,向广泛运用现代信息技术于课堂的多媒体教学、网络教学转变。在教学评价方面,要从以学生的考试成绩作为唯一衡量标准的单一评价,向以促进学生发展为目的的多元评价转变。在教学效果上,要从关注教师的"教"的质态,更多地转向学生的"学"的效果和综合素质的提高,从只关注少数"尖子生"发展向促进每一位学生发展转变。

二、认真点评

听课是评课的前提,只有认真听课才能评好课。听课期间要认真做好笔记,拟好提纲。无论是哪种类型的评课,都应该做好评课的准备工作,这样做可以克服评课的随意性和盲目性,可以使评课更具科学性与针对性。拟提纲之前,应先对整个课堂教学过程进行较全面的回顾,然后看看教材,翻翻听课笔记,还要参考授课教师的自评情况和学生的评价情况,要在认真分析、用心思考的基础上拟出评课的提纲。提纲的内容要详略得当,要满足不同评课方法的要求。

由于每位听课者的能力水平、性格爱好、自身修养等存在着差异,因此,听课者必须抱着客观公正的态度,认真对待评课工作。要结合课程标准的基本要求、教师的具体情况以及班级学生的具体情况,客观地进行点评,才会真正起到促进教师教学水平和教学质量提升的目的。在评课中要努力避免以下几种情况:

第一,不负责任。有的评课者怕得罪人,所以评课时敷衍了事。这样的评课者往往只讲赞歌,不讲缺点,也有评课者不顾场合,信口开河,还有评课者喜欢吹毛求疵,甚至挖苦讽刺授课的教师。

第二,平淡肤浅。有的评课者听了一节课后,看不出什么问题,笔记本上也没写什么,只是笼统地认为"这节课教得不错"或"这堂课教得很差"。有的评课者虽然提了不少意见,但评议平淡肤浅,流于表面,没有触及实质性的问题。

第三,参评面窄。很多时候,积极、主动发言的评课者并不多。为了避免冷场,组织者只好点名发言。由于发言面不广,且大多属于被动发言,因此,评课前,组织者要提出评课要求,鼓励教学探讨和争鸣场面,促进教师教学成长。

第四,评"新"弃"旧"。眼下冠以"新方法""新结构""新课型"的课越来越多,这类课受到了评课者们的青睐,而课堂教学中传统的却很有价值的东西被忽略了,这样的做法显然是不妥当的。

三、讲究艺术

教师评课时要讲究艺术,一般来说,要注意以下几点:

第一,不轻易下结论。要根据课堂的教学特点和班级及学生的实际,实事求是地进行评价,不要轻易地给出"成功课"或"失败课"的评语,切忌根据个人好恶给一节课下结论。

第二,以肯定为主。评课时,要肯定成绩,帮助提高,鼓励创新。提问题和建议时,评课者不仅要客观公正,而且要考虑到授课者的心理接受能力。评课时,绝不能不顾场合,不顾后果,更不能挖苦讽刺,要多肯定,鼓励授课老师。

第三,不居高临下。评课者要以虚心的态度、商量的口气与授课老师交谈,不要趾高气扬、居高临下,不要把自己的观点强加于人。在听课过程中,无论发现了授课教师的优点还是缺点,无论发现了好的教学经验还是存在的问题,都必须找出其中的原因,以便有针对性地评课。

第四,突出重点。评课时,要突出重点,不要面面俱到,泛泛而谈。要对具有代表性的典型事例进行具体分析,分析时不要太笼统。如给出"重点不突出"的评语之外,还要帮助授课老师找出重点,并告诉他如何突出重点。

第五,尽可能量化分析。评课时,要尽可能使用量化的评价方法,这样比较有说服力,容易达到评课的目的。

第六,做好调查研究。在评课之前,要尽可能全面地了解授课者的思想素质、业务能力、个性心理等,还要尽可能全面地了解班风、学风及学习情况,这样,评起课来针对性就更强。

第七,实事求是。要客观公正地评课,不要只说好话,而不敢发表意见。当然,也不要不负责任地乱说,更不要在别人背后乱说,要实事求是地评价。

拓展阅读

课堂是舞台,谱好"三步曲"

教师教学意义的体现在课堂,学生能力素质的源头在课堂。课堂授课,犹如绘就一幅画,有好的笔墨、好的塑造、好的构图、好的意蕴,传达一种美。犹如唱响一首歌,大气磅礴、意境深远、充满激情,传达正能量。一堂课,45分钟,很短,但如何上完又上好一堂课却大有深意,需我们细心斟酌,反复揣摩。著名豫剧表演艺术家常香玉先生常说"戏比天大",教师上课就如演员唱戏,课堂就是舞台,唱好一台戏,就要谱好三部曲:课前、课中、课后。

一、课前精心设计

我们老师上课时面对的是一个个富有生命的个体,如何把教学目标、教学内容、教学方法以及学习环境有机结合起来,发挥出系统的整体作用,需要在课前提前进行深思,需要在课前精心做好教学设计,这是教学中最重要的一环。所谓教学设计,通俗讲就是备课,但其外延和内涵都比备课更加丰富。教学设计特别强调了教学分析,既强调对教学资源、知识类型、教学重点及难点的分析;又强调对学生基础条件的分析,如对学生的起点能力、学习能力与认知特点的分析;并重视教学情景的设计,重视培养学生的科学方法和创新能力等。所以,在做教学设计时需要我们对教材和学生进行全面的分析和把握。根据教学任务对教学目标、学习目标进行梳理,确定重、难点,确定教学模式,选择适当的教学方法,设计教学情景,组织教学内容,设计教学效果的检查方式和评价方式等。教学设计的具体产物就是教案。在教学设计中要特别强调教学分析的重要性。在教学内容的选择上强调将教学的基本要求与学生已有的基础知识、基本技能相结合,在学生的最近发展区内制订教学目标、确定学习内容、选择教学策略、创设教学情景、确定教学媒体和教学技术、设计教学活动及教学评价,并关注学生的体验、感受等心理过程在学习中的作用。教学设计是授课的前提和基础,是教学工作中一项整体工程,必不可少。不能仅注重课堂发挥而忽视课前设计。只有当我们对自己选择与组织的教学内容进行了精心设计,达到融会贯通、如同己出的程度,教学才可以娓娓道来,如鱼得水,轻松自然。

当前,很多老师对备课的认识存在两大误区:一方面,认为备课就是备教材;另一方面,又觉得备课是不得已要完成的任务。在某种程度上,备课已沦落为许多老师工作中的一种形式、一种任务、一种负担,成为应付教学检查的一门苦差。产生这种局面的重要原因在于教师忽略备课的多种意义。深刻了解备课的意义,对于提高教育教学质量至关重要。演员要演出生动感人的话剧,必须有一个好的剧本。教师要讲好课,也必须首先编好"剧本"。这个"剧本",就是讲稿。"剧本"编不好,"戏"的质量就无从谈起。课备不好,授课质量也难以保证。

具体说,备课怎么备? 在多年的教学实践中,我始终坚持:

1. 认真查阅资料

坚持多查阅资料,多听课学习,对有参考价值的资料广采博纳,取其精华,从而优化自己的课堂教学,每学期的课都当新课开,持续补充完善教学资料。

2. 精心编写教案

教案是教师备课的结晶,是进行教学的依据,使每一堂课都有明确的目的性、科学性、预见性和计划性,并合理地分配课堂的时间。只有备好教材,备好学生,备好教法,写出来的教案才是合格的教案,才是拿得上讲台的教案。

3. 充分准备教具

教具是实现教学目标的手段和措施,借助教具、充分运用现代信息技术手段,使抽象概括的知识具体化和形象化。达到直观、形象、简化、明了的目的,有效地帮助学生掌握知识和技能,活跃课堂教学的气氛,提高学生学习兴趣。现在,老师们上课,普及使用课件,但课件的使用只是作为一种教学手段,要能为达到教学目标服务,否则就失去了它的意义。不同的课型,不同的内容,如果每节课都这样的话,那课是没有灵气的,课件使用要有针对性,该用的一定要用,不要用的就不要用。

4. 课前静心想课

写好教案不等于就能上好课,它是备课的补充、完善和深化,是上好一堂课的保证。写好教案后还要在头脑中回忆教案的整个过程,像看了电影后重现一样,把本节课的教学重点、难点、教学步骤、教学中可能出现的问题等方面进行通盘考虑,进而进行相应的调整、增补、删减等工作。

苏步青教授曾经说过:"如果你用一分力量备课,两份力量上课,你就用三份力量批改作业。反之如果你用三份力量备课,两份力量上课,你就可以只用一分力量批改作业。"这也突出了备课的重要性。上课前要备课,这是一种常规,把常规做成极致就是创新,把创新做成常态就是文化。备好课,事半功倍。

二、课上细心实施

如果说第一步是基础,第二步则是关键,是课堂教学必须要走好的关键一步。第二步的课堂授课,是一个学生积极参与教学互动的过程,通过师生互动,合作探究,引导学生发现、获取原理、观点、标准和规范。

面对新的学情(现在我们的生源素质参差不齐,生源渠道类型多样,有统招、单招、提前、注册,还有外国留学生),不能一把尺子用到底,积极探索分层教学和小班化教学,因材施教。

在课堂实施中,按照教学设计,做到:

第一,组织教学,使学生注意力集中到课堂上。必要时每节课都进行一次组织教学。

第二,明确本节课的教学内容、教学任务。

第三,指出本节课的学习目标。

第四,复习学生的起点知识,为学习后面的新课提供基础或创设教学情景,将学生引入学习状态。

第五,选择某种授课方法向学生传授新知识(讲授法、练习法或讲练法或自主学习法等)。重点、难点知识一定要多讲、讲透,使学生能够理解。授课时可以应用教学媒体进行辅助,并要注意与学生的有效互动,对学生的学习活动及时进行反馈。

第六,课堂小结。在完成了本节课的教学内容后还要对重、难点知识进行复习、梳理,便于学生记忆和深入理解,并与前面的知识联系起来,形成网络。完成知识的同化与顺应,达到举一反三、融会贯通的目的。

第七,及时布置作业或练习,检查学习效果。作业题要达到一定的量才能让学生真正学懂并记住知识。如果需要动手使用仪器或设备,也必须达到一定的练习量才能形成技能。

第八,通过作业、练习、实操等检查教学效果,对出现的问题及时进行反馈和修正。

在这一步教学过程中特别注意:

1. 要给学生留出充足的思考、讨论时间,避免形式化;

2. 尽可能多地给学生展示自我的机会;

3. 注重教师的引导作用(思考问题的方向、思考问题的角度、怎样辩证全面地看问题、典型案例的启发、探究过程的掌控等);

4. 教师对学生的发言要给予及时、充分的评价,不宜简单地肯定或否定,要既鼓励学生,又在评价中自然地带出和表达相关的学科知识,阐述正确的标准。

课堂授课的大忌是"满堂灌",没有很好地处理好主导与主体的关系,讲得偏多,学生自主落实的时间不足,落实基础知识的效果不理想。成尚荣教授关于如何处理好主导与主体的关系的三个隐喻,我觉得非常形象:第一,教师学生是一对舞伴。跳舞要两个人相互带动。师生互动,要合作,在课堂上,合作比竞争更重要,这个隐喻更多地强调师生间、生生间的合作理念。第二,好的教学是把学生带到高速公路的入口处。学习是学生的学习之旅,教师要把学生领到高速公路入口,这是一个发现、寻找、探索、创造的过程。然后让学生自己学会如何在高速公路上驾车,何时在适当的路口下道,也应了过去我们提倡的"授之以鱼,不如授之以渔"。第三,课堂是一个没有天花板的舞台。既然课堂是舞台,那就需要演员来表演。在课堂上表演的应当是师生,而不能只是老师。以教师教为主的课堂必须被自主、合作、探究的学生学的课堂所替代。真正体现了"教师为主导,学生为主体"。教师的主导就如乐队中的乐谱,起着课堂上的引领作用,而学生的主体,就是学生主动地去学,主动地去寻找问题,发现问题,只有充分发挥出学生的主体地位,充分调动学生的积极性,课堂才能真正地活起来。

三、课后静心反思

课后还要进行教学反思,教学反思是我们对教育教学实践的再认识、再思考。以此来总结经验教训,进一步提高教育教学水平。

1. 反思"情景设计"

教完每节课后,应对教学情景设计进行回顾总结,考虑所设计的情景是否与学生实际生活联系紧密,是否与上课内容相符,在引入过程中还存在哪些不和谐之处,同时根据这节课的教学体会和从学生中反馈的信息,考虑下节课的情景设计,并及时修正教案。

2. 反思"上课效果"

一节课下来,认真从每一位学生上课的表情、上课的反应、课堂作业、回答问题、板演以及教师的课堂观察等环节反思本节课的实际效果如何,做到心中有数。效果好要有经验积累,效果差要找出原因,并在教案上"课后反思"栏内做好详细的记载以便及时修正。

3. 反思"教学策略"

上完一节课,静心沉思,引导是否得当,训练是否到位,摸索出了哪些教学规律,组织教学方面有哪些创新,教法上有何新招等。及时记下这些得失,并进行必要的归类与取舍,考虑一下再教这部分内容时应该如何做,写出"再教设计",这样可以做到扬长避短、精益求精,把自己的教学水平提高到一个新的高度。

4. 反思"精彩片断"

侧重于记录自己本节课的成功之处与教学开展过程中的亮点。课堂教学中,往往会因为一些偶发事件而产生瞬间灵感,这些智慧的火花常常是不由自主、突然而至,若不及时利用课后反思去捕捉,便会因时过境迁而烟消云散,令人遗憾不已。如哪个教学程序的安排富有科学性,哪个问题的提出能促进学生自主学习,学生的创新意识、创造才能得以萌发,即出现了课堂教与学的高潮。这时最好能详细记录下学生的学习活动、学生的精彩问答。作为教研的第一手素材,并以案例分析的技术,结合教育、教学理论加以阐述。

5. 反思"板书设计"

板书设计是一种特殊的艺术训练,是一节课主要内容的浓缩,渗透了教师的学识、智慧和审美情趣,起到画龙点睛的作用。板书设计可以勾画出本节课内容的结构体系和知识要点,学生通过观察和回顾,对本节课的结构就有了整体的把握,从而对所学内容进行更好的梳理。所以,教师也应该把课堂教学中精美的板书设计记录下来,在复习及以后的教学中借以运用。

教师的专业素养决定了一堂课的成败。不论教育怎样改革,教师在课堂上、在学习上的主导地位是不会改变的,教师在教学中的总导演的角色是不会改变的。教师的情绪,决定了课堂的气氛,决定了课堂的效果,没有教师的激情,就没有学生的激情,就没有课堂的活跃和生机,就没有真正意义的教育。课堂上教师的语言、教态、板书,以及多媒体信息技术工具的操作技能都是上好一节课不可或缺的基本要素。

(杨剑钧)

第五节 评课案例分析

中班音乐活动《高邮民歌——数鸭蛋》

【活动目标】

1. 欣赏高邮民歌《数鸭蛋》,激发幼儿热爱高邮的情感。
2. 尝试用高邮方言演唱歌曲,感受高邮方言的魅力。
3. 通过律动活动,感受高邮民歌欢快的情绪。

【活动准备】

高邮民歌《数鸭蛋》的音乐、歌曲图谱、教学视频。

【活动过程】

一、谈话导入并初步了解高邮民歌的来历

师:小朋友,你们知道自己是什么地方的人吗?

幼:高邮人。

师:你们知道高邮都有哪些特产呢?

幼:……

师:对了,我们高邮有好多的特产,今天,我也带来一件高邮特产,你们想知道是什么吗?好,我们一起来数1、2、3把它请出来。(幼:双黄鸭蛋)

师:对,是双黄鸭蛋,那双黄鸭蛋用高邮话怎么说呢?

师:听我来说说看、大家一起说一说。

师:高邮话好不好玩?今天,我带来了一首好玩又好听的歌,它是我们高邮人在劳动的过程中编出来的,用高邮方言演唱的高邮民歌,这首高邮民歌的名字就叫《数鸭蛋》,让我们一起来听一听。(放音乐1遍)

二、欣赏高邮民歌《数鸭蛋》,激发幼儿热爱高邮的情感

1. 欣赏高邮民歌《数鸭蛋》,师幼交流。

听第一遍:

师:听了这首高邮民歌,你心里有什么感觉?(提示:是高兴还是难过……)

我们高邮人民一边劳动一边唱着这首高邮民歌,感觉特别的快乐。好,让我们一起快乐一下吧!(放音乐1遍)

听第二遍:

师:你听到歌里唱了什么呢?

师:我来猜猜你是不是听到了这一句呀?那你说说这一句唱的是什么?

（根据幼儿的回答，在相应的位置贴出相应的歌词，并带领幼儿用高邮方言说出歌词内容。并突出高邮方言"一只鸭子一张嘴"中的"鸭子"和"嘴""眼睛""腿""跳下水""那个"等词语。）

听第三遍：

师：咦，这里空出来的地方唱的是什么呢？我们再来听听看，小耳朵仔细听噢。（放音乐2遍）

（教师根据音乐有序地手指图谱，包括空缺的部分。）

2. 你最喜欢歌里的哪一句？（让幼儿用手指出来）

师：你最喜欢歌里的哪一句？你们还喜欢哪一句？还有谁喜欢哪一句？

如："呱呱，咦喷喷来，咦喷喷来"，告诉幼儿这是人们在赶鸭子、唤鸭子时嘴里叫的"号子"，教师可以带领幼儿边说边做赶鸭子。

3. 你觉得歌里面还听不明白的是哪一句？有谁能告诉他的？

（如以上幼儿没有说出来的话，老师可装作：咦，我也有一句不明白耶！你们有谁能告诉我？）

听第四遍：

师：我们小朋友都说出了歌里唱的内容，可是，还有一个小小的地方没有听出来噢！（指着图谱中"绿色的波浪线"）

师：好，我们再来听听歌里的"绿色波浪线"是怎么唱的。（放音乐1遍，按照歌词图谱的内容再次欣赏）用高邮话说说"那个"。

师：我们高邮民歌特别有趣吧！

4. 尝试用高邮话完整地说说歌词内容。

师：噢！原来歌里都唱的这些呀！那我们用高邮话来说说这首歌吧。（1遍）

三、尝试用高邮方言演唱歌曲

师：刚才我们是用高邮话来说这首高邮民歌的，现在想不想用高邮话来学唱这首歌呢？

1. 尝试跟着音乐、看着图谱学唱歌曲。（2遍）

师：会唱的小朋友跟老师小声地哼唱，用自然好听的声音演唱。

2. 在老师的指挥下幼儿分组交替演唱。（2遍，老师交代清楚交替规则）

四、通过律动活动，感受歌曲欢快的情绪

1. 欣赏高邮民歌手演唱高邮民歌的录像。

师：你可知道这首高邮民歌《数鸭蛋》谁唱得最好呀？我们高邮有位70多岁的王奶奶唱得最好听。两年前，她还代表高邮人到北京人民大会堂演唱过这首高邮民歌，我们作为高邮人非常的自豪和骄傲。好，那我们就一起来认识一下王奶奶并听听她演唱的高邮民歌《数鸭蛋》。（观看视频）

2. 播放MTV，幼儿欣赏第二段视频中小朋友的舞蹈。

师：好，刚刚我学唱的高邮民歌叫什么名字呢？——数鸭蛋。

师：高邮人不但编了这首好听的高邮民歌，而且还用高邮民歌编了一段好看的舞蹈，瞧，一群活泼可爱的小鸭子来了！我们和小鸭子一起来跳跳舞。

(稍作提示动作:鸭走、跳下水、呱呱、咦喷喷来……)

《数鸭蛋》评课稿

民歌作为园本课程建设可资利用的重要资源,具有地域传承性、自发规则性和艺术情境性,拥有促进幼儿民族认同感、身体动作、认知与社会性发展等方面的教育价值。《3—6岁儿童学习与发展指南》中指出要让幼儿"会说本民族或本地区的语言"。李莉老师融方言和民歌为一体,在其所执教的音乐活动《数鸭蛋》中用方言唱民歌,带领幼儿在欢快的音乐中对高邮特产、高邮语言、高邮文化的有了一定的认识和认同,激发了幼儿作为高邮人的自豪感。对李莉老师活动将从以下三个方面进行点评:

一、目标设计全面、具体、适宜

活动目标是活动的出发点和落脚点,本次活动目标从情感目标、认知目标、能力目标三个维度进行设定,目标设计具体、全面,且符合幼儿的年龄特点。《数鸭蛋》活动目标定位在充分地感受高邮民歌的优美、高邮方言的魅力及对高邮文化的自豪感,活动通过听一听、说一说、唱一唱、跳一跳高邮民歌,让幼儿在多种感官交互作用和肢体动作的表演中,逐一达成目标,幼儿在整个活动中保持积极的学习热情和参与度。

二、选材符合幼儿的年龄特点

《数鸭蛋》是一支优美、欢快的高邮民歌,它表达的是对高邮家乡的赞美和热爱之情。歌曲简单短小,易于理解,歌词押韵,朗朗上口。歌词里有孩子喜欢的拟声词,有鸭子的叫声"呱呱",还有唤鸭声"咦喷喷来",都是民歌衬词,是民歌的精华。因而,这首民歌很适合幼儿园的孩子们去听、赏、唱。

三、活动过程脉络清晰、循序渐进

活动包括感知欣赏民歌—学唱民歌—表演民歌三个环节,层层递进、环环相扣。

首先,李老师从幼儿的已有经验出发,通过提问的方式,层层引导,调动起幼儿对《数鸭蛋》这首音乐的心理期待。

其次,在感知欣赏民歌环节中,教师通过引导幼儿对音乐欢快的旋律、生动的衬词和形象的歌词多次的欣赏,并借助图谱帮助幼儿感知理解歌词内容,并有意识地让幼儿用高邮方言说出重点词汇,为下一环节用方言唱出儿歌奠定了基础。

再次,在学唱儿歌环节中,借助图谱帮助幼儿学习记忆儿歌,并采用集体、小组的形式进行练习,达成了幼儿会用方言演唱《数鸭蛋》这个目标。

最后,通过观看高邮70多岁的王奶奶的演唱视频,并和小鸭子们一起跳舞,幼儿情绪达到高潮,不仅激发了幼儿对高邮文化的自豪感,同时充分的体验到《数鸭蛋》这首歌曲以及整个活动的快乐。

整体而言,本次活动充分关注到幼儿的年龄特点和生活经验,通过图谱的方法支架幼儿的学习,活动目标很好地达成。如果在表演部分给幼儿机会自主设计动作,则更加彰显幼儿的主体性。

以上是对李莉老师的音乐活动《数鸭蛋》这堂课的评课,不足之处敬请指正。

(李 莉)

Unit 3　Asking the way

[Teaching aims and learning objectives]

1. 学生能够熟练掌握本单元问路、指路的方式；了解更多的问路、指路方式，如：Can you show me the way to …？Which bus is for …？Where's the …？

2. 学生能熟练掌握字母 sh 在单词中的发音。

3. 学生能够运用较丰富的语言介绍自己家到学校的路线并完成相关写话。

[Teaching difficulties]

用较丰富的语言介绍自己家到学校的路线并完成相关写话。

[Teaching Procedures]

Step 1　Warm up

T：First, let's do some exercise. Please listen to me carefully and do the actions, ok？(stand up, jump up and down, turn left\right, show me your left\right hand, say good afternoon to teachers).

（学生边听指令边做动作）

T：You did a good job！Let's play another interesting game："Where is it？"

（设计意图：通过听指令、做动作和猜地点的游戏帮助学生热身，复习本课地点单词、激发学生的兴趣，营造英语学习的氛围。）

Step 2　Presentation

T：I have a good friend, her name is Sharon. We always call her Miss how. "Why？"Let's enjoy an interesting story.

（学生欣赏绘本故事，并解决问题）

（设计意图：把文本中的 Sharon 和设计的人物 Sheldon 利用绘本故事设计成整体，导入自然，引入新知）

T：Where does she want to go？

S：She wants to go to the shoe shop.

T：She doesn't know the way, so she asks a policeman for help.（ppt 呈现句型 Sharon is asking the way. 地图）

T：If you are Sharon, how to ask？

S：……（学生回答，教师板书）

T：Help Sharon find the best way.（ppt 呈现，让学生上台指出 2 条路线，猜猜 Sharon 会选择哪条）

（设计意图：利用地图，让学生复习并接受新知问路的句型，同时自然进入 Sound time 环节学习）

Sound time：

(1) Read after tape→read in groups

(2) Read out the red letter with sb.

(3) Find the other words sound [ʃ]

(4) 结合 Sheldon 自编 chant.

(5) I can tick.

(设计意图:通过全班、小组、男女生对读让学生掌握 Sound time,让学生找出发音类似的单词以及自创 chant,达到学以致用的目的)

Checkout time:

(1) Game:Practice with desk-mate （PPT 呈现）

(2) "A good news"

(3) I can tick.

(设计意图:游戏环节让学生上台任选一卡片地点进行操练,学生有惊喜感,拓展部分:张杰来界首开演唱会,创设地方路线情景,让学生身临其境,积极调动了学生学习兴趣)

Step 3   Consolidation

Draw and write:

(1) 想知道 Miss Wu 是怎么来学校的吗?（让学生问我）

(2) Good memory(你能回想起吴老师住在哪的吗,怎么走)

教师在黑板上画出 home 到 school 的路线,并示范用英语描述路线。

(3) 呈现 Miss Wu's passage

(4) Watch a short video

(5) Draw and write(学生画路线并将路线写下来,请个别学生将其画的路线图和写的路线用投影仪展示出来,同时当场批改,好的作文示范、瑕疵的进行提醒。)

(6) I can tick.

(设计意图:写作以自己为示范,边说边画出从家到学校的路线,并及时呈现自己的写作范文;当场批改起到及时反馈的作用,进一步巩固学生在不同情境中准确使用问路、指路的英语表达的综合语用能力。)

Emotional education:

T:Today, we have learned how to ask and show the way. Please try to remember:"Help others, help yourself!"

Step 4   Homework

1. Talk about the way from your home to your school to your family in English.

2. Try to find more words with the sound [ʃ]

3. Finish the exercise book, period 4.

评课稿

在二期课改理念的指引下,小学英语课堂教学也在不断进行尝试和改进。在课堂教学中,教师更加注重学生学习的体验和互动,重视学生的自主学习和探究,有意识地培养学生学习的主动性,丰富他们的经历和经验,改变他们的学习方式,提高其英语思维能力,从而全面提高学生的英语综合能力。

吴慧老师的这节课理念正确、设计新颖、思路清晰、活动丰富,是一节很有指导意义的写作课,也是对小学英语写作课教学的重要探索。吴老师以新课程理念为指导,结合学生的身心特点,在课堂教学设计和组织上充分体现小学英语课堂互动性强的重要特征,设计了大量的教学活动,突出了课堂教学从学生角度出发,以学生为主体,教师为辅助的教学思想,主要体现在以下几个方面:

一、创设真实情境,锻炼交际能力

这节课创设了一系列的教学情境。Warming-up 中设置的情境训练学生对 right 和 left 的掌握,让学生很快活动起来,进入英语学习的状态,活跃了课堂气氛。而到了 outside reading 部分,老师独具匠心,自主创设了语言材料,具备文字材料和声音文件,自然地转换到语音环节。在拓展部分,设置的是张杰要来界首开演唱会,创设地方路线情境,引起学生极大的兴趣,而给张杰指路则充分调动了学生参与的积极性。老师自制家乡地图,让学生能够运用自己熟悉的内容与教师交流而获得成就感。更为吸引学生的是,老师在 Draw and write 部分设置的视频情境,用了身边真实的资源,询问学生自己的上班路线。学生为能通过交流了解老师的生活而感到兴奋,增强了自己英语学习的自信心,同时也使学生进一步练习巩固了问路与指路的语言结构和用法。

二、学生为主体,互动性强

教师在教学过程中要体现师生互动,特别是生生互动,锻炼培养学生的自主性和探究性,学生有了主动性,才会有互动的基础。本节课的教学目标之一是学会问路和指路,该教师围绕这一目标,设计了形式多样的学生活动,包括 personal work, pair work, team work 和 the whole class work。

本节课的第一环节的 exercise 中,所有的学生都参与课堂,活动开来。在 Guess 环节,通过猜地点的游戏,学生尝试用英语思维猜学过的地方类名词,而这些名词在下面的教学环节中都能用到。在 Outside reading 环节中扩展了课文以外的问路方式,让学生积极参与讨论,自由发挥,努力实践和展示自己,取得了良好的教学效果。教师安排上张弛有度,活而不乱。在学生活动的同时板书基本句型,为下面的语言操练搭建支架。吴老师在启发和示范后,把足够的时间留给学生,因此在课上,大部分学生都完成了写作。这时老师选择几篇作文投影展示,当场点评,起到了较好的指导作用,真正贯彻了以学生为主体,教师为指导的教学原则。

三、听说领先,重视读写

在英语教学中,一句行话就是"听说领先,读写跟上",源于"唐诗熟读 300 首,不会作来也会吟"。尤其在小学英语教学中,大部分教师重视听说,从而忽视读写的教学。在小学高年级英语教学中,我们已开始写作教学,大多数英语老师理解的写还停留在"抄写""仿写"的层面上,并没进行真正意义上的写作教学。

吴老师在这堂写作课上,围绕教学目标和教学难点展开了一系列的活动,创设了多种情境。从主人公的名字"Miss How"开始,巧妙地让学生学会问路,再到后面根据地图指路,说说自己上学的路线,给张杰指路,根据老师示范上班路线写出自己上学的路线,每一个环节和情境创设都是为了最后学生能完成写话。该课中,老师让学生真实地感受知识,体验知识,积极参与,学会用语言表达,语言交际,较好地体现了从不会问路、指路到能熟练地给别人指路,最后,学生落实到笔头时相当轻松。吴老师在写作环节后及时点评,让好的作文起到示范作用,有瑕疵的作文给学生以提醒。这一节课从学生最后的表述中可以看出老师之前精心的铺垫起到了很好的效果。

综观教学过程,学生的主体性得到很好的体现,教师也在教学中表现出较高的教学素养。良好的教学语言表达能力,辅助教学效果突出,学生思维活跃,课堂教学容量较大,无一不是老师综合素质的展现。但在平时的教学中,也许会削减一些内容,再扩充一些学生的习作点评,更多地体现学生的主体性,探究其自身的问题,尤为完美。

(吴　慧)

"平均数"课堂教学实录

【教学过程】

一、在游戏中形成问题

师:我们班男生和女生之间进行套圈比赛,每位同学套15个圈,该怎么比?

生:把每个队同学套中的个数记录下来,然后相加进行比较。

师:但是我们班的学生比较多,每个同学都去套圈要花很多时间。那怎么办?

生:两个队各派一个代表,看哪个同学套得多,哪个队就获胜。

师:如果你们的代表输了,你们队就输了,你们愿意吗?

生:不愿意。

师:那怎么办?

生:那就多派几个代表。

师:这个办法不错,那每个队各派4个代表来比赛。

(出示男女生两个队套圈的图,从图中可以看出:两队的4个代表,套中的个数为:男生队:6、9、7、6;女生队:10、4、7、5。)

生:6+9+7+6=28(个),10+4+7+5=26(个),男生队赢了。

师:让我加入女生队一起比赛,行吗?

生:行。

(教师套中了4个。)

生1:女生队共套中26+4=30(个),女生队赢了。

生2:这不公平。女生队有5个人参加比赛,而男生队只有4个人参加比赛。

师:那怎么办?

生:男生队再派一个代表参加比赛。

师:可以。但是,我们今天就来研究这样一个问题:根据现有的男生队、女生队的成绩,能不能找到比较公平的方法比较男生套得准一些,还是女生套得准一些?

二、在矛盾中寻求方法

师：男生队 4 人共套中 28 个，女生队 5 人共套中 30 个。男女队的人数不同，比总数不公平。那怎样比呢？

生：4 个人比赛的，就把 4 个人套中的总数除以 4；5 个人比赛的，就把 5 个人套中的总数除以 5。然后，再进行比较。

师：我们来一起算算。

$$(6+9+7+6)÷4 \qquad (10+4+7+5+4)÷5$$
$$=28÷4 \qquad =30÷5$$
$$=7（个） \qquad =6（个）$$

师：这"7 个"和"6 个"表示什么？

生：7 个表示男生队平均每人套中的个数；6 个表示女生队平均每人套中的个数。

师：男生队的两个代表的 6 个怎么会变成 7 个了？

生：就是把一个代表的 9 个拿 2 个分别给了他们一人一个。

师：你的意思是？

生：多的给少的一些，这样大小就一样了，平均了。

师：看来比平均每人套中的个数比较公平，还是男生队赢。怎样计算平均每人套中的个数呢？

生：平均每人套中的个数＝套中的总个数÷人数。

师：平均数比较好地反映了一组数据的总体水平。

三、在应用中深化知识

1. 四位同学的身高分别是 150 厘米、146 厘米、154 厘米、150 厘米，你能否很快求出他们的平均身高？

学生口答：移多补少，150 厘米。

2. 我班同学的平均身高是 150 厘米，所以每个同学的身高都是 150 厘米。这个结论对吗？

学生口答：不对。平均身高并不是每个同学的身高，它是我班同学身高的平均数。

3. 有一个游泳池的平均水深是 140 厘米，王明同学的身高是 155 厘米，他在游泳池中学游泳会不会有什么危险？

学生口答：池里的水有深有浅，有的地方可能超过 155 厘米。所以，王明在游泳池学游泳，要在浅水区练习。

4. 生活中你见到过哪些平均数，想求哪些事物的平均数？打算怎么做？

学生口答。

四、在小结中提炼知识

师：今天我们学习了新的知识——平均数，我们要注意理解平均数的意义、平均数的求法和平均数在生活中的作用。

"平均数"课堂教学评课稿

平均数是统计学中的一个基本统计量，它反映了一组数据的集中程度。在日常生活和生产中应用广泛，主要用它来刻画一组数据的一般水平。也可以用来进行几个组数量的比较,以看出组与组之间的差别。

小学阶段学习的平均数是指"算术平均数",本学段学习中通常还要求算术的平均数为整数。平均数的教学,重点并不在于平均数的计算方法,应当强调对平均数意义的理解、特点的把握,注重对其统计含义的理解,使学生能够在问题情境中准确地运用它去解决问题。

纵观本节课的教学全过程,有许多值得我们学习和借鉴的地方。周老师准确地把握了本节课的教学目标、教学重点和难点,从学生已有的知识基础出发,设计学生感兴趣的游戏和问题,调动了学生学习的主动性,教学效果比较突出。对于周老师上的这节课,我个人觉得有以下几个特点。

一、善于创设问题情景引发学生质疑

本节课内容是在学生已经具有一定的收集和整理数据能力的基础上进行教学的,周老师紧密结合学生的生活经验,选取了套圈比赛作为题材,创设了"男生套得准一些,还是女生套得准一些"的问题情境,让学生在解决问题过程中认识平均数,学会求平均数。通过游戏创设了一个不公平的情境,很自然地产生了数学问题,让学生在无疑中生疑,从实际问题的困惑中产生了求平均数的迫切需求。

二、紧紧围绕着教学重点展开教学

本节课教学中,周老师设计多个层次的教学内容,围绕着教学重点和难点进行教学。

1. 先让学生从多种角度用数据描述各组套中的情况,在尝试中促使学生产生求平均数的心理需求。

2. 让学生在解决问题的过程中理解平均数的意义,学习求平均数的方法,进一步感受到统计对解决问题的价值。

3. 让学生在实际的问题情境中和生活经验的基础上进一步理解平均数的含义,理解平均数的某些近义词的含义。例如,学生在解决练习第3题时,需要在一个现实情境中去准确把握"平均水深"的含义,即"平均水深140厘米"意味着什么。这个问题是单纯的计算无法解决的,只有真正理解"平均水深"的概念,才能解决这个问题。

三、讨论式的教学把学习的主动权还给学生

教学过程中,周老师并不限于"给数据计算",而是设计问题情景引发学生思考,通过层层设问,把学习的主动权还给学生。学生经历平均数的产生过程,学会求平均数的方法,用自己的语言说出了他们对平均数意义的理解,实现了新知的主动建构。

四、练习的设计加深了对新知的理解

本节课周老师设计了四个练习,让学生进行解决。练习的设计,注意了趣味性、应用性、开放性。通过练习,学生巩固了平均数的计算方法,加深了对平均数意义的理解,增强了数学应用的意识。

当然,本节课的教学也给我们留下了一个值得探讨的问题:

对于"平均数"这样课题的教学,能不能设计一个比较大的"核心问题"让学生探索?而不是像本节课的教学,学生跟着老师亦步亦趋,老师一步一步提出问题,学生一步一步解决老师提出的问题。这样,虽然学生也在思考,但是思考的力度和空间不大。如果本节课一开始就抛出"怎样比较两个组投篮的准确性?"这一问题,可以留给学生更大的探索空间,学生思考的力度也会大大增加。虽然教学过程中的问题少了,但解决问题的难度增加了,对于培养学生的思维能力就会有比较大的促进作用。

(刘明祥)

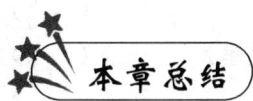

本章分为五节,第一节评课的意义和作用,讲述了评课的概念、传统评课的误区及思考,重点讲述了评课的意义和作用。第二节评课的要素,阐述了评课的要素,包括评课的依据和标准、评课的内容。评课的内容具有复杂性。一般的评课要考虑教学目标、教材处理、教学过程、教学方法、教学手段、教学效果等几个方面内容,从中可以看出教师的教学素养和教学基本功情况。第三节评课的方法,介绍了整体评议法等几种常见的评课方法。要掌握不同评议方法的适用范围与要求。第四节评课的注意事项,要了解在评课把握要求、认真点评、讲究艺术等方面,要避免的几种情况与具体要求。第五节评课案例分析,通过案例分析去进一步理解相关理论,提高评课技能。

1. 评课的作用有哪些?
2. 评课的内容是什么?
3. 评课的依据是什么?
4. 评课有哪些注意事项?

选择题

1. 能够对一堂课的质量做出全面、客观、公正的评价,能够深入、细致地剖析一堂课的评课方法是( )。
   A. 整体评议法   B. 片段评议法
   C. 经验总结评议法   D. 重点评议法

2. 对优秀教师、老教师的教学经验进行总结评析的评课方法是( )。
   A. 整体评议法   B. 片段评议法
   C. 经验总结评议法   D. 重点评议法

3. 对一堂课的某个片断或某些片段进行有针对性的评课方法是( )。
   A. 整体评议法   B. 片段评议法
   C. 经验总结评议法   D. 重点评议法

4. 评课者抓住本节课要解决的主要问题、主要目标等进行重点评议的评课方法是（   ）。

    A. 整体评议法　　　　　　　　B. 片段评议法
    C. 经验总结评议法　　　　　　D. 重点评议法

判断题

1. 评课只评老师，不关注学生。（   ）
2. 评课中关注学生的学习状态就是指关注学生回答问题的准确率。（   ）
3. 表格评议法能充分体现一堂课的特色。（   ）
4. 评课要得出"成功课"或"失败课"的结论。（   ）

附 件

附录一　中华人民共和国教育法

《中华人民共和国教育法》(以下简称《教育法》)于1995年3月18日经第八届全国人民代表大会第三次会议审议通过,并于同年9月1日开始实施。《教育法》的实施标志着我国进入了依法治教的新时期。

《教育法》共分10章84条,包括总则、分则和附件三个组成部分,具体内容略述如下:

第一章　总则,共16条。主要规定了《教育法》的立法宗旨;教育法的指导思想;教育法的适用范围;发展教育事业的方向保证;教育地位和作用的法律确认;教育方针;加强思想政治教育;发展教育事业的几个重要原则;国家重点扶持的教育事业;坚持进行教育改革;国家教育管理体制;教育行政管理;教育事业发展的保障监督机制;基本教学语言文字等。主要确立《教育法》作为根本大法的前提依据,同时把《宪法》中的有关教育的基本内容加以具体体现。

第二章　教育基本制度,共8条。主要规定了义务教育制度;职业教育制度;成人教育制度;国家教育考试制度;学业证书制度;学位制度;扫除文盲教育工作;教育督导制度和教育评估制度。

第三章　学校及其他教育机构,共7条。主要规定了学校的办学体制;设立和审核;学校的权利和义务;学校内部管理体制;学校的法人资格。

第四章　教师和其他教育工作者,共4条。主要规定了教师和其他教育工作者的界定;教师的重要作用;教师的权利和义务;提高教师待遇;加强教师队伍建设。

第五章　受教育者,共9条。主要规定了受教育者的平等权利;受教育者的权利和义务;保护学生的身心健康。

第六章　教育与社会,共8条。主要规定良好社会环境的建立;企事业同学校的合作;企事业应当为学生社会实践提供便利;学校应当参加社会公益活动;父母(或其他监护人)的教育责任;公共文化设施应当为受教育者提供便利;校外教育设施和校外教育工作多国家鼓励开展社会文化生活教育活动。

第七章　教育投入与条件保障,共14条。主要规定了教育经费以财政拨款为主;教育经费以其他多种渠道筹措为辅;教育经费的管理和监督;学校的基本建设和教学设备。

第八章　教育对外交流与合作,共4条。主要规定了国家开展教育对外交流与合作的原则;出国留学与学术交流;境外个人来华学习与学校交流。

第九章　法律责任,共11条。主要规定了执法部门教育法律责任的具体内容。

第十章　附则,共 3 条。主要对军事学校教育、宗教学校、境外的组织和个人在中国境内办学和合作办法作了规定,并规定了《教育法》的实施时间。

第一章　总　则

第一条　为了发展教育事业,提高全民族的素质,促进社会主义物质文明和精神文明建设,根据宪法,制定本法。

第二条　在中华人民共和国境内的各级各类教育,适用本法。

第三条　国家坚持以马克思列宁主义、毛泽东思想和建设有中国特色社会主义理论为指导,遵循宪法确定的基本原则,发展社会主义的教育事业。

第四条　教育是社会主义现代化建设的基础,国家保障教育事业优先发展。全社会应当关心和支持教育事业的发展。全社会应当尊重教师。

第五条　教育必须为社会主义现代化建设服务、为人民服务,必须与生产劳动和社会实践相结合,培养德、智、体、美等方面全面发展的社会主义建设者和接班人。

第六条　教育应当坚持立德树人,对受教育者加强社会主义核心价值观教育,增强受教育者的社会责任感、创新精神和实践能力。

国家在受教育者中进行爱国主义、集体主义、中国特色社会主义的教育,进行理想、道德、纪律、法治、国防和民族团结的教育。

第七条　教育应当继承和弘扬中华民族优秀的历史文化传统,吸收人类文明发展的一切优秀成果。

第八条　教育活动必须符合国家和社会公共利益。

国家实行教育与宗教相分离。任何组织和个人不得利用宗教进行妨碍国家教育制度的活动。

第九条　中华人民共和国公民有受教育的权利和义务。

公民不分民族、种族、性别、职业、财产状况、宗教信仰等,依法享有平等的受教育机会。

第十条　国家根据各少数民族的特点和需要,帮助各少数民族地区发展教育事业。

国家扶持边远贫困地区发展教育事业。

国家扶持和发展残疾人教育事业。

第十一条　国家适应社会主义市场经济发展和社会进步的需要,推进教育改革,推动各级各类教育协调发展、衔接融通,完善现代国民教育体系,健全终身教育体系,提高教育现代化水平。

国家采取措施促进教育公平,推动教育均衡发展。

国家支持、鼓励和组织教育科学研究,推广教育科学研究成果,促进教育质量提高。

第十二条　国家通用语言文字为学校及其他教育机构的基本教育教学语言文字,学校及其他教育机构应当使用国家通用语言文字进行教育教学。

民族自治地方以少数民族学生为主的学校及其他教育机构,从实际出发,使用国家通用语言文字和本民族或者当地民族通用的语言文字实施双语教育。

国家采取措施,为少数民族学生为主的学校及其他教育机构实施双语教育提供条件和支持。

第十三条 国家对发展教育事业做出突出贡献的组织和个人,给予奖励。

第十四条 国务院和地方各级人民政府根据分级管理、分工负责的原则,领导和管理教育工作。

中等及中等以下教育在国务院领导下,由地方人民政府管理。

高等教育由国务院和省、自治区、直辖市人民政府管理。

第十五条 国务院教育行政部门主管全国教育工作,统筹规划、协调管理全国的教育事业。

县级以上地方各级人民政府教育行政部门主管本行政区域内的教育工作。

县级以上各级人民政府其他有关部门在各自的职责范围内,负责有关的教育工作。

第十六条 国务院和县级以上地方各级人民政府应当向本级人民代表大会或者其常务委员会报告教育工作和教育经费预算、决算情况,接受监督。

第二章 教育基本制度

第十七条 国家实行学前教育、初等教育、中等教育、高等教育的学校教育制度。

国家建立科学的学制系统。学制系统内的学校和其他教育机构的设置、教育形式、修业年限、招生对象、培养目标等,由国务院或者由国务院授权教育行政部门规定。

第十八条 国家制定学前教育标准,加快普及学前教育,构建覆盖城乡,特别是农村的学前教育公共服务体系。

各级人民政府应当采取措施,为适龄儿童接受学前教育提供条件和支持。

第十九条 国家实行九年制义务教育制度。

各级人民政府采取各种措施保障适龄儿童、少年就学。

适龄儿童、少年的父母或者其他监护人以及有关社会组织和个人有义务使适龄儿童、少年接受并完成规定年限的义务教育。

第二十条 国家实行职业教育制度和继续教育制度。

各级人民政府、有关行政部门和行业组织以及企业事业组织应当采取措施,发展并保障公民接受职业学校教育或者各种形式的职业培训。

国家鼓励发展多种形式的继续教育,使公民接受适当形式的政治、经济、文化、科学、技术、业务等方面的教育,促进不同类型学习成果的互认和衔接,推动全民终身学习。

第二十一条 国家实行国家教育考试制度。

国家教育考试由国务院教育行政部门确定种类,并由国家批准的实施教育考试的机构承办。

第二十二条 国家实行学业证书制度。

经国家批准设立或者认可的学校及其他教育机构按照国家有关规定,颁发学历证书或者其他学业证书。

第二十三条 国家实行学位制度。

学位授予单位依法对达到一定学术水平或者专业技术水平的人员授予相应的学位,颁发学位证书。

第二十四条 各级人民政府、基层群众性自治组织和企业事业组织应当采取各种措施,开展扫除文盲的教育工作。

按照国家规定具有接受扫除文盲教育能力的公民,应当接受扫除文盲的教育。

第二十五条 国家实行教育督导制度和学校及其他教育机构教育评估制度。

第三章 学校及其他教育机构

第二十六条 国家制定教育发展规划,并举办学校及其他教育机构。

国家鼓励企业事业组织、社会团体、其他社会组织及公民个人依法举办学校及其他教育机构。

国家举办学校及其他教育机构,应当坚持勤俭节约的原则。

以财政性经费、捐赠资产举办或者参与举办的学校及其他教育机构不得设立为营利性组织。

第二十七条 设立学校及其他教育机构,必须具备下列基本条件:

(一) 有组织机构和章程;

(二) 有合格的教师;

(三) 有符合规定标准的教学场所及设施、设备等;

(四) 有必备的办学资金和稳定的经费来源。

第二十八条 学校及其他教育机构的设立、变更和终止,应当按照国家有关规定办理审核、批准、注册或者备案手续。

第二十九条 学校及其他教育机构行使下列权利:

(一) 按照章程自主管理;

(二) 组织实施教育教学活动;

(三) 招收学生或者其他受教育者;

(四) 对受教育者进行学籍管理,实施奖励或者处分;

(五) 对受教育者颁发相应的学业证书;

(六) 聘任教师及其他职工,实施奖励或者处分;

(七) 管理、使用本单位的设施和经费;

(八) 拒绝任何组织和个人对教育教学活动的非法干涉;

(九) 法律、法规规定的其他权利。

国家保护学校及其他教育机构的合法权益不受侵犯。

第三十条 学校及其他教育机构应当履行下列义务:

(一) 遵守法律、法规;

(二) 贯彻国家的教育方针,执行国家教育教学标准,保证教育教学质量;

(三) 维护受教育者、教师及其他职工的合法权益;

(四) 以适当方式为受教育者及其监护人了解受教育者的学业成绩及其他有关情况提供便利;

(五) 遵照国家有关规定收取费用并公开收费项目;

(六) 依法接受监督。

第三十一条　学校及其他教育机构的举办者按照国家有关规定,确定其所举办的学校或者其他教育机构的管理体制。

学校及其他教育机构的校长或者主要行政负责人必须由具有中华人民共和国国籍、在中国境内定居、并具备国家规定任职条件的公民担任,其任免按照国家有关规定办理。学校的教学及其他行政管理,由校长负责。

学校及其他教育机构应当按照国家有关规定,通过以教师为主体的教职工代表大会等组织形式,保障教职工参与民主管理和监督。

第三十二条　学校及其他教育机构具备法人条件的,自批准设立或者登记注册之日起取得法人资格。

学校及其他教育机构在民事活动中依法享有民事权利,承担民事责任。

学校及其他教育机构中的国有资产属于国家所有。

学校及其他教育机构兴办的校办产业独立承担民事责任。

第四章　教师和其他教育工作者

第三十三条　教师享有法律规定的权利,履行法律规定的义务,忠诚于人民的教育事业。

第三十四条　国家保护教师的合法权益,改善教师的工作条件和生活条件,提高教师的社会地位。

教师的工资报酬、福利待遇,依照法律、法规的规定办理。

第三十五条　国家实行教师资格、职务、聘任制度,通过考核、奖励、培养和培训,提高教师素质,加强教师队伍建设。

第三十六条　学校及其他教育机构中的管理人员,实行教育职员制度。

学校及其他教育机构中的教学辅助人员和其他专业技术人员,实行专业技术职务聘任制度。

第五章　受教育者

第三十七条　受教育者在入学、升学、就业等方面依法享有平等权利。

学校和有关行政部门应当按照国家有关规定,保障女子在入学、升学、就业、授予学位、派出留学等方面享有同男子平等的权利。

第三十八条　国家、社会对符合入学条件、家庭经济困难的儿童、少年、青年,提供各种形式的资助。

第三十九条　国家、社会、学校及其他教育机构应当根据残疾人身心特性和需要实施教育,并为其提供帮助和便利。

第四十条　国家、社会、家庭、学校及其他教育机构应当为有违法犯罪行为的未成年人接受教育创造条件。

第四十一条　从业人员有依法接受职业培训和继续教育的权利和义务。

国家机关、企业事业组织和其他社会组织,应当为本单位职工的学习和培训提供条件和便利。

第四十二条　国家鼓励学校及其他教育机构、社会组织采取措施,为公民接受终身教育创造条件。

第四十三条　受教育者享有下列权利：

（一）参加教育教学计划安排的各种活动，使用教育教学设施、设备、图书资料；

（二）按照国家有关规定获得奖学金、贷学金、助学金；

（三）在学业成绩和品行上获得公正评价，完成规定的学业后获得相应的学业证书、学位证书；

（四）对学校给予的处分不服向有关部门提出申诉，对学校、教师侵犯其人身权、财产权等合法权益，提出申诉或者依法提起诉讼；

（五）法律、法规规定的其他权利。

第四十四条　受教育者应当履行下列义务：

（一）遵守法律、法规；

（二）遵守学生行为规范，尊敬师长，养成良好的思想品德和行为习惯；

（三）努力学习，完成规定的学习任务；

（四）遵守所在学校或者其他教育机构的管理制度。

第四十五条　教育、体育、卫生行政部门和学校及其他教育机构应当完善体育、卫生保健设施，保护学生的身心健康。

第六章　教育与社会

第四十六条　国家机关、军队、企业事业组织、社会团体及其他社会组织和个人，应当依法为儿童、少年、青年学生的身心健康成长创造良好的社会环境。

第四十七条　国家鼓励企业事业组织、社会团体及其他社会组织同高等学校、中等职业学校在教学、科研、技术开发和推广等方面进行多种形式的合作。

企业事业组织、社会团体及其他社会组织和个人，可以通过适当形式，支持学校的建设，参与学校管理。

第四十八条　国家机关、军队、企业事业组织及其他社会组织应当为学校组织的学生实习、社会实践活动提供帮助和便利。

第四十九条　学校及其他教育机构在不影响正常教育教学活动的前提下，应当积极参加当地的社会公益活动。

第五十条　未成年人的父母或者其他监护人应当为其未成年子女或者其他被监护人受教育提供必要条件。

未成年人的父母或者其他监护人应当配合学校及其他教育机构，对其未成年子女或者其他被监护人进行教育。

学校、教师可以对学生家长提供家庭教育指导。

第五十一条　图书馆、博物馆、科技馆、文化馆、美术馆、体育馆（场）等社会公共文化体育设施，以及历史文化古迹和革命纪念馆（地），应当对教师、学生实行优待，为受教育者接受教育提供便利。

广播、电视台（站）应当开设教育节目，促进受教育者思想品德、文化和科学技术素质的提高。

第五十二条　国家、社会建立和发展对未成年人进行校外教育的设施。

学校及其他教育机构应当同基层群众性自治组织、企业事业组织、社会团体相互配合,加强对未成年人的校外教育工作。

第五十三条　国家鼓励社会团体、社会文化机构及其他社会组织和个人开展有益于受教育者身心健康的社会文化教育活动。

第七章　教育投入与条件保障

第五十四条　国家建立以财政拨款为主、其他多种渠道筹措教育经费为辅的体制,逐步增加对教育的投入,保证国家举办的学校教育经费的稳定来源。

企业事业组织、社会团体及其他社会组织和个人依法举办的学校及其他教育机构,办学经费由举办者负责筹措,各级人民政府可以给予适当支持。

第五十五条　国家财政性教育经费支出占国民生产总值的比例应当随着国民经济的发展和财政收入的增长逐步提高。具体比例和实施步骤由国务院规定。

全国各级财政支出总额中教育经费所占比例应当随着国民经济的发展逐步提高。

第五十六条　各级人民政府的教育经费支出,按照事权和财权相统一的原则,在财政预算中单独列项。

各级人民政府教育财政拨款的增长应当高于财政经常性收入的增长,并使按在校学生人数平均的教育费用逐步增长,保证教师工资和学生人均公用经费逐步增长。

第五十七条　国务院及县级以上地方各级人民政府应当设立教育专项资金,重点扶持边远贫困地区、少数民族地区实施义务教育。

第五十八条　税务机关依法足额征收教育费附加,由教育行政部门统筹管理,主要用于实施义务教育。

省、自治区、直辖市人民政府根据国务院的有关规定,可以决定开征用于教育的地方附加费,专款专用。

第五十九条　国家采取优惠措施,鼓励和扶持学校在不影响正常教育教学的前提下开展勤工俭学和社会服务,兴办校办产业。

第六十条　国家鼓励境内、境外社会组织和个人捐资助学。

第六十一条　国家财政性教育经费、社会组织和个人对教育的捐赠,必须用于教育,不得挪用、克扣。

第六十二条　国家鼓励运用金融、信贷手段,支持教育事业的发展。

第六十三条　各级人民政府及其教育行政部门应当加强对学校及其他教育机构教育经费的监督管理,提高教育投资效益。

第六十四条　地方各级人民政府及其有关行政部门必须把学校的基本建设纳入城乡建设规划,统筹安排学校的基本建设用地及所需物资,按照国家有关规定实行优先、优惠政策。

第六十五条　各级人民政府对教科书及教学用图书资料的出版发行,对教学仪器、设备的生产和供应,对用于学校教育教学和科学研究的图书资料、教学仪器、设备的进口,按照国家有关规定实行优先、优惠政策。

第六十六条　国家推进教育信息化，加快教育信息基础设施建设，利用信息技术促进优质教育资源普及共享，提高教育教学水平和教育管理水平。

县级以上人民政府及其有关部门应当发展教育信息技术和其他现代化教学方式，有关行政部门应当优先安排，给予扶持。

国家鼓励学校及其他教育机构推广运用现代化教学方式。

第八章　教育对外交流与合作

第六十七条　国家鼓励开展教育对外交流与合作，支持学校及其他教育机构引进优质教育资源，依法开展中外合作办学，发展国际教育服务，培养国际化人才。

教育对外交流与合作坚持独立自主、平等互利、相互尊重的原则，不得违反中国法律，不得损害国家主权、安全和社会公共利益。

第六十八条　中国境内公民出国留学、研究、进行学术交流或者任教，依照国家有关规定办理。

第六十九条　中国境外个人符合国家规定的条件并办理有关手续后，可以进入中国境内学校及其他教育机构学习、研究、进行学术交流或者任教，其合法权益受国家保护。

第七十条　中国对境外教育机构颁发的学位证书、学历证书及其他学业证书的承认，依照中华人民共和国缔结或者加入的国际条约办理，或者按照国家有关规定办理。

第九章　法律责任

第七十一条　违反国家有关规定，不按照预算核拨教育经费的，由同级人民政府限期核拨；情节严重的，对直接负责的主管人员和其他直接责任人员，依法给予处分。

违反国家财政制度、财务制度，挪用、克扣教育经费的，由上级机关责令限期归还被挪用、克扣的经费，并对直接负责的主管人员和其他直接责任人员，依法给予处分；构成犯罪的，依法追究刑事责任。

第七十二条　结伙斗殴、寻衅滋事，扰乱学校及其他教育机构教育教学秩序或者破坏校舍、场地及其他财产的，由公安机关给予治安管理处罚；构成犯罪的，依法追究刑事责任。

侵占学校及其他教育机构的校舍、场地及其他财产的，依法承担民事责任。

第七十三条　明知校舍或者教育教学设施有危险，而不采取措施，造成人员伤亡或者重大财产损失的，对直接负责的主管人员和其他直接责任人员，依法追究刑事责任。

第七十四条　违反国家有关规定，向学校或者其他教育机构收取费用的，由政府责令退还所收费用；对直接负责的主管人员和其他直接责任人员，依法给予处分。

第七十五条　违反国家有关规定，举办学校或者其他教育机构的，由教育行政部门或者其他有关行政部门予以撤销；有违法所得的，没收违法所得；对直接负责的主管人员和其他直接责任人员，依法给予处分。

第七十六条　学校或者其他教育机构违反国家有关规定招收学生的，由教育行政部门或者其他有关行政部门责令退回招收的学生，退还所收费用；对学校、其他教育机构给予警告，可以处违法所得五倍以下罚款；情节严重的，责令停止相关招生资格一年以上三年以下，直至撤销招生资格、吊销办学许可证；对直接负责的主管人员和其他直接责任人员,依法给予处分;构成犯罪的,依法追究刑事责任。

第七十七条 在招收学生工作中徇私舞弊的,由教育行政部门或者其他有关行政部门责令退回招收的人员;对直接负责的主管人员和其他直接责任人员,依法给予处分;构成犯罪的,依法追究刑事责任。

第七十八条 学校及其他教育机构违反国家有关规定向受教育者收取费用的,由教育行政部门或者其他有关行政部门责令退还所收费用;对直接负责的主管人员和其他直接责任人员,依法给予处分。

第七十九条 考生在国家教育考试中有下列行为之一的,由组织考试的教育考试机构工作人员在考试现场采取必要措施予以制止并终止其继续参加考试;组织考试的教育考试机构可以取消其相关考试资格或者考试成绩;情节严重的,由教育行政部门责令停止参加相关国家教育考试一年以上三年以下;构成违反治安管理行为的,由公安机关依法给予治安管理处罚;构成犯罪的,依法追究刑事责任:

(一)非法获取考试试题或者答案的;

(二)携带或者使用考试作弊器材、资料的;

(三)抄袭他人答案的;

(四)让他人代替自己参加考试的;

(五)其他以不正当手段获得考试成绩的作弊行为。

第八十条 任何组织或者个人在国家教育考试中有下列行为之一,有违法所得的,由公安机关没收违法所得,并处违法所得一倍以上五倍以下罚款;情节严重的,处五日以上十五日以下拘留;构成犯罪的,依法追究刑事责任;属于国家机关工作人员的,还应当依法给予处分:

(一)组织作弊的;

(二)通过提供考试作弊器材等方式为作弊提供帮助或者便利的;

(三)代替他人参加考试的;

(四)在考试结束前泄露、传播考试试题或者答案的;

(五)其他扰乱考试秩序的行为。

第八十一条 举办国家教育考试,教育行政部门、教育考试机构疏于管理,造成考场秩序混乱、作弊情况严重的,对直接负责的主管人员和其他直接责任人员,依法给予处分;构成犯罪的,依法追究刑事责任。

第八十二条 学校或者其他教育机构违反本法规定,颁发学位证书、学历证书或者其他学业证书的,由教育行政部门或者其他有关行政部门宣布证书无效,责令收回或者予以没收;有违法所得的,没收违法所得;情节严重的,责令停止相关招生资格一年以上三年以下,直至撤销招生资格、颁发证书资格;对直接负责的主管人员和其他直接责任人员,依法给予处分。

前款规定以外的任何组织或者个人制造、销售、颁发假冒学位证书、学历证书或者其他学业证书,构成违反治安管理行为的,由公安机关依法给予治安管理处罚;构成犯罪的,依法追究刑事责任。

以作弊、剽窃、抄袭等欺诈行为或者其他不正当手段获得学位证书、学历证书或者其他学业证书的,由颁发机构撤销相关证书。购买、使用假冒学位证书、学历证书或者其他学业证书,构成违反治安管理行为的,由公安机关依法给予治安管理处罚。

第八十三条　违反本法规定,侵犯教师、受教育者、学校或者其他教育机构的合法权益,造成损失、损害的,应当依法承担民事责任。

第十章　附　则

第八十四条　军事学校教育由中央军事委员会根据本法的原则规定。

宗教学校教育由国务院另行规定。

第八十五条　境外的组织和个人在中国境内办学和合作办学的办法,由国务院规定。

第八十六条　本法自1995年9月1日起施行。

附录二 中华人民共和国教师法

第一章 总 则

第一条 为了保障教师的合法权益,建设具有良好思想品德修养和业务素质的教师队伍,促进社会主义教育事业的发展,根据宪法,制定本法。

第二条 本法适用于在各级各类学校和其他教育机构中专门从事教育教学工作的教师。

第三条 教师是履行教育教学职责的专业人员,承担教书育人,培养社会主义事业建设者和接班人、提高民族素质的使命。教师应当忠诚于人民的教育事业。

第四条 各级人民政府应当采取措施,加强教师的思想政治教育和业务培训,改善教师的工作条件和生活条件,保障教师的合法权益,提高教师的社会地位。全社会都应当尊重教师。

第五条 国务院教育行政部门主管全国的教师工作。

国务院有关部门在各自职权范围内负责有关的教师工作。

学校和其他教育机构根据国家规定,自主进行教师管理工作。

第六条 每年九月十日为教师节。

第二章 权利和义务

第七条 教师享有下列权利:

(一)进行教育教学活动,开展教育教学改革和实验;

(二)从事科学研究、学术交流,参加专业的学术团体,在学术活动中充分发表意见;

(三)指导学生的学习和发展,评定学生的品行和学业成绩;

(四)按时获取工资报酬,享受国家规定的福利待遇以及寒暑假期的带薪休假;

(五)对学校教育教学、管理工作和教育行政部门的工作提出意见和建议,通过教职工代表大会或者其他形式,参与学校的民主管理;

(六)参加进修或者其他方式的培训。

第八条 教师应当履行下列义务:

(一)遵守宪法、法律和职业道德,为人师表;

(二)贯彻国家的教育方针,遵守规章制度,执行学校的教学计划,履行教师聘约,完成教育教学工作任务;

(三)对学生进行宪法所确定的基本原则的教育和爱国主义、民族团结的教育,法制教育以及思想品德、文化、科学技术教育,组织、带领学生开展有益的社会活动;

(四)关心、爱护全体学生,尊重学生人格,促进学生在品德、智力、体质等方面全面发展;

(五)制止有害于学生的行为或者其他侵犯学生合法权益的行为,批评和抵制有害于学生健康成长的现象;

（六）不断提高思想政治觉悟和教育教学业务水平。

第九条　为保障教师完成教育教学任务，各级人民政府、教育行政部门、有关部门、学校和其他教育机构应当履行下列职责：

（一）提供符合国家安全标准的教育教学设施和设备；

（二）提供必需的图书、资料及其他教育教学用品；

（三）对教师在教育教学、科学研究中的创造性工作给以鼓励和帮助；

（四）支持教师制止有害于学生的行为或者其他侵犯学生合法权益的行为。

第三章　资格和任用

第十条　国家实行教师资格制度。

中国公民凡遵守宪法和法律，热爱教育事业，具有良好的思想品德，具备本法规定的学历或者经国家教师资格考试合格，有教育教学能力，经认定合格的，可以取得教师资格。

第十一条　取得教师资格应当具备的相应学历是：

（一）取得幼儿园教师资格，应当具备幼儿师范学校毕业及其以上学历；

（二）取得小学教师资格，应当具备中等师范学校毕业及其以上学历；

（三）取得初级中学教师、初级职业学校文化、专业课教师资格，应当具备高等师范专科学校或者其他大学专科毕业及其以上学历；

（四）取得高级中学教师资格和中等专业学校、技工学校、职业高中文化课、专业课教师资格，应当具备高等师范院校本科或者其他大学本科毕业及其以上学历；取得中等专业学校、技工学校和职业高中学生实习指导教师资格应当具备的学历，由国务院教育行政部门规定；

（五）取得高等学校教师资格，应当具备研究生或者大学本科毕业学历；

（六）取得成人教育教师资格，应当按照成人教育的层次、类别，分别具备高等、中等学校毕业及其以上学历。不具备本法规定的教师资格学历的公民，申请获取教师资格，必须通过国家教师资格考试。国家教师资格考试制度由国务院规定。

第十二条　本法实施前已经在学校或者其他教育机构中任教的教师，未具备本法规定学历的，由国务院教育行政部门规定教师资格过渡办法。

第十三条　中小学教师资格由县级以上地方人民政府教育行政部门认定。中等专业学校、技工学校的教师资格由县级以上地方人民政府教育行政部门组织有关主管部门认定。普通高等学校的教师资格由国务院或者省、自治区、直辖市教育行政部门或者由其委托的学校认定。具备本法规定的学历或者经国家教师资格考试合格的公民，要求有关部门认定其教师资格的，有关部门应当依照本法规定的条件予以认定。取得教师资格的人员首次任教时，应当有试用期。

第十四条　受到剥夺政治权利或者故意犯罪受到有期徒刑以上刑事处罚的，不能取得教师资格；已经取得教师资格的，丧失教师资格。

第十五条　各级师范学校毕业生，应当按照国家有关规定从事教育教学工作。国家鼓励非师范高等学校毕业生到中小学或者职业学校任教。

第十六条　国家实行教师职务制度，具体办法由国务院规定。

第十七条　学校和其他教育机构应当逐步实行教师聘任制。教师的聘任应当遵循双方地位平等的原则,由学校和教师签订聘任合同,明确规定双方的权利、义务和责任。实施教师聘任制的步骤、办法由国务院教育行政部门规定。

第四章　培养和培训

第十八条　各级人民政府和有关部门应当办好师范教育,并采取措施,鼓励优秀青年进入各级师范学校学习。各级教师进修学校承担培训中小学教师的任务。非师范学校应当承担培养和培训中小学教师的任务。各级师范学校学生享受专业奖学金。

第十九条　各级人民政府教育行政部门、学校主管部门和学校应当制定教师培训规划,对教师进行多种形式的思想政治、业务培训。

第二十条　国家机关、企业事业单位和其他社会组织应当为教师的社会调查和社会实践提供方便,给予协助。

第二十一条　各级人民政府应当采取措施,为少数民族地区和边远贫困地区培养、培训教师。

第五章　考　核

第二十二条　学校或者其他教育机构应当对教师的政治思想、业务水平、工作态度和工作成绩进行考核。教育行政部门对教师的考核工作进行指导、监督。

第二十三条　考核应当客观、公正、准确,充分听取教师本人、其他教师以及学生的意见。

第二十四条　教师考核结果是受聘任教、晋升工资、实施奖惩的依据。

第六章　待　遇

第二十五条　教师的平均工资水平应当不低于或者高于国家公务员的平均工资水平,并逐步提高。建立正常晋级增薪制度,具体办法由国务院规定。

第二十六条　中小学教师和职业学校教师享受教龄津贴和其他津贴,具体办法由国务院教育行政部门会同有关部门制定。

第二十七条　地方各级人民政府对教师以及具有中专以上学历的毕业生到少数民族地区和边远贫困地区从事教育教学工作的,应当予以补贴。

第二十八条　地方各级人民政府和国务院有关部门,对城市教师住房的建设、租赁、出售实行优先、优惠。县、乡两级人民政府应当为农村中小学教师解决住房提供方便。

第二十九条　教师的医疗同当地国家公务员享受同等的待遇;定期对教师进行身体健康检查,并因地制宜安排教师进行休养。医疗机构应当对当地教师的医疗提供方便。

第三十条　教师退休或者退职后,享受国家规定的退休或者退职待遇。县级以上地方人民政府可以适当提高长期从事教育教学工作的中小学退休教师的退休金比例。

第三十一条　各级人民政府应当采取措施,改善国家补助、集体支付工资的中小学教师的待遇,逐步做到在工资收入上与国家支付工资的教师同工同酬,具体办法由地方各级人民政府根据本地区的实际情况规定。

第三十二条　社会力量所办学校的教师的待遇,由举办者自行确定并予以保障。

第七章 奖 励

第三十三条 教师在教育教学、培养人才、科学研究、教学改革、学校建设、社会服务、勤工俭学等方面成绩优异的,由所在学校予以表彰、奖励。国务院和地方各级人民政府及其有关部门对有突出贡献的教师,应当予以表彰、奖励。对有重大贡献的教师,依照国家有关规定授予荣誉称号。

第三十四条 国家支持和鼓励社会组织或者个人向依法成立的奖励教师的基金组织捐助资金,对教师进行奖励。

第八章 法律责任

第三十五条 侮辱、殴打教师的,根据不同情况,分别给予行政处分或者行政处罚;造成损害的,责令赔偿损失;情节严重,构成犯罪的,依法追究刑事责任。

第三十六条 对依法提出申诉、控告、检举的教师进行打击报复的,由其所在单位或者上级机关责令改正;情节严重的,可以根据具体情况给予行政处分。国家工作人员对教师打击报复构成犯罪的,依照刑法有关规定追究刑事责任。

第三十七条 教师有下列情形之一的,由所在学校、其他教育机构或者教育行政部门给予行政处分或者解聘。

（一）故意不完成教育教学任务给教育教学工作造成损失的;

（二）体罚学生,经教育不改的;

（三）品行不良、侮辱学生,影响恶劣的。

教师有前款第（二）项、第（三）项所列情形之一,情节严重,构成犯罪的,依法追究刑事责任。

第三十八条 地方人民政府对违反本法规定,拖欠教师工资或者侵犯教师其他合法权益的,应当责令其限期改正。违反国家财政制度、财务制度,挪用国家财政用于教育的经费,严重妨碍教育教学工作,拖欠教师工资,损害教师合法权益的,由上级机关责令限期归还被挪用的经费,并对直接责任人员给予行政处分;情节严重,构成犯罪的,依法追究刑事责任。

第三十九条 教师对学校或者其他教育机构侵犯其合法权益的,或者对学校或者其他教育机构作出的处理不服的,可以向教育行政部门提出申诉,教育行政部门应当在接到申诉的三十日内,作出处理。教师认为当地人民政府有关行政部门侵犯其根据本法规定享有的权利的,可以向同级人民政府或者上一级人民政府有关部门提出申诉,同级人民政府或者上一级人民政府有关部门应当作出处理。

第九章 附 则

第四十条 本法下列用语的含义是:

（一）各级各类学校,是指实施学前教育、普通初等教育、普通中等教育、职业教育、普通高等教育以及特殊教育、成人教育的学校。

（二）其他教育机构,是指少年宫以及地方教研室、电化教育机构等。

（三）中小学教师,是指幼儿园、特殊教育机构、普通中小学、成人初等中等教育机构、职业中学以及其他教育机构的教师。

第四十一条　学校和其他教育机构中的教育教学辅助人员,其他类型的学校的教师和教育教学辅助人员,可以根据实际情况参照本法的有关规定执行。军队所属院校的教师和教育教学辅助人员,由中央军事委员会依照本法制定有关规定。

第四十二条　外籍教师的聘任办法由国务院教育行政部门规定。

第四十三条　本法自一九九四年一月一日起施行。

中华人民共和国义务教育法解析

附录三 幼儿园教师专业标准(试行)

维度	领域	基本要求
专业理念与师德	(一)职业理解与认识	1. 贯彻党和国家教育方针政策,遵守教育法律法规。 2. 理解幼儿保教工作的意义,热爱学前教育事业,具有职业理想和敬业精神。 3. 认同幼儿园教师的专业性和独特性,注重自身专业发展。 4. 具有良好职业道德修养,为人师表。 5. 具有团队合作精神,积极开展协作与交流。
	(二)对幼儿的态度与行为	6. 关爱幼儿,重视幼儿身心健康,将保护幼儿生命安全放在首位。 7. 尊重幼儿人格,维护幼儿合法权益,平等对待每一个幼儿。不讽刺、挖苦、歧视幼儿,不体罚或变相体罚幼儿。 8. 信任幼儿,尊重个体差异,主动了解和满足有益于幼儿身心发展的不同需求。 9. 重视生活对幼儿健康成长的重要价值,积极创造条件,让幼儿拥有快乐的幼儿园生活。
	(三)幼儿保育和教育的态度与行为	10. 注重保教结合,培育幼儿良好的意志品质,帮助幼儿形成良好的行为习惯。 11. 注重保护幼儿的好奇心,培养幼儿的想象力,发掘幼儿的兴趣爱好。 12. 重视环境和游戏对幼儿发展的独特作用,创设富有教育意义的环境氛围,将游戏作为幼儿的主要活动。 13. 重视丰富幼儿多方面的直接经验,将探索、交往等实践活动作为幼儿最重要的学习方式。 14. 重视自身日常态度言行对幼儿发展的重要影响与作用。 15. 重视幼儿园、家庭和社区的合作,综合利用各种资源。
	(四)个人修养与行为	16. 富有爱心、责任心、耐心和细心。 17. 乐观向上、热情开朗,有亲和力。 18. 善于自我调节情绪,保持平和心态。 19. 勤于学习,不断进取。 20. 衣着整洁得体,语言规范健康,举止文明礼貌。
专业知识	(五)幼儿发展知识	21. 了解关于幼儿生存、发展和保护的有关法律法规及政策规定。 22. 掌握不同年龄幼儿身心发展特点、规律和促进幼儿全面发展的策略与方法。 23. 了解幼儿在发展水平、速度与优势领域等方面的个体差异,掌握对应的策略与方法。 24. 了解幼儿发展中容易出现的问题与适宜的对策。 25. 了解有特殊需要幼儿的身心发展特点及教育策略与方法。
	(六)幼儿保育和教育知识	26. 熟悉幼儿园教育的目标、任务、内容、要求和基本原则。 27. 掌握幼儿园各领域教育的学科特点与基本知识。 28. 掌握幼儿园环境创设、一日生活安排、游戏与教育活动、保育和班级管理的知识与方法。 29. 熟知幼儿园的安全应急预案,掌握意外事故和危险情况下幼儿安全防护与救助的基本方法。 30. 掌握观察、谈话、记录等了解幼儿的基本方法和教育心理学的基本原理和方法。 31. 了解0—3岁婴幼儿保教和幼小衔接的有关知识与基本方法。

(续表)

维度	领域	基本要求
	（七）通识性知识	32. 具有一定的自然科学和人文社会科学知识。 33. 了解中国教育基本情况。 34. 具有相应的艺术欣赏与表现知识。 35. 具有一定的现代信息技术知识。
专业能力	（八）环境的创设与利用	36. 建立良好的师幼关系，帮助幼儿建立良好的同伴关系，让幼儿感到温暖和愉悦。 37. 建立班级秩序与规则，营造良好的班级氛围，让幼儿感受到安全、舒适。 38. 创设有助于促进幼儿成长、学习、游戏的教育环境。 39. 合理利用资源，为幼儿提供和制作适合的玩教具和学习材料，引发和支持幼儿的主动活动。
	（九）一日生活的组织与保育	40. 合理安排和组织一日生活的各个环节，将教育灵活地渗透到一日生活中。 41. 科学照料幼儿日常生活，指导和协助保育员做好班级常规保育和卫生工作。 42. 充分利用各种教育契机，对幼儿进行随机教育。 43. 有效保护幼儿，及时处理幼儿的常见事故，危险情况优先救护幼儿。
	（十）游戏活动的支持与引导	44. 提供符合幼儿兴趣需要、年龄特点和发展目标的游戏条件。 45. 充分利用与合理设计游戏活动空间，提供丰富、适宜的游戏材料，支持、引发和促进幼儿的游戏。46. 鼓励幼儿自主选择游戏内容、伙伴和材料，支持幼儿主动地、创造性地开展游戏，充分体验游戏的快乐和满足。 47. 引导幼儿在游戏活动中获得身体、认知、语言和社会性等多方面的发展。
	（十一）教育活动的计划与实施	48. 制定阶段性的教育活动计划和具体活动方案。 49. 在教育活动中观察幼儿，根据幼儿的表现和需要，调整活动，给予适宜的指导。 50. 在教育活动的设计和实施中体现趣味性、综合性和生活化，灵活运用各种组织形式和适宜的教育方式。 51. 提供更多的操作探索、交流合作、表达表现的机会，支持和促进幼儿主动学习。
	（十二）激励与评价	52. 关注幼儿日常表现，及时发现和赏识每个幼儿的点滴进步，注重激发和保护幼儿的积极性、自信心。 53. 有效运用观察、谈话、家园联系、作品分析等多种方法，客观地、全面地了解和评价幼儿。 54. 有效运用评价结果，指导下一步教育活动的开展。
	（十三）沟通与合作	55. 使用符合幼儿年龄特点的语言进行保教工作。 56. 善于倾听，和蔼可亲，与幼儿进行有效沟通。 57. 与同事合作交流，分享经验和资源，共同发展。 58. 与家长进行有效沟通合作，共同促进幼儿发展。 59. 协助幼儿园与社区建立合作互助的良好关系。
	（十四）反思与发展	60. 主动收集分析相关信息，不断进行反思，改进保教工作。 61. 针对保教工作中的现实需要与问题，进行探索和研究。 62. 制定专业发展规划，不断提高自身专业素质。

附录四 小学教师专业标准(试行)

维度	领域	基本要求
专业理念与师德	(一)职业理解与认识	1. 贯彻党和国家教育方针政策,遵守教育法律法规。 2. 理解小学教育工作的意义,热爱小学教育事业,具有职业理想和敬业精神。 3. 认同小学教师的专业性和独特性,注重自身专业发展。 4. 具有良好职业道德修养,为人师表。 5. 具有团队合作精神,积极开展协作与交流。
	(二)对小学生的态度与行为	6. 关爱小学生,重视小学生身心健康,将保护小学生生命安全放在首位。 7. 尊重小学生独立人格,维护小学生合法权益,平等对待每一位小学生。不讽刺、挖苦、歧视小学生,不体罚或变相体罚小学生。 8. 信任小学生,尊重个体差异,主动了解和满足有益于小学生身心发展的不同需求。 9. 积极创造条件,让小学生拥有快乐的学校生活。
	(三)教育教学的态度与行为	10. 树立育人为本、德育为先的理念,将小学生的知识学习、能力发展与品德养成相结合,重视小学生全面发展。 11. 尊重教育规律和小学生身心发展规律,为每一个小学生提供适合的教育。 12. 引导小学生体验学习乐趣,保护小学生的求知欲和好奇心,培养小学生的广泛兴趣、动手能力和探究精神。 13. 引导小学生学会学习,养成良好学习习惯。 14. 尊重和发挥好少先队组织的教育引导作用。
	(四)个人修养与行为	15. 富有爱心、责任心、耐心和细心。 16. 乐观向上、热情开朗、有亲和力。 17. 善于自我调节情绪,保持平和心态。 18. 勤于学习,不断进取。 19. 衣着整洁得体,语言规范健康,举止文明礼貌。
专业知识	(五)小学生发展知识	20. 了解关于小学生生存、发展和保护的有关法律法规及政策规定。 21. 了解不同年龄及有特殊需要的小学生身心发展特点和规律,掌握保护和促进小学生身心健康发展的策略与方法。 22. 了解不同年龄小学生学习的特点,掌握小学生良好行为习惯养成的知识。 23. 了解幼小和小初衔接阶段小学生的心理特点,掌握帮助小学生顺利过渡的方法。 24. 了解对小学生进行青春期和性健康教育的知识和方法。 25. 了解小学生安全防护的知识,掌握针对小学生可能出现的各种侵犯与伤害行为的预防与应对方法。
	(六)学科知识	26. 适应小学综合性教学的要求,了解多学科知识。 27. 掌握所教学科知识体系、基本思想与方法。 28. 了解所教学科与社会实践、少先队活动的联系,了解与其他学科的联系。
	(七)教育教学知识	29. 掌握小学教育教学基本理论。 30. 掌握小学生品行养成的特点和规律。 31. 掌握不同年龄小学生的认知规律和教育心理学的基本原理和方法。 32. 掌握所教学科的课程标准和教学知识。

(续表)

维度	领域	基本要求
	（八）通识性知识	33. 具有相应的自然科学和人文社会科学知识。 34. 了解中国教育基本情况。 35. 具有相应的艺术欣赏与表现知识。 36. 具有适应教育内容、教学手段和方法现代化的信息技术知识。
专业能力	（九）教育教学设计	37. 合理制定小学生个体与集体的教育教学计划。 38. 合理利用教学资源，科学编写教学方案。 39. 合理设计主题鲜明、丰富多彩的班级和少先队活动。
	（十）组织与实施	40. 建立良好的师生关系，帮助小学生建立良好的同伴关系。 41. 创设适宜的教学情境，根据小学生的反应及时调整教学活动。 42. 调动小学生学习积极性，结合小学生已有的知识和经验激发学习兴趣。 43. 发挥小学生主体性，灵活运用启发式、探究式、讨论式、参与式等教学方式。 44. 发挥好少先队组织生活、集体活动、信息传播等教育功能。 45. 将现代教育技术手段整合应用到教学中。 46. 较好使用口头语言、肢体语言与书面语言，使用普通话教学，规范书写钢笔字、粉笔字、毛笔字。 47. 妥善应对突发事件。 48. 鉴别小学生行为和思想动向，用科学的方法防止和有效矫正不良行为。
	（十一）激励与评价	49. 对小学生日常表现进行观察与判断，发现和赏识每一位小学生的点滴进步。 50. 灵活使用多元评价方式，给予小学生恰当的评价和指导。 51. 引导小学生进行积极的自我评价。 52. 利用评价结果不断改进教育教学工作。
	（十二）沟通与合作	53. 使用符合小学生特点的语言进行教育教学工作。 54. 善于倾听，和蔼可亲，与小学生进行有效沟通。 55. 与同事合作交流，分享经验和资源，共同发展。 56. 与家长进行有效沟通合作，共同促进小学生发展。 57. 协助小学与社区建立合作互助的良好关系。
	（十三）反思与发展	58. 主动收集分析相关信息，不断进行反思，改进教育教学工作。 59. 针对教育教学工作中的现实需要与问题，进行探索和研究。 60. 制定专业发展规划，积极参加专业培训，不断提高自身专业素质。

附录五 中学教师专业标准（试行）

维度	领域	基本要求
专业理念与师德	（一）职业理解与认识	1. 贯彻党和国家教育方针政策，遵守教育法律法规。 2. 理解中学教育工作的意义，热爱中学教育事业，具有职业理想和敬业精神。 3. 认同中学教师的专业性和独特性，注重自身专业发展。 4. 具有良好职业道德修养，为人师表。 5. 具有团队合作精神，积极开展协作与交流。
	（二）对学生的态度与行为	6. 关爱中学生，重视中学生身心健康发展，保护中学生生命安全。 7. 尊重中学生独立人格，维护中学生合法权益，平等对待每一个中学生。不讽刺、挖苦、歧视中学生，不体罚或变相体罚中学生。 8. 尊重个体差异，主动了解和满足中学生的不同需要。 9. 信任中学生，积极创造条件，促进中学生的自主发展。
	（三）教育教学的态度与行为	10. 树立育人为本、德育为先的理念，将中学生的知识学习、能力发展与品德养成相结合，重视中学生的全面发展。 11. 尊重教育规律和中学生身心发展规律，为每一位中学生提供适合的教育。 12. 激发中学生的求知欲和好奇心，培养中学生学习兴趣和爱好，营造自由探索、勇于创新的氛围。 13. 引导中学生自主学习、自强自立，培养良好的思维习惯和适应社会的能力。 14. 尊重和发挥好共青团、少先队组织的教育引导作用。
	（四）个人修养与行为	15. 富有爱心、责任心、耐心和细心。 16. 乐观向上、热情开朗、有亲和力。 17. 善于自我调节情绪，保持平和心态。 18. 勤于学习，不断进取。 19. 衣着整洁得体，语言规范健康，举止文明礼貌。
专业知识	（五）教育知识	20. 掌握中学教育的基本原理和主要方法。 21. 掌握班级、共青团、少先队建设与管理的原则与方法。 22. 掌握教育心理学的基本原理和方法，了解中学生身心发展的一般规律与特点。 23. 了解中学生世界观、人生观、价值观形成的过程及其教育方法。 24. 了解中学生思维能力、创新能力和实践能力发展的过程与特点。 25. 了解中学生群体文化特点与行为方式。
	（六）学科知识	26. 理解所教学科的知识体系、基本思想与方法。 27. 掌握所教学科内容的基本知识、基本原理与技能。 28. 了解所教学科与其他学科的联系。 29. 了解所教学科与社会实践及共青团、少先队活动的联系。
	（七）学科教学知识	30. 掌握所教学科课程标准。 31. 掌握所教学科课程资源开发与校本课程开发的主要方法与策略。 32. 了解中学生在学习具体学科内容时的认知特点。 33. 掌握针对具体学科内容进行教学和研究性学习的方法与策略。
	（八）通识性知识	34. 具有相应的自然科学和人文社会科学知识。 35. 了解中国教育基本情况。 36. 具有相应的艺术欣赏与表现知识。 37. 具有适应教育内容、教学手段和方法现代化的信息技术知识。

（续表）

维度	领域	基本要求
专业能力	（九）教学设计	38. 科学设计教学目标和教学计划。 39. 合理利用教学资源和方法设计教学过程。 40. 引导和帮助中学生设计个性化的学习计划。
	（十）教学实施	41. 营造良好的学习环境与氛围，激发与保护中学生的学习兴趣。 42. 通过启发式、探究式、讨论式、参与式等多种方式，有效实施教学。 43. 有效调控教学过程，合理处理课堂偶发事件。 44. 引发中学生独立思考和主动探究，发展学生创新能力。 45. 发挥好共青团、少先队组织生活、集体活动、信息传播等教育功能。 46. 将现代教育技术手段整合应用到教学中。
	（十一）班级管理与教育活动	47. 建立良好的师生关系，帮助中学生建立良好的同伴关系。 48. 注重结合学科教学进行育人活动。 49. 根据中学生世界观、人生观、价值观形成的特点，有针对性地组织开展德育活动。 50. 针对中学生青春期生理和心理发展特点，有针对性地组织开展有益身心健康发展的教育活动。 51. 指导学生理想、心理、学业等多方面发展。 52. 有效管理和开展班级、共青团、少先队活动。 53. 妥善应对突发事件。
	（十二）教育教学评价	54. 利用评价工具，掌握多元评价方法，多视角、全过程评价学生发展。 55. 引导学生进行自我评价。 56. 自我评价教育教学效果，及时调整和改进教育教学工作。
	（十三）沟通与合作	57. 了解中学生，平等地与中学生进行沟通交流。 58. 与同事合作交流，分享经验和资源，共同发展。 59. 与家长进行有效沟通合作，共同促进中学生发展。 60. 协助中学与社区建立合作互助的良好关系。
	（十四）反思与发展	61. 主动收集分析相关信息，不断进行反思，改进教育教学工作。 62. 针对教育教学工作中的现实需要与问题，进行探索和研究。 63. 制定专业发展规划，积极参加专业培训，不断提高自身专业素质。

附录六　教师资格条例

教师资格条例

(1995年12月12日国务院令第188号发布)

第一章　总　则

第一条　为了提高教师素质,加强教师队伍建设,依据《中华人民共和国教师法》(以下简称教师法),制定本条例。

第二条　中国公民在各级各类学校和其他教育机构中专门从事教育教学工作,应当依法取得教师资格。

第三条　国务院教育行政部门主管全国教师资格工作。

第二章　分类适用

第四条　教师资格分为:

(一)幼儿园教师资格;

(二)小学教师资格;

(三)初级中学教师和初级职业学校文化课、专业课教师资格(以下统称初级中学教师资格);

(四)高级中学教师资格;

(五)中等专业学校、技工学校、职业高级中学文化课、专业课教师资格(以下统称中等职业学校教师资格);

(六)中等专业学校、技工学校、职业高级中学实习指导教师资格(以下统称中等职业学校实习指导教师资格);

(七)高等学校教师资格。

成人教育的教师资格,按照成人教育的层次,依照上款规定确定类别。

第五条　取得教师资格的公民,可以在本级及其以下等级的各类学校和其他教育机构担任教师;但是,取得中等职业学校实习指导教师资格的公民只能在中等专业学校、技工学校、职业高级中学或者初级职业学校担任实习指导教师。高级中学教师资格与中等职业学校教师资格相互通用。

第三章　资格条件

第六条　教师资格条件依照教师法第十条第二款的规定执行,其中"有教育教学能力"应当包括符合国家规定的从事教育教学工作的身体条件。

第七条　取得教师资格应当具备的相应学历,依照教师法第十一条的规定执行。

取得中等职业学校实习指导教师资格,应当具备国务院教育行政部门规定的学历,并应当具有相当助理工程师以上专业技术职务或者中级以上工人技术等级。

第四章　资格考试

第八条　不具备教师法规定的教师资格学历的公民,申请获得教师资格,应当通过国家举办的或者认可的教师资格考试。

第九条 教师资格考试科目、标准和考试大纲由国务院教育行政部门审定。

教师资格考试试卷的编制、考务工作和考试成绩证明的发放，属于幼儿园、小学、初级中学、高级中学、中等职业学校教师资格考试和中等职业学校实习指导教师资格考试的，由县级以上人民政府教育行政部门组织实施；属于高等学校教师资格考试的，由国务院教育行政部门或者省、自治区、直辖市人民政府教育行政部门委托的高等学校组织实施。

第十条 幼儿园、小学、初级中学、高级中学、中等职业学校的教师资格考试和中等职业学校实习指导教师资格考试，每年进行一次。

参加前款所列教师资格考试，考试科目全部及格的，发给教师资格考试合格证明；当年考试不及格的科目，可以在下一年度补考；经补考仍有一门或者一门以上科目不及格的，应当重新参加全部考试科目的考试。

第十一条 高等学校教师资格考试根据需要举行。

申请参加高等学校教师资格考试的，应当学有专长，并有两名相关专业的教授或者副教授推荐。

第五章 资格认定

第十二条 具备教师法规定的学历或者经教师资格考试合格的公民，可以依照本条例的规定申请认定其教师资格。

第十三条 幼儿园、小学和初级中学教师资格，由申请人户籍所在地或者申请人任教学校所在地的县级人民政府教育行政部门认定。高级中学教师资格，由申请人户籍所在地或者申请人任教学校所在地的县级人民政府教育行政部门审查后，报上一级教育行政部门认定。中等职业学校教师资格和中等职业学校实习指导教师资格，报上一级教育行政部门认定或者组织有关部门认定。

受国务院教育行政部门或者省、自治区、直辖市人民政府教育行政部门委托的高等学校，负责认定在本校任职的人员和拟聘人员的高等学校教师资格。

在未受国务院教育行政部门或者省、自治区、直辖市人民政府教育行政部门委托的高等学校任职的人员和拟聘人员的高等学校教师资格，按照学校行政隶属关系，由国务院教育行政部门认定或者由学校所在地的省、自治区、直辖市人民政府教育行政部门认定。

第十四条 认定教师资格，应当由本人提出申请。

教育行政部门和受委托的高等学校每年春季、秋季各受理一次教师资格认定申请。具体受理期限由教育行政部门或者受委托的高等学校规定，并以适当形式公布。申请人应当在规定的受理期限内提出申请。

第十五条 申请认定教师资格，应当提交教师资格认定申请表和下列证明或者材料：

（一）身份证明；

（二）学历证书或者教师资格考试合格证明；

（三）教育行政部门或者受委托的高等学校指定的医院出具的体格检查证明；

（四）户籍所在地的街道办事处、乡人民政府或者工作单位、所毕业的学校对其思想品德、有无犯罪记录等方面情况的鉴定及证明材料。

申请人提交的证明或者材料不全的,教育行政部门或者受委托的高等学校应当及时通知申请人于受理期限终止前补齐。

教师资格认定申请表由国务院教育行政部门统一格式。

第十六条　教师资格证书在全国范围内适用。教师资格证书由国务院教育行政部门统一印制。非师范院校毕业或者教师资格考试合格的公民申请认定幼儿园、小学或者其他教师资格的,应当进行面试和试讲,考察其教育教学能力;根据实际情况和需要,教育行政部门或者受委托的高等学校可以要求申请人补修教育学、心理学等课程。

教育行政部门或者受委托的高等学校在接到公民的教师资格认定申请后,应当对申请人的条件进行审查;对符合认定条件的,应当在受理期限终止之日起30日内颁发相应的教师资格证书;对不符合认定条件的,应当在受理期限终止之日起30日内将认定结论通知本人。

第十七条　已取得教师资格的公民拟取得更高等级学校或者其他教育机构教师资格的,应当通过相应的教师资格考试或者取得教师法规定的相应学历,并依照本章规定,经认定合格后,由教育行政部门或者受委托的高等学校颁发相应的教师资格证书。

第六章　罚　则

第十八条　依照教师法第十四条的规定丧失教师资格的,不能重新取得教师资格,其教师资格证书由县级以上人民政府教育行政部门收缴。

第十九条　有下列情形之一的,由县级以上人民政府教育行政部门撤销其教师资格:

(一)弄虚作假、骗取教师资格的;

(二)品行不良、侮辱学生,影响恶劣的。

被撤销教师资格的,自撤销之日起5年内不得重新申请认定教师资格,其教师资格证书由县级以上人民政府教育行政部门收缴。

第二十条　参加教师资格考试有作弊行为的,其考试成绩作废,3年内不得再次参加教师资格考试。

第二十一条　教师资格考试命题人员和其他有关人员违反保密规定,造成试题、参考答案及评分标准泄露的,依法追究法律责任。

第二十二条　在教师资格认定工作中玩忽职守、徇私舞弊,对教师资格认定工作造成损失的,由教育行政部门依法给予行政处分;构成犯罪的,依法追究刑事责任。

第七章　附　则

第二十三条　本条例自发布之日起施行。

附录七 中小学教师资格考试暂行办法

第一章 总 则

第一条 为建立国家教师资格考试制度,严格教师职业准入,保障教师队伍质量,依据《教师法》《教师资格条例》和《国家中长期教育改革和发展规划纲要(2010—2020年)》,制定本办法。

第二条 中小学教师资格考试(以下简称教师资格考试)是评价申请教师资格人员(以下简称申请人)是否具备从事教师职业所必需的教育教学基本素质和能力的考试。

第三条 承担教师资格考试改革试点的省(区、市)组织实施教师资格考试,适用本办法。

第四条 参加教师资格考试合格是教师职业准入的前提条件。申请幼儿园、小学、初级中学、普通高级中学、中等职业学校教师和中等职业学校实习指导教师资格的人员须分别参加相应类别的教师资格考试。

第五条 教师资格考试实行全国统一考试。考试坚持育人导向、能力导向、实践导向和专业化导向,坚持科学、公平、安全、规范的原则。

第二章 报考条件

第六条 符合以下基本条件的人员,可以报名参加教师资格考试:

(一)具有中华人民共和国国籍;

(二)遵守宪法和法律,热爱教育事业,具有良好的思想品德;

(三)符合申请认定教师资格的体检标准;

(四)符合《教师法》规定的学历要求。

普通高等学校在校三年级以上学生,可凭学校出具的在籍学习证明报考。

第七条 申请人应在户籍或人事关系所在地报名参加教师资格考试。普通高等学校在校生可在就读学校所在地报名参加教师资格考试。

第八条 试点省份试点工作启动前已入学的全日制普通高校师范类专业学生,可以持毕业证书申请直接认定相应的教师资格。试点工作启动后入学的师范类专业学生,申请中小学教师资格应参加教师资格考试。

第九条 被撤销教师资格的,5年内不得报名参加考试;受到剥夺政治权利,或故意犯罪受到有期徒刑以上刑事处罚的,不得报名参加考试。曾参加教师资格考试有作弊行为的,按照《国家教育考试违规处理办法》的相关规定执行。

第三章 考试内容与形式

第十条 教师资格考试包括笔试和面试两部分。

第十一条 笔试主要考查申请人从事教师职业所应具备的教育理念、职业道德、法律法规知识、科学文化素养、阅读理解、语言表达、逻辑推理和信息处理等基本能力;教育教学、学生指导和班级管理的基本知识;拟任教学科领域的基本知识,教学设计实施评价的知识和方法,运用所学知识分析和解决教育教学实际问题的能力。

第十二条 笔试主要采用计算机考试和纸笔考试两种方式进行。采用计算机考试和纸笔考试的范围和规模,根据各省(区、市)实际情况和条件确定。

第十三条 幼儿园教师资格考试笔试科目为《综合素质》《保教知识与能力》2 科;小学教师资格考试笔试科目为《综合素质》《教育教学知识与能力》2 科;初级中学、普通高级中学教师和中等职业学校文化课教师资格考试笔试科目为《综合素质》《教育知识与能力》《学科知识与教学能力》3 科;中等职业学校专业课教师和实习指导教师资格考试笔试科目为《综合素质》《教育知识与能力》《专业知识与教学能力》3 科。

中等职业学校教师的《专业知识与教学能力》科目测试,暂由各省(区、市)自行命题和组织实施。

第十四条 面试主要考查申请人的职业认知、心理素质、仪表仪态、言语表达、思维品质等教师基本素养和教学设计、教学实施、教学评价等教学基本技能。

第十五条 面试采取结构化面试、情境模拟等方式,通过抽题、备课(活动设计)、回答规定问题、试讲(演示)、答辩(陈述)、评分等环节进行。

第十六条 国家确定笔试成绩合格线,省级教育行政部门确定面试成绩合格线。

第十七条 考生在笔试和面试成绩公布后,可通过教师资格考试网站查询本人的考试成绩。考生如对本人的考试成绩有异议,可在考试成绩公布后 10 个工作日内向本省(区、市)教师资格考试机构提出复核申请。

第十八条 笔试单科成绩有效期为 2 年。笔试和面试均合格者由教育部考试中心(教育部教师资格考试中心)颁发教师资格考试合格证明。教师资格考试合格证明有效期为 3 年。教师资格考试合格证明是考生申请认定教师资格的必备条件。

第四章 考试实施

第十九条 笔试一般在每年 3 月和 11 月各举行一次。面试一般在每年 5 月和 12 月各举行一次。

第二十条 省级教师资格考试机构按照《中小学教师资格考试考务工作规定》《中小学教师资格考试机考考务细则》组织实施笔试考务工作;按照《中小学教师资格考试面试工作规程》,制定面试实施细则,组织实施面试工作。

第二十一条 省级教师资格考试机构使用教师资格考试考务管理信息系统进行笔试和面试的报名受理、考点设置、考场编排等考务管理工作。

第二十二条 笔试和面试考生通过教师资格考试网站进行报名后,需携带省级教师资格考试机构规定的相关材料,到指定考点进行报名审核,并现场确认报考信息。

考生笔试各科成绩合格并在有效期内的,方可报名参加面试。

第二十三条 省级教师资格考试机构组织开展本省(区、市)考务相关人员的安全保密教育和考务流程培训工作。

第二十四条 笔试和面试机考软件系统的使用实行首席技术负责人制度,采取分级培训方式进行。

第二十五条 面试一般按学科分组进行。每个考评组由不少于 3 名考官组成,设主考官 1 名。

第二十六条　面试考官由高校专家、中小学和幼儿园优秀教师、教研机构专家等组成。面试考官须具备以下条件：

（一）熟悉教师资格考试相关政策；

（二）具有良好的职业道德，公道正派，身体健康；

（三）具有扎实的专业知识、较强的分析概括能力、判断能力和语言表达能力；

（四）从事相关专业教学或研究工作 5 年以上，一般应具有副高级以上专业技术职务（职称）；

（五）参加省级或国家级教师资格考试机构组织的培训并获得证书。

第二十七条　各级教育行政部门及教师资格考试机构不得组织教师资格考试培训。

第五章　考试安全与违规处罚

第二十八条　省级教师资格考试机构根据《中小学教师资格考试应急处置预案实施办法（试行）》处置和应对考试期间的突发事件。

第二十九条　对试题命制、考务管理、监考等考试相关人员发生的违规行为按照《保守国家秘密法》《国家教育考试违规处理办法》进行处罚。情节严重，构成犯罪的，由司法机关依法追究刑事责任。

第三十条　对考生违规行为按照《国家教育考试违规处理办法》认定和处理。

第六章　组织管理

第三十一条　教育部依据教师专业标准和教师教育课程标准，制订教师资格考试标准，组织审定教师资格考试大纲。教育部考试中心（教育部教师资格考试中心），负责教师资格考试的组织实施。主要职责是：

（一）依据考试标准拟定考试大纲；

（二）组织命制笔试和面试试题，建设试题库；

（三）制定考务管理规定，研发和维护考试管理系统；

（四）组织考务工作，培训技术人员；

（五）组织阅卷，负责考试成绩管理与评价；

（六）指导、监督、检查各省、自治区、直辖市考试实施工作。

第三十二条　省级教育行政部门全面负责本行政区域内教师资格考试工作。可成立教师资格考试领导小组，由省级教育行政部门的主要领导兼任领导小组组长。指定专业化教育（教师资格）考试机构，在省级教育行政部门领导下具体负责考务组织工作，主要职责是：

（一）制定本地区考务管理具体措施；

（二）组织本地区考务工作；

（三）组织面试考官及考务工作人员培训；

（四）管理、指导、监督本行政区域各考区工作；

（五）负责本行政区域教师资格考试安全保密工作。

第三十三条　教师资格考试以市（地、州、盟）为单位设立考区。各考区的教师资格考试的组织实施由市(地、州、盟)教育行政部门和教师资格考试机构负责。

第三十四条 教师资格考试费用按照财政部、国家发展改革委《关于同意收取教师资格考试考务费等有关问题的通知》(财综〔2012〕41号)规定收取。

第七章 附　则

第三十五条 省级教育行政部门可以依据本办法制定实施细则,并抄送教育部。

第三十六条 本办法自发布之日起实施。中小学教师资格定期注册暂行办法。

后 记

本书的编写是为了深入学习习近平总书记关于广大教师要做有理想信念、有道德情操、有扎实知识、有仁爱之心的好老师的指示精神,认真贯彻《中共中央国务院关于全面深化新时代教师队伍建设改革的意见》的重要举措,也是扬州市职业大学(扬州科技学院(筹))教学督导室推进教学指导项目化建设的重要内容,是教学督导室与师范学院深入开展提升师范生专业核心素养系列活动的重要组成部分,是扬州市职业大学(扬州科技学院(筹))重点课题"PCK视角下师范生专业核心素养研究"(编号:2018RW07)阶段性成果。

本书的编写,呈现以下几个特点:

第一,较强的综合性。本书介绍了国内外有影响力的有关师范教育、学前教育、教育学、心理学等方面的理论观点和理论流派,为师范生提供了丰富的理论学习素材。

第二,较强的实用性。本书从教师教学的实际需要出发,着力在教学基本功和教学技能方面提供指导,不仅有深刻的理论分析,还有详细的实际操作案例示范,具有非常强的实践指导作用,为师范生提高专业核心素养,推动师范生专业发展具有很好的促进作用。

第三,较强的针对性。本书不是以所有的师范生而是以高职的师范生为研究对象,针对他们目前存在的问题和不足,提供有针对性的可供操作的素质提升指导方案。

第四,语言文字力求通俗易懂。本书针对高职院校师范生的学习基础和学习特点,不以理论的深奥为目标,而是从"是什么""为什么""怎么做"入手,通俗易懂,一目了然,清晰明了,易于操作。

第五,典型案例丰富。文中列举了很多案例,从不同侧面教给师范生教学技巧,有拓展阅读,有问题探讨,有教学反思,有优秀教师谈教学感受等具体的内容,使得本书具有很好的可读性、直观性和操作性。

在本书的编写中,扬州市职业大学(扬州科技学院(筹))教学督导室主任顾馨梅教授从编写的组织、主题的确定、框架的设计、内容的选择、文稿的初审及统稿修订等方面做了大量的工作,花费了大量的精力。师范学院厉爱民院长参与了书稿框架设计、组织教师撰写、教师案例的选择等方面的具体工作和课题组成员的组织管理。师范学院高志明教授在全书的编写、统稿修订等方面给予了帮助和指导。教学督导室唐灿老师、梁万全老师在资料收集、书稿打印、文字核对等方面,付出了辛勤的劳动。本书由顾馨梅、厉爱民编著,上篇部分第一章由刘九林编写,第二章由高志明编写,第三章由李艳华编写;下篇部分第一章、第二章、第三章、第四章由顾馨梅编写,附录部分由唐灿整理汇总。南京大学出版社的老师为本书的出版东奔西走,付出了辛勤的劳动;扬州市职业大学师范学院、扬州市高邮教育局、扬州市汶河小学、扬州市东关小学、高邮市界首镇实验小学、扬州育才实验学校、高邮师范幼儿园、无锡市机关幼儿园等单位的多位老师提供了教学案例等基本素材,对此，向你们表示真诚的感谢。此外，本书的编写，借鉴和运用了国内外部分专家学者的学术成果，在此一并表示深深的敬意。

由于成书时间仓促，加之编者水平的限制，本书肯定还存在许多的缺点和不足，欢迎专家学者、师生员工提出宝贵的意见。